COVENANT OF FUTURE CITIES

华东建筑设计研究院有限公司

编 委 主 任：姚 激　牛 斌

编 委 副 主 任：吴 斌　查 君

执 行 主 编：施 炫　隋 郁

委员（姓氏拼音排序）：曹亦洵　陈君健　陈 曦　杜一卓　耿嘉懿
　　　　　　　　　　郭晓雪　洪油然　胡枭宇　金 鹏　寇志荣
　　　　　　　　　　李 婕　刘 芳　苏 昊　田逸飞　夏艺璇
　　　　　　　　　　俞 爽　袁 静　张 晗　张如翔

序

  光阴荏苒，岁月如梭。2024年是浦东开发开放34周年，也是金桥集团成立34周年，从1990年到2024年，我看着金桥集团一步一个脚印、一步一个台阶，从蹒跚学步的幼儿逐渐成长为如今这个意气风发、实干有为的青壮年。在集团领导班子高站位、勇担当、善作为的带领下，全体干部职工心怀梦想、奋勇拼搏、接续奋斗，集团各项事业蒸蒸日上，为浦东引领区建设打造了"金桥样板"，我由衷地高兴与自豪，与你们一同分享发展进步的喜悦。

  今年1月，中共中央办公厅、国务院办公厅印发《浦东新区综合改革试点实施方案（2023—2027年）》，支持浦东新区高水平改革开放。在浦东引领区建设再提速的关键时刻，将近几年金桥集团在片区开发中的宝贵实践经验，总结成这样一本以实践案例集为基础的书册很有历史价值和纪念意义。

  相较于抽象的概念和条规，案例更加鲜活具体，对现实更具指导意义和参考价值。34年前的金桥还是一片阡陌纵横、芦苇摇曳的农田，我们站在地球仪旁思考着金桥的发展和未来，从基础学起做规划，1993年编制了《金桥出口加工区开发与规划的战略》图册，出版了专著《开发区规划研究》。朱晓明与金桥人获得了上海市科技进步奖二等奖。这些努力为金桥开发打下了老一代金桥人创业的地基。2005年左右，我又以金桥开发区的规划案例为蓝本，编写了《开发区的规划、建设、发展与管理》一书，成了国内第一本关于开发区的教材。把这些开发过程中的案例总结好，不仅能为同类型企业提供可参照、可复制的样板，通过总结梳理更能厘清思路、激发潜能、开启新篇章。

  正如习近平总书记提出的"惟改革者进、惟创新者强、惟改革创新者胜"，创新是引领发展的第一动力。从建立之初，金桥集团的血脉里就流淌着勇于创新的基因。区别于传统的开发区，在最初的规划中，我们把办公区和工业区分布在金桥的东西两侧，根据社会发展规划建设了金桥碧云社区，成功证明了金桥开发区可以在战略发展上做到"产城融合"，在物理空间上实现"产城分开"，可以成为一个让大家既能乐业又能够安居的有机体，这在今天的金桥集团班子，已全部实现。

在过去的34年中,中国式现代化的进程始终阔步向前。沈能与金桥历届董事长、总经理从出口加工区,到经济技术开发区、自由贸易试验区,再到如今的城市副中心,不断升级的城市功能和定位赋予了金桥一次次崭新的使命。顺应天时,应和人心,这些年金桥集团提出了"地上一座城、地下一座城、云端一座城"的崭新TOD理念刷新了TOD的传统模式,从"单点式集中供热"到"分布式集中供热"的变迁等开发理念,通过职住平衡、功能复合、绿色碳中和的整体开发,提升产城融合、绿色低碳、数字智慧、充分应用AI的示范引领和标杆效应,打造人民城市的金桥样板和实实在在的ESG。

高标准是金桥集团保持引领优势的原因之一,也只有坚持高标准才能带来高质量的发展。金桥的高站位谋划、高起点规划、高质量招商、高水平建设、高效率运营,绝非纸上谈兵,它是一项项实实在在的举措、一场场真抓实干的硬仗,凝练出一个个生动翔实的案例。在这本书中,金桥集团从开发模式、产业招商、民生保障等方面诠释了集团在发展过程中如何继往开来承接国家战略,如何在创新求变中积极践行国有企业社会责任,不断优化营商环境,服务区域经济蓬勃发展,推动集团向中国式现代化的全球一流城市开发运营商目标大步迈进,实现自身高质量发展。

34年风雨兼程,金桥集团不忘初心、砥砺前行。我们期待着一代又一代的金桥人握紧"接力棒"、跑好"接力赛",为金桥集团的宏图伟业贡献自己的力量。我深信,未来的金桥集团必将在改革创新的道路上不断前进,为浦东引领区建设乃至中国的片区开发、城市更新体系贡献更多的智慧与力量。

阳春布德泽,万物生光辉。创业为魂,创新为魄。在不久的将来,通过科学系统的城市开发,浦东必将成为上海向世界展示社会主义现代化国际大都市建设成果的重要窗口。让我们共同期盼金桥的明天更加灿烂、金桥的未来更加璀璨!

朱晓明　教授

金桥公司首任董事长、总经理,中欧国际工商学院原院长

Preface

Time flies. This year marks the 34th anniversary of the development and opening up of Pudong, as well as the 34th birthday of Golden Bridge Group. From 1990 to 2024, I have watched Golden Bridge Group take one step at a time, gradually growing from a faltering toddler into a spirited and capable young adult. Under the leadership of the Group's high-standing, responsible, and proactive team, all cadres and staff, with dreams in their hearts and courageous struggles, have succeeded in pushing the Group's various endeavors to thrive, creating a "Golden Bridge model" for the construction of the pilot area in Pudong. I am genuinely happy and proud to share the joy of development and progress with you all.

In January 2024, the General Office of the Communist Party of China Central Committee and the General Office of the State Council issued the "Implementation Plan for the Comprehensive Reform Pilot in Pudong New Area (2023—2027)," supporting the high-level reform and opening up of Pudong New Area. At this critical moment when the construction of the pilot area in Pudong is accelerating, summarizing the valuable practical experience of Golden Bridge Group in area development over recent years into a book based on practical case studies is of great historical value and commemorative significance.

Compared to abstract concepts and regulations, case studies are more vivid and concrete, offering greater guidance and reference value for reality. 34 years ago, Golden Bridge was still a vast expanse of crisscrossing fields and swaying reeds. Standing beside the globe, we pondered over the development and future of Golden Bridge, starting from the basics to make plans. In 1993, we compiled the "Golden Bridge Export Processing Zone Development and Planning Strategy" atlas and published the monograph "Research on Development Zone Planning." Zhu Xiaoming and the people of Golden Bridge were awarded the Second Prize of Shanghai Science and Technology Progress. These efforts laid the foundation for the development of Golden Bridge by the older generation. Around 2005, I compiled the book "Planning, Construction, Development, and Management of Development Zones" based on the planning cases of Golden Bridge Development Zone, which became the first domestic textbook about development zones. Summarizing these development cases not only provides a referable and replicable model for similar enterprises, but also helps clarify thoughts, stimulate potential, and open new chapters through summary and organization.

As pointed out by General Secretary Xi Jinping, "Only those who reform will advance, only those who innovate will strengthen, and only those who reform and innovate will prevail." Innovation is the primary driving force for development. From its inception, the Golden Bridge Group has been imbued with a spirit of innovation. Distinguishing itself from traditional development zones, our initial planning involved positioning office and industrial areas on opposite sides of Golden Bridge, and constructing the Golden Bridge Biyun Community based on social development plans. This successfully demonstrated that the Golden Bridge Development Zone could achieve "integration of industry and city" in strategic development, while maintaining a physical separation between them. It can become an organism where people can both enjoy their work and have a comfortable place to live. This vision has now been fully realized by the current leadership of Golden Bridge Group.

In the past 34 years, the process of Chinese-style modernization has always been moving forward. Shen Neng and the successive chairmen and general managers of

Golden Bridge have upgraded city functions and positioning from export processing zone, to economic and technological development zone, free trade pilot zone, and now to urban sub-center, endowing Golden Bridge with new missions time and again. Following the trends and aligning with public sentiment, over the years, Golden Bridge Group has proposed a brand-new TOD concept of "a city above ground, a city underground, and a city on the cloud," refreshing the traditional TOD model. It has shifted from "single-point centralized heating" to "distributed centralized heating" and other development concepts. Through integrated development that balances work and residence, combines functions, and focuses on green carbon neutrality, it enhances the integration of industry and city, green low-carbon, digital intelligence, and fully applies AI artificial intelligence as a demonstration leader and benchmark, creating a Golden Bridge model for the people's cities and tangible ESG.

One of the reasons why Golden Bridge Group maintains its leading advantage is its high standards, and only by adhering to high standards can high-quality development be achieved. Golden Bridge's high-level planning, high-starting point planning, high-quality investment attraction, high-standard construction, and high-efficiency operation are not just empty talk; they are concrete actions and real battles, distilled into vivid and detailed cases. In this book, Golden Bridge Group explains how it has taken over national strategies in the development process, how it actively practices the social responsibilities of a state-owned enterprise in seeking innovation and change, continuously optimizes the business environment, serves the vigorous development of the regional economy, and pushes the Group towards the goal of becoming a world-class urban developer and operator in Chinese-style modernization, achieving high-quality development for itself.

After thirty-four years of perseverance through storms, Golden Bridge Group remains true to its original aspiration and forges ahead. We look forward to successive generations of Golden Bridge people taking firm hold of the "baton" and running the "relay race" well, contributing their strength to the grand endeavors of Golden Bridge Group. I am confident that Golden Bridge Group will continue to advance on the path of reform and innovation in the future, contributing more wisdom and strength to the construction of the Pudong pilot area and even to China's regional development and urban renewal system.

When spring spreads its virtue, all things shine with brilliance. Entrepreneurship is the soul; innovation is the spirit. In the near future, through scientific and systematic urban development, Pudong will surely become an important window for Shanghai to showcase the achievements of building a modern socialist international metropolis to the world. Let us look forward to a brighter tomorrow and a more splendid future for Golden Bridge!

Professor Zhu Xiaoming
First Chairman and General Manager of Golden Bridge
Former Dean of China-Europe International Business School

目录

寄语
序

第一章　全力推进国家战略，创新打造宜居宜业的未来城市　001

1.1　理念先行，勇当国家战略的践行先锋　003
- 1.1.1　三城协同：引领区域开发新范式　003
- 1.1.2　一核多翼：抢占未来产业新赛道　003
- 1.1.3　品质卓越：打造人才集聚新高地　003
- 1.1.4　数字赋能：引领城市智慧新变革　004
- 1.1.5　四位一体：打造全生命周期未来之城　004

1.2　使命担当，绘就开发开放之宏图画卷　005
- 1.2.1　扬帆起航：国家战略的卓越执行者　005
- 1.2.2　迭代发展：五轮转型映射改革开放　005
- 1.2.3　不忘初心：新征程，新使命　010
- 1.2.4　砥砺奋进：产业与资本助力金桥腾飞　010

1.3	**治理高效,强化管控助力高质量发展**	**015**
1.3.1	强化金桥集团战略管控和开发功能	015
1.3.2	强化金桥集团精准招商与资产运营	015
1.3.3	强化金桥集团应急保障与风险管控	016
1.3.4	强化金桥集团人才培养与体系建构	016
1.4	**标准协同,构建特色开发新体系**	**016**
1.4.1	制定内部治理标准,提高金桥集团运作效率	016
1.4.2	制定工程管理标准,助力打造品质项目	016
1.4.3	制定特色技术标准,跟进新发展趋势	018
1.5	**运营领先,树立中国式现代化的城市开发运营标杆**	**018**
1.5.1	建立优质二级公司,护航城市运营	018
1.5.2	完善城市基础功能,构建宜居空间	019
1.5.3	促进产业生态发展,培育经济活力	019
1.5.4	提升城市服务水平,增进民生福祉	020
1.5.5	保障城市生态环境,实现可持续发展	020

第二章　凝练先进开发经验，勇当创新开发模式的探索者　023

- 2.1 **探索金桥模式**　　**025**
  - 2.1.1 推行"四个统一"的开发机制，科学统筹保障高质高效开发　025
  - 2.1.2 坚持"三座城"的开发理念，因地制宜建设友好人居城市　025
  - 2.1.3 引领"未来城市"的科技蓝图，敢为人先探索行业前沿高地　026
- 2.2 **智慧城市先锋——上海金鼎**　　**033**
  - 2.2.1 势不可挡，向"新"而行　033
  - 2.2.2 立体地标门户，数智运维赋能　047
  - 2.2.3 建设智慧城市，打造品质社区　061
- 2.3 **金色中环巨星——上海金环**　　**067**
  - 2.3.1 寻梦伊始，"环"映东方　067
  - 2.3.2 观第三代CBD，阅规划新篇章　078
  - 2.3.3 绿引低碳健康，智驱产业创新　097
- 2.4 **世界一流科创水岸——上海金滩**　　**103**
  - 2.4.1 卓越金滩，科创水岸　103
  - 2.4.2 先行先试，探索可持续性的城市更新模式　103
  - 2.4.3 特色创新，打造全球城市的更新示范样板　106
- 2.5 **世界一流产业社区——上海金湾**　　**117**
  - 2.5.1 银杏树畔，水漾金湾　117
  - 2.5.2 园区里的烟火气，社区里的产业园　119
  - 2.5.3 以"片区思维"多维度提升品质，全周期创新赋能　126

2.6	产城融合典范——上海金谷金城	145
	2.6.1 双花辉映，产城相融	145
	2.6.2 打响金谷智造，聚焦产业高地	149
	2.6.3 建设金城千里，描绘民生福祉	166
	2.6.4 创新总控模式，践行"双碳"智造	171
	2.6.5 引领新质动能，塑造梦想之城	175
2.7	新城引领标杆——上海金港	181
	2.7.1 向海而兴，金港启航	181
	2.7.2 引新城建设之先，造宜居宜业之城	188
	2.7.3 荟群英群策之力，创永续未来之城	198

第三章　实现精准招商定位，勇当推动产业集聚的号召者　213

3.1	依托产业和载体资源优势，开展全球化精准招商	214
	3.1.1 明确产业定位，实施精准招商	214
	3.1.2 高端企业引领，推动产业集聚	216
	3.1.3 内外资源整合，打造招商网络	217
	3.1.4 丰富载体资源，满足企业需求	218
	3.1.5 链接全球资源，开展招商活动	221
3.2	优化产业运营和物业服务，助力招商可持续发展	222
	3.2.1 完善组织架构，创新工作机制	222
	3.2.2 坚持需求导向，开展产业服务	223
	3.2.3 加强企业孵化，助力产业发展	224
	3.2.4 聚焦多类产品，加强物业管理	225
3.3	聚焦多元品牌建设和宣传，持续提升招商影响力	226
	3.3.1 围绕多元发展方向，建立立体品牌网络	226
	3.3.2 强化公司品牌治理，建立品牌标准体系	227
	3.3.3 积极拥抱创新技术，探索多元品宣模式	228

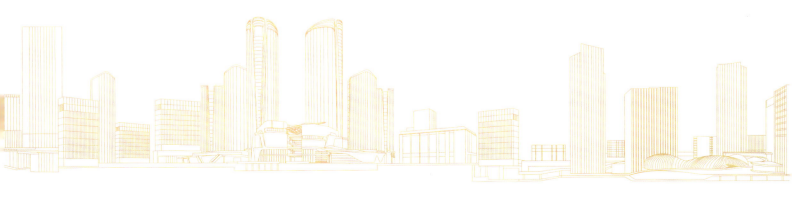

第四章 坚守人民至上理念，勇当社会民生保障的担当者　　231

4.1	**参与社会治理，积极投入区域文明建设**	**232**
	4.1.1　打造教育品牌，提升区域教育发展	232
	4.1.2　承担社会责任，构建可持续医养体系	234
	4.1.3　坚持服务民生，举办公益志愿活动	235
4.2	**满载荣誉成就，发展理念引领前进之路**	**238**
	4.2.1　行业创新荣誉	238
	4.2.2　精神文明建设荣誉	238

第五章　时代新征程，金桥育新篇　　243

    5.1   聚焦当下——国家级开发区转型的金桥样本　　244
    5.2   "星辰大海"——引领中国式现代化的全球一流城市开发运营标杆　　245

        5.2.1　金桥集团2035的愿景　　245
        5.2.2　"2035星辰大海"的核心追求：迈向世界500强　　246
        5.2.3　"2035星辰大海"的四梁八柱："123456"　　246
        5.2.4　"2035星辰大海"的实现路径　　247

后记

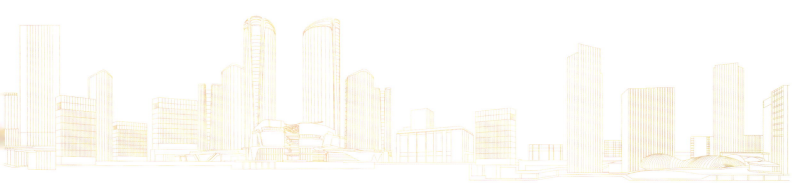

Contents

Wishes

Preface

Chapter One: Vigorously Advancing National Strategy, Innovatively Building a Livable and Business-Friendly Future City   001

  1.1 Guided by Concept, Pioneering the Implementation of National Strategy   003

      1.1.1 Three-City Synergy: Leading New Paradigms in Area Development   003

      1.1.2 One Core with Multiple Supports: Seizing New Tracks for Future Industries   003

      1.1.3 Superior Quality: Creating New High Grounds for Talent Aggregation   003

      1.1.4 Digital Empowerment: Leading New Changes in Urban Intelligence   004

      1.1.5 Four-in-One: Creating a Full Lifecycle Future City   004

  1.2 Assuming the Mission, Mapping a Bright Future of Development and Opening   005

      1.2.1 Setting Sail: An Outstanding Implementer of National Strategy   005

      1.2.2 Iterative Development: Five Rounds of Transformation Mirroring Reform and Opening   005

      1.2.3 Staying True to the Original Aspiration: A New Journey, A New Mission   010

      1.2.4 Forging Ahead: Golden Bridge Soars with Industry and Capital   010

1.3	Efficient Governance, Strengthening Control to Support High-Quality Development of Golden Bridge Group	015
	1.3.1 Strengthening Strategic Control and Development	015
	1.3.2 Enhancing Precise Investment Attraction and Asset Operation	015
	1.3.3 Enhancing Emergency Support and Risk Control	016
	1.3.4 Enhancing Talent Training and System Construction	016
1.4	Standard Synergy, Constructing a New System for Characteristic Development	016
	1.4.1 Establishing Internal Governance Standards to Improve Operational Efficiency	016
	1.4.2 Establishing Engineering Management Standards to Build Quality Projects	016
	1.4.3 Establishing Unique Technical Standards to Keep Up with New Trends	018
1.5	Leading in Operation, Establishing Benchmarks for Chinese-Style Modern Urban Development and Operation	018
	1.5.1 Establishing High-Quality Secondary Companies to Safeguard Urban Operation	018
	1.5.2 Perfecting Basic Urban Functions to Build Livable Space	019
	1.5.3 Promoting Industrial Ecosystem Development to Foster Economic Vitality	019
	1.5.4 Enhancing Urban Service Levels to Improve People's Wellbeing	020
	1.5.5 Ensuring Urban Ecological Environment for Sustainable Development	020

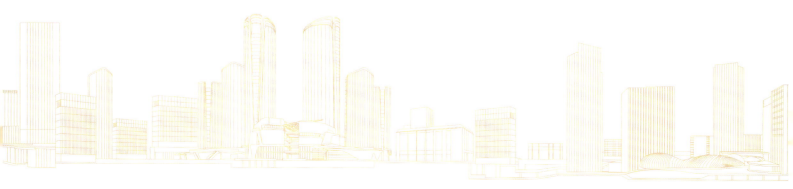

Chapter Two: Refining Advanced Development Experience, Exploring Innovative Development Models — 023

2.1		Exploring the Golden Bridge Model	025
	2.1.1	Implementing a "Four Unifications" Development Mechanism to Scientifically Coordinate and Ensure High-Quality and Efficient Development	025
	2.1.2	Adhering to the "Three Cities" Development Philosophy to Build Friendly Human Habitats Based on Local Conditions	025
	2.1.3	Leading the "Future City" Technological Blueprint, Exploring the Frontiers of the Industry	026
2.2		Smart City Pioneer-Shanghai Master Cube	033
	2.2.1	Embracing Innovation with Unstoppable Momentum	033
	2.2.2	A Three-Dimensional Landmark Portal, Empowered by Digital Operations and Maintenance	047
	2.2.3	Building Smart Cities, Creating Quality Communities	061
2.3		Golden Middle Ring-Shanghai Golden Ring	067
	2.3.1	Dream Chasing Begins, "Ring" Shining in the East	067
	2.3.2	Observing the Third Generation CBD, Opening a New Chapter in Planning	078
	2.3.3	Leading Low Carbon and Health with Environment Protection, Driving Industrial Innovation with Intelligence	097
2.4		World-Class Science and Technology Waterfront-Shanghai Golden Bund	103
	2.4.1	Excellence of Golden Bund, Science and Technology Waterfront	103
	2.4.2	Pioneering and Exploring Sustainable Urban Renewal Models	103
	2.4.3	With Innovative Features, Creating a Global Urban Renewal Template	106
2.5		World-Class Industrial Community-Shanghai JIN ONE	117
	2.5.1	Ginkgo Trees Along the Banks, Water Rippling at JIN ONE	117

		2.5.2	Atmosphere of Life in an Industrial Park in the Community	119
		2.5.3	Enhancing Quality with "Area-specific Thinking" from Different Dimensiosn to Empower Innovation in the Whole Cycle	126
	2.6	\multicolumn{2}{l}{Examples of Industry-City Integration-Shanghai Smart Valley & Golden City}	145
		2.6.1	Industry and City Integration	145
		2.6.2	Promoting Intelligent Manufacturing of Smart Valley, an Industrial Highland	149
		2.6.3	Building Golden City, Mapping People's Wellbeing	166
		2.6.4	Innovating the Total Control Model, Practicing Dual-Carbon Intelligent Manufacturing	171
		2.6.5	Leading New Momentum, Shaping the Dream City	175
	2.7	\multicolumn{2}{l}{New City Leadership Benchmark-Shanghai Symbiotic Urban}	181
		2.7.1	Growing with the Sea, Symbiotic Urban Sets Sail	181
		2.7.2	Leading New Town Construction, Building a Livable and Business-Friendly City	188
		2.7.3	Pooling the Collective Wisdom of All, Creating a Sustainable Future City	198

Chapter Three: Realizing Precise Investment Attraction, Acting as the Caller for Industrial Agglomeration — 213

	3.1	\multicolumn{2}{l}{Relying on Industrial and Carrier Resource Advantages for Precise Investment Attraction Worldwide}	214
		3.1.1	Clarifying Industrial Positioning, Implementing Precise Investment Attraction	214
		3.1.2	Leading High-end Enterprises to Promote Industrial Agglomeration	216
		3.1.3	Integrating Internal and External Resources, Creating an Investment Network	217
		3.1.4	Enriching Carrier Resources to Meet Enterprise Needs	218

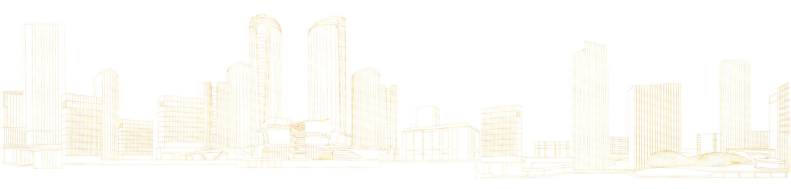

		3.1.5	Linking Global Resources to Launch Investment Promotion	221
	3.2	Optimizing Industrial Operation and Property Services to Support Sustainable Investment Attraction		222
		3.2.1	Perfecting Organizational Structure, Innovating Work Mechanisms	222
		3.2.2	Remaining Demand-Oriented in Offering Industrial Services	223
		3.2.3	Strengthening Enterprise Incubation to Support Industrial Development	224
		3.2.4	Focusing on Diverse Products, Strengthening Property Management	225
	3.3	Focusing on Multi-Brand Construction and Promotion, Continuously Enhancing Investment Attraction Influence		226
		3.3.1	Establishing a Three-Dimensional Brand Network around Diverse Development Orientations	226
		3.3.2	Strengthening Corporate Brand Governance, Establishing a Brand Standard System	227
		3.3.3	Embracing Innovative Technologies, Exploring Diverse Brand Promotion Models	228

Chapter Four: Adhering to the People-First Philosophy, Acting as the Supporter of Social Livelihood Security — 231

	4.1	Participating in Social Governance, Devoted to Regional Civilization Construction		232
		4.1.1	Building Education Brands, Enhancing Regional Educational Development	232

		4.1.2	Undertaking Social Responsibilities, Building a Sustainable Medical and Healthcare System	234
		4.1.3	Serving the People's Livelihood, Holding Public Welfare and Volunteer Activities	235
	4.2		Full of Honors and Achievements, Leading the Way Forward with Development Philosophy	238
		4.2.1	Honors in Industrial Innovation	238
		4.2.2	Honors in Spiritual Civilization Construction	238

Chapter Five: A New Journey in the Era, Golden Bridge Opens New Chapters — 243

	5.1		Focusing on the Present-The Golden Bridge Sample of National Development Zone Transformation	244
	5.2		"Ocean of Stars" -Leading Global First-Class Urban Development and Operation Benchmarks with Chinese Characteristics	245
		5.2.1	Our Vision for 2035	245
		5.2.2	The Core Pursuit of "Ocean of Stars in 2035": To Be a Fortune Global 500	246
		5.2.3	The Four Pillars and Eight Beams of "Ocean of Stars for 2035": "123456"	246
		5.2.4	The Realization Path of "Ocean of Stars for 2035"	247

Postscript

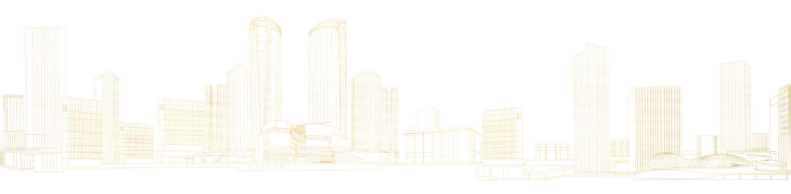

三十四年风雨兼程，金桥集团响应国家号召，坚持一流党建促一流开发，以勇立潮头的闯劲、敢为人先的魄力，在上海浦东开发开放的伟大征程中绘就了一幅波澜壮阔的辉煌画卷。金桥集团的三十四年，是勇于担当、拼搏奋斗的三十四年，是改革创新、追求卓越的三十四年，是服务人民、造福社会的三十四年。

从阡陌田野到现代都市，金桥集团用实干与智慧，将浦东荒芜之地建设成为一个个充满活力的现代化产业园区和宜居宜业的城市社区。从"碧云国际社区"到"中国式现代化的全球一流城市开发运营商"，从"三朵金花"到"五朵金花""六朵金花"，再到"七朵金花"，金桥集团始终坚持创新发展，不断探索城市开发运营的新模式、新路径，以实际行动践行"人民城市人民建、人民城市为人民"的重要理念。

1.1 理念先行，勇当国家战略的践行先锋

理念是行动的先导，一定的发展实践都是由一定的发展理念来引领的。金桥集团统一思想，坚定信念，秉承"人民至上"的崇高理念，逐渐探索出一套属于金桥集团的开发模式，即"1234"的开发机制——"一个至上、双区联动、三座城、四个统一"。

"1"：以"人民至上的新时代最上海未来城"为开发愿景；

"2"：以"引领区与新片区联动开发"为开发范围；

"3"：以"地上一座城、地下一座城、云端一座城"为开发理念；

"4"：以"统一规划、统一设计、统一建设、统一管理"为开发机制。

习近平总书记指出，"人民城市人民建、人民城市为人民"。强调城市是人集中生活的地方，城市建设必须把让人民宜居安居放在首位，把最好的资源留给人民。金桥集团坚持"人民至上"理念，以"立足地上地下云端三座城"为基础，以"抓住创意研发智造全链条"为核心，以"聚焦工作居住休闲无边界"为目标，让城市形态更加完整而充满魅力，也更有烟火气而充满活力，在新时代下，创造最具上海特色的人民未来之城。

1.1.1 三城协同：引领区域开发新范式

"三座城"的概念，为城市发展提供了新的思路和模式。要充分利用地上、地下和云端空间，构建一个立体化的城市发展空间。地上空间是城市发展的主体空间，要以提高土地利用效率和城市功能完善为目标，进行城市更新和改造。地下空间是城市发展的拓展空间，要以开发利用地下资源和空间为目标，建设地下交通、地下商业和地下设施。云端空间是城市发展的运营空间，要以发展数字经济和智慧城市为目标，建设智慧城市云平台和数据中心。充分利用"三座城"的空间资源，可以有效提升城市发展水平，打造更加宜业、宜居、宜乐、宜游的现代化城市。

1.1.2 一核多翼：抢占未来产业新赛道

金桥集团始终坚持建设与招商同步，项目开工之日就是招商完成之时，项目竣工之日就是企业入驻之时。以新能源、智能网联、自动驾驶技术为代表的"未来车"头部企业纷纷落户金桥，将进一步聚焦"一核多翼"，厚植优势、升级赛道，在产业集聚中发挥引领作用。构建一个完整的产业体系，打通产业链上下游，实现协同发展、融合发展、生态发展。智造是产业发展的核心，要推动制造业转型升级，发展智能制造和绿色制造，提升产业竞争力。

1.1.3 品质卓越：打造人才集聚新高地

金桥集团始终坚持规划先行、配套先行，为这些配套提前规划、整体布局、优化配置、延伸服务。一是人才安居服务强增量，二是人才子女教育树品牌，三是人才健康服务引机构，四是人才生活服务搭平台，五是人才父母养老有托底，满足区域内各类人

才全方位、全生命周期的需求，用最具烟火气的高品质城市形态和优质配套服务让人才安居乐业。打破工作、居住和休闲之间的界限，构建更加人性化、更加宜居的城市环境。

1.1.4 数字赋能：引领城市智慧新变革

金桥集团将在开发全域打造全国领先的数字城市，让"七朵金花"成为政务服务"一网通办"、城市运行"一网统管"两张网建设的重要节点和最佳范例。吴志强院士为金桥集团的数字城市做了顶层设计，通过CIMAI（城市信息模型+人工智能）打造可感知、可学习、可成长的"城市生命体"，打造"一屏观天下、一网管全域"的"云上金桥"数字城市品牌。在"云上金桥"的统筹下，将确保每一个开发区域的数字城市建设接地气、人性化、有实效，为今后接入城运管理平台、强化数据安全管理、探索数据资产交易提供金桥经验。

1.1.5 四位一体：打造全生命周期未来之城

围绕核心产业构建产业集群、带动区域发展，正在成为构建未来产业园的发展路径，为了营建生态且良性的供应链，提升精准管理与精细服务，促进企业加速孵化，金桥集团提出"产业、规划、资本和全生命周期服务"四位一体的未来产业园发展模式，实现"产业业态+城市形态+服务生态"的全过程转型，打造产业引领和园区升级的策源地。

金桥集团坚持有产业导向的开发模式，打造有深度的产业生态。通过打造有产业特质的区域，形成有区域特质的优势产业，不断形成产业竞争优势，创造产业特质的城市CBD（中央商务区）。就近布局产业链上下游，从而促进整个产业技术提升，推动相关产业研发中心、销售中心，甚至价格形成中心的成长，增加产业竞争力。以"未来车""智能造"等战略性新兴产业为重点的同时，培育壮大现代服务业、高端制造业等传统优势产业。

金桥集团坚持规划设计先行，设计有辨识度的载体，以人为本，注重细节，统筹协调，优化布局。向"天空"要效益，把产业上下游变成产业上下楼。实现产业链、供应链的韧性和安全，推动产业转型和高质量发展，让建筑和产业结合得更好。

金桥集团将提供人性化和信息化服务，呵护企业成长。为企业提供贴身的全方位、全生命周期服务，做到"有求必应才能一呼百应"。在打造智慧城市的同时，实现"资产上云"，为企业提供更精细、精准的信息化服务，帮助企业降本增效、提升竞争力。

金桥集团未来园区乃至未来城市的开发模式将最终形成"产业+生态""产业+规划""产业+服务""产业+资本"的闭环，实现产城融合、职住平衡、生态宜居的城区形态，为企业和人才提供良好的发展环境，成为上海经济发展的新引擎。

秉持着理念先行的原则，金桥集团坚定地将国家

CIMAI数字化平台

未来园区开发模式

战略融入企业发展的全局中，始终站在时代的前沿，肩负着重大的使命和责任。金桥集团不仅是浦东开发开放的见证者，更是积极的参与者和推动者。以务实的态度、昂扬的斗志，绘就一幅幅宏图画卷，谱写着时代的壮丽篇章。

1.2 使命担当，绘就开发开放之宏图画卷

1990年金桥集团在成立之初，便以敢为人先的魄力，投身浦东开发开放的伟大实践，早期主要围绕土地一级开发，以做好区域规划和功能配套为主，产业飞速发展。进入21世纪，金桥集团一步一个脚印，转向园区二级开发，通过打造产业载体、国际社区来引领产业的转型升级。2012年，金桥集团响应上海市委、市政府及浦东新区"挥师南下、决战临港"的战略部署，成立上海金桥临港综合区投资开发有限公司；2013年，投资组建上海金桥土控联合投资开发有限公司，负责金鼎天地的开发；2015年，浦东新区国资国企改革，金桥集团和股份分体运作，上海南汇工业园区投资发展有限公司并入金桥集团；2015年4月，金桥开发片区20.48平方公里正式纳入中国（上海）自由贸易试验区（简称上海自贸试验区）扩区范围，借助自贸试验区制度创新的优势，书写发展新篇章。金桥集团将一张张规划蓝图变为现实，将一片片荒芜之地建设成为现代化、国际化的产业园区和城市社区。

1.2.1 扬帆起航：国家战略的卓越执行者

1990年4月18日，中共中央、国务院宣布开发开放上海浦东，这是中国改革开放史上具有划时代意义的重大决策。邓小平同志在倡导开发浦东的决策时指出："开发浦东，这个影响就大了，不只是浦东的问题，是关系上海发展的问题，是利用上海这个基地发展长江三角洲和长江流域的问题。"这一豪言壮语成为浦东开发开放的指南针，"抓紧浦东开发，不要动摇，一直到建成。"这块矗立在浦东陆家嘴核心区域的字碑，见证着浦东开发开放三十四载的激情岁月。

党的十四大强调，以上海浦东开发开放为龙头，进一步开放长江沿岸城市，尽快把上海建成国际经济、金融、贸易中心之一，带动长江三角洲和整个长江流域地区经济的新飞跃。党的十五大、十六大、十七大都要求浦东在扩大开放、自主创新等方面走在前列。

进入新时代，党的十八大、十九大、二十大继续对浦东开发开放提出明确要求，党中央把首个自由贸易试验区、首批综合性国家科学中心、引领区建设金桥经济技术开发区"十三五"规划纲要等一系列国家战略任务放在浦东，推动浦东开发开放不断展现新气象。

伴随浦东开发开放的脚步，陆家嘴、金桥、外高桥、张江四个国家级开发区相继设立，成为浦东开发开放的主要载体。位于浦东新区中部的金桥开发区，经国务院批准设立，成为国家级出口加工区。金桥集团牢牢把握浦东开发开放的时代机遇，扬帆起航，彰显了中国改革开放的伟大进程和中国制造业的崭新高度。

1.2.2 迭代发展：五轮转型映射改革开放

金桥集团的发展历程是中国改革开放史上的一座里程碑，是国家政策红利和全球经济脉搏的共同映照。三十多年来，金桥集团经历了四轮产业转型，每一次转型都是对国家政策和市场需求的深刻理解，也是金桥集团勇于创新、不断进取的体现。

第一轮转型，即1990年至1997年，金桥集团抓住了"家电进家庭"的历史机遇。这一时期，几乎所有世界知名的白色家电企业都在金桥设立了厂房，树立了"世界名品金桥造"的声誉。在此阶段，金桥集团主要以产品加工为主，形成了白色家电、纺织、食品等多元产业格局。

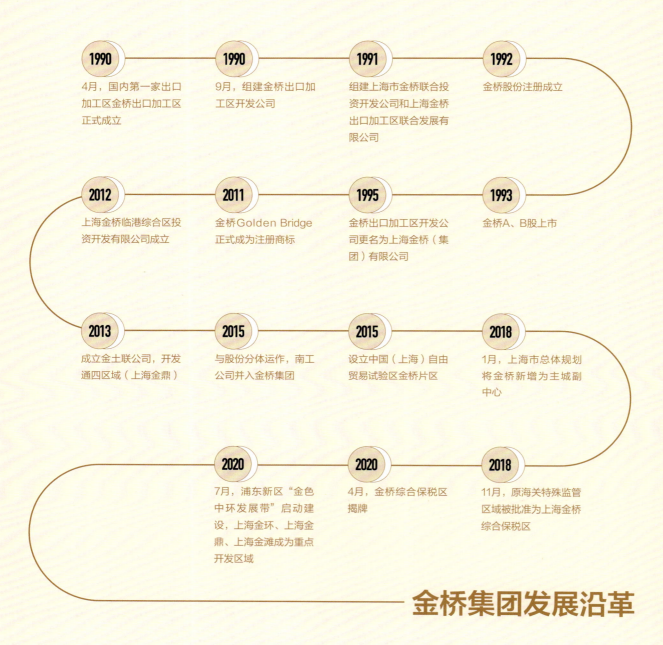

金桥集团发展沿革

- **1990** 4月,国内第一家出口加工区金桥出口加工区正式成立
- **1990** 9月,组建金桥出口加工区开发公司
- **1991** 组建上海市金桥联合投资开发公司和上海金桥出口加工区联合发展有限公司
- **1992** 金桥股份注册成立
- **1993** 金桥A、B股上市
- **1995** 金桥出口加工区开发公司更名为上海金桥(集团)有限公司
- **2011** 金桥Golden Bridge正式成为注册商标
- **2012** 上海金桥临港综合区投资开发有限公司成立
- **2013** 成立金土联公司,开发通四区域(上海金鼎)
- **2015** 与股份分体运作,南工公司并入金桥集团
- **2015** 设立中国(上海)自由贸易试验区金桥片区
- **2018** 1月,上海市总体规划将金桥新增为主城副中心
- **2018** 11月,原海关特殊监管区域被批准为上海金桥综合保税区
- **2020** 4月,金桥综合保税区揭牌
- **2020** 7月,浦东新区"金色中环发展带"启动建设,上海金环、上海金鼎、上海金滩成为重点开发区域

《上海市金桥出口加工区规划图册》内页

> "当年浦东的拓荒牛是无所畏惧的,什么都可以缺,但坚定的信念和超前的理念是不可缺的!"
> ——朱晓明

金桥集团首任总经理朱晓明曾说,"从1990年到1995年,我在浦东金桥出口加工区工作了五年,这五年开发区工作经历是我人生中最难忘的日子。光阴荏苒,回首往事,有一条经验是值得总结的,那就是开发区必须坚持规划先行。确实当年浦东的拓荒牛是无所畏惧的,什么都可以缺,但坚定的信念和超前的理念是不可缺的!"

1990年4月18日,中共中央、国务院宣布批准浦东开发开放。金桥出口加工区作为国内第一个以"出口加工区"冠名的国家级开发区诞生。1990年年底,金桥集团首任总经理朱晓明完成《金桥出口加工区开发与规划的战略》的编写,即后来的《浦东金桥迈向21世纪发展战略研究》,又动手撰写了金桥公司中外合资的可行性报告,编印包含三大规划及21种专业规划的《上海市金桥出口加工区规划图册》。

1990年9月11日，陆家嘴金融贸易区开发公司、金桥出口加工区开发公司、外高桥保税区开发公司在由由饭店挂牌成立

1991年4月，金桥联合投资开发公司成立，同年8月，金桥开发公司征地工作完成，"七通一平"①全面开展

1992年1月16日，中日合资爱丽丝制衣有限公司落户金桥，成为浦东国家级开发区中的第一家外资企业，创造了"当年批准，当年筹建，当年投产"的浦东速度，是浦东三个开发区中"第一家签订土地使用合同""第一家实施厂房建设并率先竣工""第一家投入试生产""第一家正式开业"的外商投资企业

1993年10月，金桥A、B股上市

1995年2月20日，上海美亚金桥能源有限公司成立，总投资2600万美元，为金桥出口加工区内企业提供集中供热服务

---

① 开发区有一个俗语叫"七通一平"，而当年的金桥开发区率先建成的是"九通一平"，另加了两个"通"：一是在金桥建成了"VSAT"，即"甚小口径天线"通信，算得上当时最先进的通信手段之一，这是"第八通"；"第九通"就是"一个烟囱"——集中供热。

1997年6月,上汽通用和泛亚技术中心落户金桥

2001年9月,金桥出口加工区(南区)设立

2012年10月,上海金桥出口加工区正式升级更名为上海金桥经济技术开发区

2018年11月,上海金桥出口加工区(南区)整合优化为金桥综合保税区(经国务院批准,原海关特殊监管区域被批准为上海金桥综合保税区,2019年验收封关运作)

第二轮转型,即1998年至2005年,是"通信设备进家庭"的时代。在华为、大唐电信、诺基亚、贝尔等通信企业的发展推动下,家用电话、程控交换机等通信设备得到了广泛普及。金桥集团借助跨国公司的技术溢出,形成了以汽车制造、电子信息、家用电器、生物医药和食品为主导的外向型产业结构。

第三轮转型,即2006年至2013年,是"汽车进家庭"的时代。以通用凯迪拉克为核心,金桥集团形成了年产值超千亿元、税收300亿元的汽车制造产业链,成为金桥的支柱产业。面对全球金融危机和产业结构升级的双重压力,金桥集团积极推进"优二进三"战略,构建了先进制造业和生产性服务业并重的转型发展格局。

第四轮转型,即2014年至2018年,是"智能手机进生活"的时代。随着移动互联网的普及和带宽升级,金桥集团依托华为、中国移动咪咕、中国电信天翼等头部企业,向智能制造领域拓展,聚焦基站、手机研发、网络传输管道、内容制作等链条,迈向智能时代的前沿。

如今,金桥集团已经进入第五轮转型,站在全球第四次工业革命的风口。金桥集团将重点聚焦5G+"未来车""智能造""数字经济""大健康"的千亿元级产业集群,为中国制造业的升级和中国经济的高质量发展贡献更多的力量。在全球经济一体化的大潮中,金桥集团将继续奋进,不断创新,谱写中国制造业发展的新篇章。

金桥集团的发展轨迹展现了一种令人瞩目的规律,被形象地称为"七年一轮回"。这一规律,如同一首古老而悠长的乐章,在金桥的发展历程中律动不止,见证了这个区域的壮阔变迁。

1.2.3 不忘初心：新征程，新使命

新征程上，以习近平新时代中国特色社会主义思想为指导，深入贯彻党的二十大精神，完整、准确、全面贯彻新发展理念，坚持社会主义市场经济改革方向，深化高水平对外开放，加快构建新发展格局，着力推动高质量发展，着眼解决新时代改革开放和社会主义现代化建设的实际问题，在重点领域和关键环节改革上赋予浦东新区更大自主权，支持推进更深层次改革、更高水平开放，率先完善各方面体制机制，加快构建高水平社会主义市场经济体制，完善治理体系，提高治理能力，为浦东新区打造社会主义现代化建设引领区提供支撑，在全面建设社会主义现代化国家、推进中国式现代化中更好发挥示范引领作用。

随着多项国家战略任务放在浦东，金桥集团也不断迎来新使命与新挑战。2012年，《上海金桥开发区"十二五"发展规划》要求金桥在国家级开发区中继续保持领先地位并发挥示范引领作用，努力把金桥建设成为先进制造业核心功能区、生产性服务业聚集区、战略性新兴产业先行区和生态工业示范区和产城融合创新区，成为高科技、复合型、生态化的国际一流水平新型经济技术开发区。2016年，《浦东新区国民经济和社会发展第十三个五年规划纲要》要求金桥经济技术开发区努力建设成为全国智造业升级示范引领区、生产性服务业新兴业态培育区以及生态文明持续创新示范区；加快向新能源汽车、自动化和智能装备、新一代信息通信技术等产业领域转型升级，聚焦核心领域和关键技术的创新突破，培育和发展一批产业孵化平台和众创空间。2021年，《浦东新区国民经济和社会发展第十四个五年规划和二〇三五年远景目标纲要》指出，金桥要着力打造"智能制造先行、产业转型示范、城市功能创新、绿色低碳引领"的世界一流智造城，建设国内重要的数字技术高地、高端制造样板、转型升级典范、产城融合标杆，强化高端产业引领功能……

金桥集团始终践行"开发浦东、振兴上海、服务全国、面向世界"的初心和使命，按照浦东新区委、区政府的战略部署和工作要求，立足金桥开发区，发挥国家级开发区的品牌效应，在区域功能开发、产城融合、功能拓展、产业集聚等方面承担了"主力军""野战军"的关键作用。

1.2.4 砥砺奋进：产业与资本助力金桥腾飞

1.2.4.1 汇流激荡：产业集聚

金桥，浦东新区开发建设的"先行者"和"排头兵"，以其卓越的开发建设成效，成为上海现代化建设的缩影。金桥的发展，离不开产业与资本的"双向奔赴"，更离不开资源赋能的强力推动。

金桥以"1/50"的土地，创造了"1/4+"的经

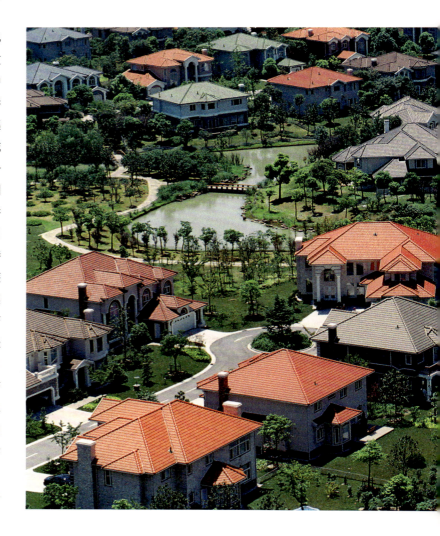

济奇迹。占浦东新区总面积约1/50的金桥，贡献了超过浦东新区1/4的工业经济规模，超过上海1/15的工业经济规模。这组数据，充分展现了金桥的"含金量"。截至2023年底，历经三十多年风雨兼程，金桥开发区累计工业产值4.5万亿元，营收近10万亿元，吸引外资240亿美元，形成税收5000亿元。

（1）国际化的产业格局

金桥集团通过招商引资，集聚了一大批世界500强企业和行业龙头企业，产生了强大的产业集群效应，形成了较为国际化的产业格局。金桥集团与世界各地的城市和机构建立了密切的合作关系，积极参与国际产业分工与合作。例如，在汽车制造产业领域，金桥集团聚集了上海通用汽车、上海汽车集团等多家知名汽车企业。

（2）整体化的产业链条

金桥集团始终坚持产业发展为龙头，以"未来车""智能造""数字经济""大健康"四大产业方向为主导，这些产业具有高科技含量、高附加值、高成长性的特点，代表了未来产业发展的方向。金桥集团高度重视产业链条的完整性，积极培育上下游配套企业，形成了较为完整的产业生态系统。以电子信息产业为例，金桥集团集聚了一批芯片设计、制造、封装、测试等领域的龙头企业，形成了较为完整的产业链条。

（3）高端化的碧云社区

金桥碧云国际社区是金桥集团倾力打造的国际化

金桥碧云国际社区

社区，彰显了金桥集团的开发实力、规划理念和服务水平，提升了金桥集团的品牌形象和市场影响力。金桥碧云国际社区为金桥集团吸引高端人才和优质企业提供了良好的居住环境和生活配套，有利于金桥集团招商引资、产业升级和人才集聚。社区内建有碧云商务中心、国际学校等配套设施，为企业和人才提供了便利的商务和教育服务。区域内已经建成6所包括国际学校、双语学校在内的中小学，蜚声业界的中欧国际工商学院也坐落其中。2012年，碧云国际社区获得我国住房和城乡建设部颁发的"中国人居环境范例奖"，成为首个获得该奖项的国际社区。

1.2.4.2 流金岁月：荣誉辉煌

满载荣誉的成就犹如璀璨的繁星，照亮了前行的道路，每一次的突破都成为金桥傲人的资本，彰显着金桥不屈不挠的精神力量。荣获上海市建设工程"白玉兰"奖（市优质工程）的金桥立交桥、曾经的浦东第一高楼——新金桥大厦、国际社区新典范——碧云国际社区，这些地方承载的不是普通的园区，而是一座城——一座适宜工作与生活的美丽新城。

在浦东转型发展的过程中，金桥不断迎接新的挑战——金桥不仅是浦东"南北科技创新走廊"的重要节点，而且承载着上海自贸试验区和科创中心两大国家战略，担当着自主创新示范区重要园区的使命，肩负着上海建设卓越全球城市重要承载区和亮点所在的重任。同时，根据《上海市城市总体规划（2017—2035年）》，金桥地区将成为上海市级副中心，也就是上海主城的九大副中心之一。

曾经的浦东第一高楼——新金桥大厦

金桥集团的辉煌荣誉

时间	荣誉及事件	颁发单位
1990年4月	全国第一个以"出口加工区"命名的国家级开发区	国务院
1998年4月	上海金桥现代科技园	科学技术部
2000年3月	通过了ISO14001环境管理体系认证，成为上海市第一家、全国第三家通过该标准的国家级示范区	国家环境保护总局
2001年9月	国家海关特殊监管区	国务院
2007年7月	中国服务外包基地上海示范区	商务部
2010年8月	亚洲十大最佳投资环境园区	联合国亚太城市发展研究中心、联合国人居环境发展促进会、中国城市建设发展促进会、中国开发区发展促进会、中国品牌管理协会、商务时报品牌研究中心
2010年11月	国家生态工业示范园区	环境保护部、科学技术部、商务部
2012年1月	国家新型工业化产业示范基地（电子信息）	工业和信息化部
2012年10月	更名为上海金桥经济技术开发区	商务部
2013年5月	上海金桥（集团）有限公司被评为2012年度"上海十大品牌"	上海品牌发展研究中心、上海东方品牌文化发展促进中心
2014年4月	获得"迪拜国际改善居住环境最佳范例奖"中国区申报资格	住房和城乡建设部
2014年11月	金桥先进制造业出口工业产品质量安全示范区	国家质量监督检验检疫总局
2015年5月	金桥开发区20.48平方公里纳入中国（上海）自由贸易区并正式挂牌中国（上海）自由贸易试验区（金桥）	国务院
2018年11月	上海金桥出口加工区（南区）整合优化为金桥综合保税区	
2019年8月	上海市首个5G产业生态园	上海市人民政府
2019年8月	上海市首个超清视频产业基地	上海市经济和信息化委员会、上海市文化和旅游局
2021年12月	《数字园区弹性交通信息物理系统示范应用》入选上海市2021年度"科技创新行动计划"社会发展科技攻关项目立项清单，这是自金桥集团成立以来第一个省部级科技攻关课题的项目	上海市科学技术委员会
2022年	"城市停车全域数字化与管理智能化关键技术及应用"项目获上海市科技进步奖一等奖	上海市人民政府
2022年9月	金桥集团申请并落地上海首批、浦东第一笔国家发展改革委政策性开发性金融工具	国家发展和改革委员会
2022年10月	上海智城被认定为上海市生物医药跨界产业创新基地	上海市经济和信息化委员会
2023年9月	发布《基于弹性交通的新一代数字停车管理与应用示范》，获上海市城市数字化转型揭榜挂帅场景示范单位	上海市经济和信息化委员会、中国共产党上海市委宣传部、上海市交通委员会、上海市商务委员会
2023年11月	《基于弹性交通的新一代数字停车管理与应用示范》获上海市城市数字化转型"卓越之星"	上海市城市数字化转型工作领导小组办公室、上海市经济和信息化委员会、上海市交通委员会

金桥集团获得上海市科技进步奖一等奖

金桥集团获得上海市城市数字化转型"卓越之星"

1.2.4.3 华丽转型：产业升级

金桥集团始终秉承国际化视野和思维模式，树立国际化标杆，聚焦"一核多翼"，以"未来车"产业为核心，"智能造""数字经济""大健康"等产业为多翼协同发展。通过积极推动"七朵金花"的城市建设，着力于为企业提供智能化、网联化以及数字化的新一代载体空间，立志做最懂企业需求、最懂产业、服务最贴心、意识最未来的开发主体。

（1）"未来车"：智领未来，绿色出行

"未来车"产业以新能源汽车和智能驾驶为方向，是金桥集团"一核多翼"产业格局的核心。金桥集团将重点发展新能源汽车整车制造、关键零部件、自动驾驶技术等领域，打造具有国际竞争力的未来车产业集群，推动中国汽车行业向电气化、网联化、智能化、共享化转型升级。

新能源汽车和智能驾驶技术的发展能够有效减少碳排放，助力实现碳中和目标。金桥集团构建了绿色交通体系，打造绿色出行示范区。金桥集团"未来车"产业的发展，是浦东新区乃至上海市经济转型升级的重要抓手，形成了良好的产业基础和发展态势，也为区域经济发展带来新的动能和活力。

（2）"智能造"：智造变革，赋能产业

"智能造"产业以工业互联网和机器人为核心，是金桥集团"一核多翼"产业格局的重要支撑。金桥集团将重点发展工业互联网平台、智能机器人、智能制造解决方案等领域，推动传统制造业转型升级。金桥集团充分利用浦东新区深厚的智能制造产业基底优势，积极建设工业互联网平台，推动制造业数字化、网络化、智能化转型，提升制造业效率和效益，形成了完整的智能制造产业链，为区域经济发展提供了有力支撑。

（3）"数字经济"：虚实交融，智造未来

"数字经济"产业以元宇宙、人工智能等技术为基础，将重点打造虚实融合的数字化产业生态。金桥集团充分利用浦东新区数字经济发展优势，布局数字经济产业，依托智能制造产业优势，积极跟进"元宇宙""人工智能"的数字浪潮，从技术、资本、应用场景上布局，为数字化与实体经济深度融合、创新提质创造历史机遇，为未来科技创新发展激发澎湃动力。

（4）"大健康"：生命之光，健康未来

"大健康"产业以生物医药、医疗器械、健康服务等领域为核心，打造健康产业生态圈。目前，金桥集团聚焦干细胞治疗、医疗美容、医疗器械、高端精准医疗服务等新赛道的精准招商，联手东方星际干细胞、徕卡等企业，已经初步建立了"大健康"产业研发制造生态总部。

上海金谷智能制造产业园、上海金鼎智能网联、上海金港综合智慧制造产业园等一批符合企业研发和生产需求的载体正在加快建设、逐步交付，为企业研发和生产提供高质量的载体和服务，助力金桥集团打造具有全球影响力的科创中心和产业高地。

1.2.4.4 城区开发：金花绽放

金桥集团作为区域开发的主力军，重点聚焦"七朵金花"，即上海金鼎、上海金环、上海金滩、上海金湾、上海金谷、上海金城、上海金港，开发区域从东海之滨到黄浦江畔，从南到北串起一条"黄金轴线"，涉及开发区域面积约85平方公里。"十四五"期间，金桥集团计划开发建设面积约1700万平方米，计划竣工约800万平方米，预计完成投资约1600亿元，形成1000亿元的总资产，打造一流城市开发运营综合服务商。

截至2024年2月，上海金鼎部分商业地块与住宅地块的主体结构封顶，使上海金鼎九宫格的拼图初现全貌，约275万平方米的"聪明"城市逐步显现；金鼎区域首个产业+功能配套项目——金鼎星元，入驻首批品牌商户和企业客户。上海金环首开项目"金桥1851"项目进入室外总体及室内精装修施工阶段。在曾经"一根烟囱"的地标上，全新的金桥元中心330米地标塔楼、170米超高层花园办公楼和200米云端住宅等，将缔造集办公、商业、居住等多功能业态于一体的国际中央商务区。目前，两幢塔楼已完成主体结构封顶。上海金滩也在加速崛起，完成城市更新统筹主体认定、国际方案征集。上海金湾的"启城速度"刷新了建设工期的"金桥标准"，创翼道客等三地块全新开工，每个项目都秉持匠心。上海金谷全面铺开，金谷擎天项目（二期）的开工，标志着金谷智能终端制造基地首开组团所有项目全部开工，积极响应上海市委、市政府对智造战略的布局和引领，推动"工业上楼"，打造"智造空间"。上海金城的征收安置房项目，把最好的资源留给人民，以"小湾速度"拿地即开工，金城商品房设计方案令人惊艳。上海金港新城初具雏形、金港TOD项目也正式开工，一步一个脚印，把规划蓝图加速细化。

2024年，金桥集团在建的房产项目及基础设施项目共74个，其中续建项目44个、新开工项目30个；建筑面积合计1012万平方米，其中续建746万平方米、新开工266万平方米；总投资约992亿元。全年竣工的载体将达到157万平方米。"两旧一村"改造、"工业上楼"、零碳园、建筑师负责制、城市建设者之家、产业社区等，只要对企业发展有利的、对区域提升有利的，都可兼容并蓄，最终转化为金桥作品。

金桥集团以实际行动，在浦东开发开放的伟大实践中，交出了一份高质量发展的答卷，并以精益求精的态度，不断强化管理体系，优化业务流程，提升管理效率，确保资源的有效配置和风险的有效控制，为企业的高质量发展注入更加强劲的动力。

1.3
治理高效，强化管控助力高质量发展

金桥集团始终坚持"区域综合开发"和"园区集成服务"两大主业，以"小总部、大企业、大事业部"的定位方向，不断深化改革，强化金桥集团本部的战略管控和开发功能、本部招商与资产运营职能、本部保障与风控能力，不断提升金桥集团管控升维，着力打造具有国际竞争力的现代化城市开发运营标杆。

1.3.1 强化金桥集团战略管控和开发功能

金桥集团围绕区域综合开发主业，加快横向整合，进一步做实金桥集团本部战略管控功能，将规划设计、开发建设、招商服务、资产经营、财务资金、投资采购、人力资源等核心要素全部集中到金桥集团本部，统一决策和运营；组建"开发事业部"，强化金桥集团土地资源获取能力、集中开发建设能力、工程项目管控能力；按照"资源应收尽收"的原则，持续推动低效和闲置用地的清理、整治、收储工作和新项目拓展工作；积极推动二级公司事业部化。

1.3.2 强化金桥集团精准招商与资产运营

按照金桥产业发展定位和特色，全面整合金桥集团招商力量，组建招商专业团队，精准定位招商目标，建立健全招商服务体系，为企业提供全方位、全流程的优质服务。搭建全员招商自主激励体系，形成全域全面全员招商的金桥招商大格局。

1.3.3 强化金桥集团应急保障与风险管控

确保金桥集团安全生产和高效运行，强化金桥集团应急保障能力。根据金桥集团实际情况和突发事件类别建立不同预警指标体系，做好应对突发公共事件的思想准备、预案准备、组织准备、物资准备和技术资金准备等，建立应急管理制度。实行严格的全员安全生产责任制度、企业供应链安全生产和职业健康管理制度，做到安全责任、管理、投入、培训和应急救援"五到位"。根据金桥集团业务发展将风险分为战略风险、业绩风险和运营风险等类型，分别采取针对性风险防范政策。建立风险管理信息化平台，依托信息化手段实现"事前预防，事中控制、事后监督"的风险管理机制，并定期开展金桥集团本部及子公司的风险量化评估。

1.3.4 强化金桥集团人才培养与体系建构

人才是企业发展的核心要素。建立发展、评估与激励三位一体的人力资源体系，是金桥集团实现人才战略的关键举措。完善人才储备体系、评价体系，实施强化激励性质的职业发展路径建设，重视团队协同作战能力的培养，能够更好地应对市场挑战，发挥团队的智慧和力量，实现组织目标的共同实现，为金桥集团的可持续发展奠定坚实的基础。

强化管控、高效治理是高质量发展的有力保障，也是构建特色开发标准体系的必要条件。金桥集团为了进一步提升内部管理水平，促进各个环节的协同配合，在构建特色开发体系的道路上，以标准协同为抓手，坚持问题导向、目标导向、结果导向，着力打造制度更加完善、功能更加完备、模式更加成熟的开发体系。

1.4 标准协同，构建特色开发新体系

1.4.1 制定内部治理标准，提高金桥集团运作效率

内部治理标准是规范企业运营、提高管理效率、保障经营的重要基石。这些标准不仅能提高企业运营效率，还增强了财务报告的可靠性，促进了企业合规经营，降低了企业风险，并有助于实现企业战略目标。建立健全内部控制体系对于企业的可持续发展至关重要。

金桥集团现有的内部治理标准——《上海金桥（集团）有限公司制度汇编（2022版）》，涵盖了议事规则、党建纪检、综合管理等内部治理的各个方面，内容全面、操作性强。金桥集团各级单位认真执行制度，规范了企业内部各项管理活动，提升了决策效率和执行力。通过遵循这些标准，金桥集团能够更好地应对各种挑战和变化，保持组织的稳定和持续发展。

1.4.2 制定工程管理标准，助力打造品质项目

工程建设标准是为在工程建设领域内获得最佳秩序，对建设工程的勘察、规划、设计、施工、安装、验收、运营维护及管理等活动和结果需要协调统一的事项，所制定的共同的、重复使用的技术依据和准则，对促进技术进步，保证工程的安全、质量、环境和公众利益，实现最佳社会效益、经济效益、环境效益和最佳效率等，具有直接作用和重要意义。

金桥集团独具特色的开发建设流程，形成了一套工程管理内部标准。《上海金桥（集团）有限公司工程管理制度汇编（制度篇）（2023版）》《上海金桥（集团）有限公司制度汇编（职责、流程篇）（2023版）》为工程项目的规划、设计、施工、验收等各个环节提供了明确的指导和管理框架。这些内部标准，是对金桥集团"七朵金花"的建设流程和管控机制的全面梳理与总结，也是金桥集团内部统一的执行标准。通过

上海金桥(集团)有限公司
制度汇编
（2022版）

《上海金桥（集团）有限公司制度汇编（2022版）》

上海金桥(集团)有限公司
工程管理制度汇编
（职责、流程篇）
（2023版）

上海金桥(集团)有限公司
工程管理制度汇编
（制度篇）
（2023版）

《上海金桥（集团）有限公司制度汇编（职责、流程篇）(2023版)》

《上海金桥（集团）有限公司工程管理制度汇编（制度篇）(2023版)》

遵循这些标准，金桥集团能够更好地控制工程风险，保障工程项目的顺利实施。

金桥集团的工程管理标准不仅是一套规范性的管理流程，更是金桥集团保持"七朵金花"项目质量一致性的重要保障，确保每朵"金花"在各个阶段都能够保持一致的品质标准。最重要的是，通过确保项目的一致性和高质量，金桥集团树立起了良好的品牌形象，赢得了客户和市场的信任和认可，为未来的发展奠定了坚实的基础。

1.4.3 制定特色技术标准，跟进新发展趋势

2023年7月，习近平总书记在全国生态环境保护大会上指出："深化人工智能等数字技术应用，构建美丽中国数字化治理体系，建设绿色智慧的数字生态文明。"当前，数字化和绿色化相互融合、相互促进，已成为全球发展的重要命题。

金桥集团积极跟进绿色、智慧化发展趋势，不断推动技术创新和标准制定，在绿色、智慧化发展背景下，开展了一系列研究和课题，如《产业园区绿色低碳开发建设与管理关键技术研究》。该课题被列为"十四五"重点科研项目，以绿色低碳、生态宜居为发展目标，对于推动产业园区的绿色生态城区建设起到了重要的作用。

未来，金桥集团将继续跟进新发展趋势，不断探索和应用新技术，推动企业内部标准制定的创新。通过引入先进技术和管理理念，进一步提升企业的竞争力和可持续发展能力，实现更加美好的未来。

1.5
运营领先，树立中国式现代化的城市开发运营标杆

1.5.1 建立优质二级公司，护航城市运营

金桥临港公司，全称为上海金桥临港综合区投资开发有限公司，成立于2012年，主要负责临港综合区等区域的土地开发、基础设施、招商引资、产业规划、功能配套等工作。秉承"产城融合，宜业宜居"的开发理念，推出"智"系列产业园区和"星"系列国际产业社区，在开发建设过程中，公司积极践行绿色低碳发展理念，在信息化数字化技术运营方面，以"云上金港"数字化平台真正实现了全方位的"云端一座城"的开发理念。

新金桥物流，全称为上海新金桥国际物流有限公司，成立于1994年，2002年由上海金桥出口加工区物资储运有限公司更名为上海新金桥国际物流有限公司。按照"坚持开发区发展方向，坚持发展服务贸易，坚持发展现代物流"的企业定位，解决金桥开发区内制造业物流配套，与金桥开发区的招商引资工作有效联动。公司以综合信息管理系统，提供优质高效的一站式专业物流服务，致力于打造国际化、智能化全过程物流供应链高端物流服务平台。

新金桥环保，全称为上海新金桥环保有限公司，成立于2000年，2010年由上海新金桥工业废弃物管理有限公司更名为上海新金桥环保有限公司。公司致力于构建绿色循环网络，打造绿色低碳循环示范园区。依托新金桥环保物联网、大数据等信息化技术，建立了"互联网+"固体废物信息化管理平台，可全天候、全流程、全方位追踪固废去向，提升了全链条固废运营管理体系，开创了溯源管理、精准分析、智能决策的环境治理新模式。

新金桥物业，全称为上海新金桥物业经营管理有限公司，成立于1994年，2018年由上海新金桥设施管理有限公司正式更名为上海新金桥物业经营管理有限公司。公司致力成为"区域精细化服务引领者和产业集群发展护航者"，拓展全生命周期的物业服务项目。公司围绕基于IFM（综合设施管理）理念的产业园区管理服务和"专精高智"（专业、精细、高端、智能）的城市服务两条业务主线，依托集团"七朵金花"优质载体，将大物业服务延伸至企业门内延伸服务。

新金桥建设，全称为上海新金桥建设发展有限公司，成立于1993年，原名为上海金开市政工程有限

公司。公司以工程建设、综合养护为立足之本，积极打造市政、景观、装修等业务。公司通过"TOD智慧管养平台"的应用，加强了综合养护管理能力，在高质量完成原有业务的基础上，将成熟高效的管理模式辐射周边的养护相关配套服务。公司充分投入集团"七朵金花"的开发建设中，积极争取区域内的景观、装修、市政等项目。

资管公司，全称为上海新金桥商业经营管理有限公司。成立于2002年，公司一直以集团资产高效运营管家的功能性企业自身定位开展对集团自持经营性资产的运、管、调等工作，在保证集团经营性资产的良性发展、保值增值的同时，不断加强客户服务意识，完善从招商项目评估、项目洽谈到项目签约落地各环节全流程的客户服务。公司通过"寓见金桥"公寓服务系统，以高效服务客户为目标的"云上金桥产服平台"系统，不断提升客户服务体验。

平和学校，全称为上海市民办平和学校，成立于1996年，平和学校是非营利性的全日制民办十二年制学历教育学校（含小学、初中、高中学历教育），致力于培养"扎根于中华传统文化、具有国际竞争力的成功的终身学习者"。平和教育集团，全称为上海平和教育发展集团有限公司，成立于2018年，主要从事教育科技专业领域内的技术开发、咨询、服务、转让等，努力将平和学校从"单体校"向"集团校"转型。

劳服公司，全称为上海金桥出口加工区劳动服务有限公司，成立于1991年，以"一保障、两提升、两服务"为工作主线，聚焦征地人员保障服务工作。2021年1月，征收七所和劳服公司合署办公，2023年完成组织架构的全面整合。

征收七所，全称为上海市浦东第七房屋征收服务事务所有限公司，成立于2018年，是一家以服务浦东新区城市建设为目标，受房屋征收部门委托，承担房屋征收与补偿的具体工作的非营利性、特定功能类国有企业单位。公司在巩固房屋征收业务的基础上，积极拓展城市更新、土地储备、项目代建等业务领域，形成多元化经营格局。

新金桥养老，全称为上海新金桥养老服务发展有限公司，成立于2018年，按照当好"服务保障基本民生的担当者"的要求，打造"全产业链、一站式养老综合服务商"。公司由"打破围墙的养老院"转向"一院、一中心、一站点"，再转向"智慧养老院赋能叠加"，逐步迭代升级，全面探索居家服务，推动品牌由机构向社区辐射，充分促进医养康养相融合，始终秉承集团勇担国企民生福祉的使命，用心用情服务好每一位长者。

新金桥能源，全称为上海新金桥能源科技有限公司，成立于1995年，2021年由上海美亚金桥能源有限公司更名为上海新金桥能源科技有限公司，公司专注于集团开发区域内综合能源和碳资产全生命周期管理的"低碳化、数智化、精细化"能源供应、"管家式"服务以及新金桥能源综合智慧服务平台的智慧化运维，并承担集团"七朵金花"和智城等多个区域的综合能源业务，致力成为区域供能的集成者、能源服务的先行者、智慧能源的践行者。

1.5.2 完善城市基础功能，构建宜居空间

完善城市的基础建设，可以提升市民的生活品质，促进经济发展，提升城市竞争力，保障社会稳定，提高城市的应对能力。金桥集团积极参与城市基础设施建设，完善了城市功能，贯穿以人为本，优化城市布局，打造功能完善、配套齐全、舒适便利的宜居空间，提升城市承载能力和居民生活品质。金桥临港公司响应国家政策，以完善城市功能为重点，加快推进道路、水系、绿化等建设，不断提升新城的宜居度和承载力；新金桥建设以工程建设、综合养护为立足之本，积极打造市政、景观、装修等业务；征收七所与劳服公司积极为新城开发提供优质的保障服务，助力上海深化城市更新建设。

1.5.3 促进产业生态发展，培育经济活力

金桥集团坚持创新驱动发展，培育壮大战略性新

兴产业，推动传统产业转型升级，构建现代化产业体系。与此同时，金桥集团积极发展物流、环保、物业等业务，为园区乃至城市的产业发展提供了坚实的后盾，提高了园区的吸引力，为招商引资和产业发展提供良好的基础条件。其高效、便捷、低成本的服务，帮助企业降低运营成本，提高生产效率，增强产业竞争力。新金桥物流作为国际化、智能化全过程物流供应链，提供优质高效的一站式关务、仓储、运输、货代、贸易等专业物流服务；新金桥物业逐步突破传统物业，将大物业服务延伸至企业内部，成为区域开发载体中优质企业的门内资深"行政管家"；资管公司以金桥集团资产高效运营管家为自身定位，借助数字化赋能，针对金桥集团自持经营性资产开展运、管、调等全生命周期管理工作，并不断强化招商项目各环节全流程的客户服务，确保金桥集团自有资产的经济收益和资产价值稳步增长。

1.5.4 提升城市服务水平，增进民生福祉

提升城市服务水平，完善社会保障设施，优质的教育资源和养老配套服务设施吸引人才入驻，为真正的产城融合打下牢固的基础。金桥集团以人民为中心，积极投入养老、教育等民生服务，完善园区乃至城市的配套设施，为招商引资提供吸引力，为进入产业的人才解除后顾之忧，满足了人才需求的多样化，提升了城市服务水平和人民的幸福感。新金桥养老创新打造"一院、一中心、一站点"运营模式，旗下金杨养老院、曹路养护院成功纳入上海市政府民生实事工程项目智慧养老院试点机构，积极构建"机构+社区+居家"智慧管理服务平台，全面探索居家服务，推动品牌由机构向社区辐射，充分促进医养康养相融合；平和教育集团以"成为世界知名的民族教育品牌"为愿景，传承中华优秀文化，融合西方教育中的有益之处，更好地满足群众日益增长的多样性教育需求，服务于学生、服务于社会，旨在成为现代的、科学的K12综合教育引领者。平和学校金鼎校区位于上海市浦东新区曹路镇，作为金桥集团在上海金鼎九宫格区域第一个开工项目，产业引入与配套服务并驾齐驱。平和学校临港校区对标国内外一流教育社区，引入星系设计，将以优质多元的教育服务配套，培育更多充满活力的国际化复合型人才。

1.5.5 保障城市生态环境，实现可持续发展

金桥集团推动绿色发展，建设资源节约型、环境友好型社会。积极提供环境保护服务，减少污染排放，强化生态保护意识，加大生态环境治理力度，改善空气质量、水环境、土壤环境，建设美丽中国、生态中国。提升城市生态环境质量，打造更加宜居的城市环境。新金桥能源为金桥集团"七朵金花"和智城等投入多个区域能源站、光储充、零碳园区、合同能源管理、碳交易、绿电绿证、虚拟电厂等综合能源业务；新金桥环保构建绿色循环网络，打造绿色低碳循环示范园区，依托物联网、大数据等信息化技术，开创了溯源管理、精准分析、智能决策的环境治理新模式。

"四位一体"的城市发展路径，将着力构建更加宜居、韧性、智慧的城市形态，为人民群众提供更加美好的生活环境，推动城市高质量发展。总而言之，金桥集团在城市运营中发挥着重要的综合作用，为城市发展作出了重要贡献。

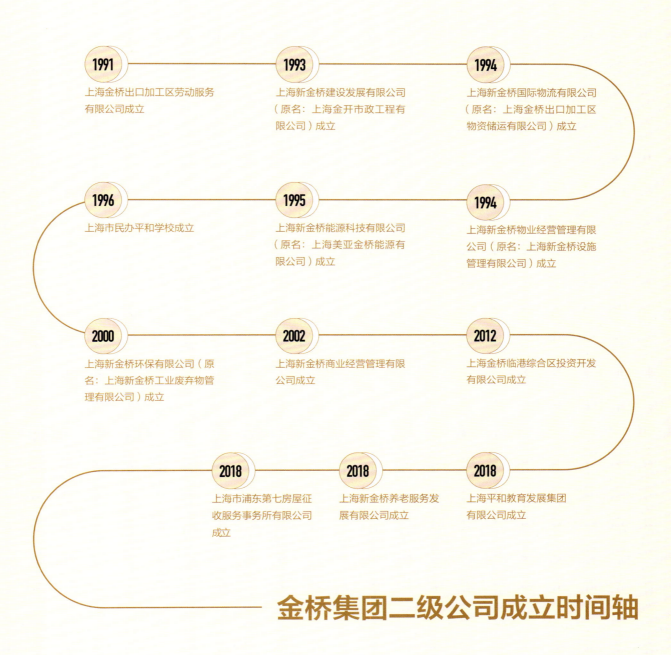

金桥集团二级公司成立时间轴

- **1991** 上海金桥出口加工区劳动服务有限公司成立
- **1993** 上海新金桥建设发展有限公司（原名：上海金开市政工程有限公司）成立
- **1994** 上海新金桥国际物流有限公司（原名：上海金桥出口加工区物资储运有限公司）成立
- **1994** 上海新金桥物业经营管理有限公司（原名：上海新金桥设施管理有限公司）成立
- **1995** 上海新金桥能源科技有限公司（原名：上海美亚金桥能源有限公司）成立
- **1996** 上海市民办平和学校成立
- **2000** 上海新金桥环保有限公司（原名：上海新金桥工业废弃物管理有限公司）成立
- **2002** 上海新金桥商业经营管理有限公司成立
- **2012** 上海金桥临港综合区投资开发有限公司成立
- **2018** 上海市浦东第七房屋征收服务事务所有限公司成立
- **2018** 上海新金桥养老服务发展有限公司成立
- **2018** 上海平和教育发展集团有限公司成立

第二章

凝练先进开发经验，勇当创新开发模式的探索者

鑑金

明藍盘圖變如瓶工圖

出瓶工圖如汝定最圖

金桥
Golden group

把新蓝图变成施工图,
让施工图成为实景图

2.1
探索金桥模式

金桥集团从上海金鼎、上海金环、上海金滩、上海金湾、上海金谷、上海金城、上海金港"七朵金花"的开发和建设过程中，不断吸取经验，坚持创新驱动，争做行业领跑者，逐渐探索形成一套属于自己的城市开发和运营逻辑，即"一个至上，双区联动，三座城，四个统一"的"1234"的开发模式。以"人民至上的新时代最上海未来城"为开发愿景，以"引领区与新片区联动开发"为开发范围，以"地上一座城、地下一座城、云端一座城"为开发理念，以"统一规划、统一设计、统一建设、统一管理"为开发机制。

在"1234"模式的基础上，金桥还积极探索引领未来城市的技术特色，响应国家战略和目标，推行绿色低碳的城市建设，开创"数字城市"实践建设的先锋，将理念与载体和产业充分结合，体现了金桥集团的使命担当和远见卓识，为金桥集团在新时代的发展打下了良好的基础。

2.1.1 推行"四个统一"的开发机制，科学统筹保障高质高效开发

"四个统一"指"统一规划、统一设计、统一建设和统一管理"的开发机制，"四个统一"的机制可以确保每朵"金花"内部在开发过程中的协调性和一致性，有利于实现资源的优化配置，提高整体开发的效率，科学统筹保障开发目标高质高效的落地实现。

其中，"统一规划"是"四个统一"的基础，规划明确每朵"金花"所在地区开发的目标定位、功能筹划、建筑形态、交通组织、景观生态等关键性要素，确保项目整个开发过程有一个清晰的方向和框架。

"统一设计"是"统一规划"内容的具体落实，通过集中设计资源，将规划理念转化为具有可操作性的方案，确保每一朵"金花"的方案都符合规划整体要求，实现功能和美学的统一。

"统一建设"是将设计方案转化为现实的重要环节。金桥集团作为开发主体，通过严格的项目管理和质量控制，确保每朵"金花"的建设过程都符合设计要求，保证不同地块的工程质量和进度，避免由于建设原因导致项目最终效果不理想。

"统一管理"则是对整个开发过程以及后续运营过程进行监督和调控的重要手段。通过建立健全的管理制度和机制，确保各个环节的顺畅运行，及时发现和解决问题，保证项目的展开以及后续运营的稳定。

"四个统一"的开发机制提高了项目整体开发的效率，有效推进开发进度，是后续金桥"三座城"的开发理念得以顺利实施的底层基础。

2.1.2 坚持"三座城"的开发理念，因地制宜建设友好人居城市

"三座城"的开发理念，即同时注重"地上一座城、地下一座城、云端一座城"三座城的开发。"三座城"既独立又存在有机联系，共同营造出友好的人居城市。

所谓"地上一座城"，即通俗意义上的城市的地面空间部分，既包括建筑等构筑物，也包括城市公共空间和生态景观环境。在"地上一座城"方面，金桥集团强调功能、生态和形象三方面统一协调，旨在构建多元功能融合、产业特质鲜明的综合体，同时注重生态保护和景观打造，创造宜居宜业环境，并塑造出符合区域特色的标志性城市形象。从上海金鼎到上海金环再到上海金谷的建筑，无一不是设计大师因地制宜的力作，地标塔楼树立地区形象，超大二层平台齐平城市高架，特色文化建筑隐于公园，"超级环廊"串联城市重要功能区，"立体花园"点亮城市空间，让城市功能与形象完美结合。

而"地下一座城"顾名思义是城市地下空间部分的建设，"城"字强调金桥的地下空间开发与以往分散独立的城市地下空间开发不同，具有更强的系统性和整体性。统筹地面、地下交通设施一体化建设，整体串联不同地块的多个地下空间，营造"三首层"的城市空间网络，形成互联互通的城市立体空间体系。地下空间的合理开发是对土地资源的集约利用，

可以将更多优质的地面空间提供给城市居民用于活动游憩，也是对交通资源的优化配置，缓解地面交通压力，平衡区域停车，也便于实现轨道交通、地面公交枢纽和商业零距离换乘、连通。

"云端一座城"则聚焦城市数字化和智能化发展，结合时空数据，运用最先进的CIM AI技术，建设智慧城市应用场景，围绕经济、生活、治理三方面持续发力。金桥在每一朵"金花"的开发建设过程中，都积极构建CIM平台，综合运用大数据、云计算、人工智能等前沿技术，全生命周期监管城市片区建设运营和管理，让科技服务城市。

通过"三座城"的建设，金桥集团的"七朵金花"将成为一个个全面发展的未来城区。

2.1.3 引领"未来城市"的科技蓝图，敢为人先探索行业前沿高地

2.1.3.1 智能网联与智慧城市融合建设

2021年7月，《中共中央 国务院关于支持浦东新区高水平改革开放打造社会主义现代化建设引领区的意见》（简称《引领区意见》）正式对外发布，提出加快关键技术研发，推动超大规模开放算力、智能汽车研发应用创新平台落户。

金桥集团经过多年发展，汽车产业基础雄厚，5G发展国内领先。自动驾驶测试是5G技术重要承载场景之一，因此金桥将"未来车"产业放到了区域发展的战略制高点，打造最完整的产业生态。

金桥集团在浦东布局"以智能网联汽车、新能源汽车为代表"的"未来车"的千亿元级产业，是浦东重点发展的六大硬核产业之一。作为浦东金桥全产业链参与示范区建设与发展的纽带，金桥集团将结合浦东新区金色中环建设任务，发挥"浦东优势"，打通智能网联汽车商业化落地的"最后一公里"，实现智能网联汽车产业与智慧城市的融合发展，打造未来特大型城市"聪明城市+智慧交通+智能驾驶"的融合标杆。

2022年1月，浦东金桥智能网联汽车开放测试道路正式获批，共计29.3公里，是国内首个特大型

2023年自动驾驶开放测试道路

城市中心城区自动驾驶开放测试道路，也是目前上海风险等级最高的开放测试道路。测试区将实施无人驾驶法规，推动自动驾驶常态化运营，构筑"未来车"产业"试验场"。

2023年2月1日，《上海市浦东新区促进无驾驶人智能网联汽车创新应用规定》正式实施，同年11月17日，工业和信息化部、公安部、住房和城乡建设部、交通运输部共同发布了《关于开展智能网联汽车准入和上路通行试点工作的通知》和《智能网联汽车准入和上路通行试点实施指南（试行）》。多项政策的推出，为智能网联汽车的发展和应用提供了系统指导和良性成长环境。

2024年3月19日，浦东新区第二批自动驾驶测试开放道路新闻通气会在金桥上海金鼎星元大厦举行，正式宣布金桥经济技术开发区全域及浦东申江路、沪南公路、两港公路等"南北科创走廊通道"道路开放为自动驾驶测试道路。

目前，金桥智能网联汽车测试示范区围绕"车—路—云—网—图"协同发展的总体技术架构体系，通过建设"智慧的路""强大的云""可靠的网""精确的图"，结合城市建设重点推动无人驾驶出租车、无人驾驶公交接驳、无人驾驶装备和地下车库自主泊车等应用场景，加快产业集聚和商业落地，打造融入未来城市和未来生活的应用场景。

金桥集团将发挥引领区立法优势，全力推进地下空间自动驾驶、园区无人配送、地面道路与地下车库联动等应用场景发展，推动无人驾驶商业模式落地；发挥国内首个特大型城市中心城区的场景优势，建设面向未来城市立体空间的自动驾驶云控平台；发挥雄厚的汽车制造及信息通信产业优势，培育未来车全新的产业生态体系。

金桥集团力争打造智能网联车最佳应用示范基地，具体是"四大高地"：一是借助浦东立法优势，形成政策高地；二是构建完整的智能网联汽车生态体系，形成产业高地；三是在中心城区丰富的应用场景中推动实现商业落地，形成场景高地；四是建立一批引领行业的"浦东标准"，形成标准高地。

2.1.3.2 绿色低碳与经济发展齐头并进

近年来，我国一直在努力推进城市的可持续发展，特别是碳达峰、碳中和上升为国家战略之后，生态建设步伐日益加快，也逐渐成为行业的发展热点和关注重点。

上海市住房和城乡建设管理委员会等四部门印发的《关于推进本市绿色生态城区建设的指导意见》提出，全面推进新建城区绿色生态建设，大力开展绿色低碳的城区更新。以绿色低碳、生态宜居为发展目标，通过科学统筹规划、低碳有序建设、创新精细管理等诸多手段，对标国际一流，全面推动产业园区的绿色生态城区建设，将为协同推进降碳、减污、扩绿、增长，加快落实能耗"双控"转向碳排放"双控"制度提供重要支撑。

金桥集团重视生态保护、加强污染防治，尤其是产业区环保先行的探索和实践活动，可以追溯到浦东开发开放初期。20世纪末开园初期引进传统制造业企业时，明确规定不许任何企业自建锅炉房，统一由新金桥能源（原美亚金桥）集中供热、集中排放，由于理念的先进性，"一根烟囱"还成为当时金桥招商引资的一个"金字招牌"。园内厂区低密度、低容积率、高绿化率，集中供热，个个有花园工厂的美称。"一根烟囱"拥有很大的优势：在供热方面，集中供热的效能可以达到92%，高于分散供热的75%；在排放方面，集中排放可以投入更多降低污染的设施，比如用于除尘、脱硫、脱硝等方面的设施。

"一根烟囱"对金桥集团的意义也许就是绿色基因的传承与发扬，金桥集团坚定不移地走可持续发展的道路，弘扬绿色发展理念，园区也形成了人人崇尚生态文明的风尚。

除了保障区域集中供热，提高园区效能，减少污染以外，金桥集团还积极拓展能源站的建设、运营管理业务。在上海前滩、虹桥、张江、外高桥、世博会地区、国际旅游度假区等地考察能源站的建设运营情况后，同步开展"七朵金花"中的上海金鼎、上海金环、上海金谷、上海金港能源站设计和建设的相关工作，加快园区从传统能源向智慧新能源的转变。

"一根烟囱"是金桥集团绿色基因的传承与发扬（2021年7月拍摄）

能耗体系监管系统是金桥集团在生态环保领域的一大法宝。通过建设一个涵盖整个开发区范围的节能管理公共服务系统，对开发区内主要企业的环境状况进行集中分项监控，实现互联网化的监控。在监管系统运行过程中，推进信息系统与物理系统在量测、计算、控制等多功能环节上的高效集成，实现能源互联网的实时感知和信息反馈。建设信息系统与物理系统相融合的智能化调控体系，以"集中调控、分布自治、远程协作"为特征，实现能源互联网的快速响应与精确控制。该系统是绿色金桥智慧化发展的又一次突破。

金桥集团也是上海首家获得"国家生态工业示范园区"荣誉的国家级开发区。随着《上海市城市总体规划（2017—2035年）》全面落实"创新、协调、绿色、开放、共享"的新发展理念，金桥集团也迎来了新的转型跨越发展。

"一根烟囱"的位置屹立起元中心一期项目（2024年3月拍摄）

上海金湾作为金桥集团首个"大健康"产业研发制造生态总部，积极研发产业园区绿色低碳开发建设与管理关键技术，建设绿色低碳园区，全生命周期中融入绿色低碳发展理念，从规划设计到施工建设，再到服务运营，形成绿色低碳全流程闭环，打造引领行业的绿色低碳城市更新标杆。

同时，金桥集团也高度重视绿色建筑的研发，在"七朵金花"的建设中，积极打造绿色建筑集群。金桥元中心一期170米办公楼荣获LEED及WELL双金预认证，充分展现了上海金环在绿色建筑、健康建筑打造上的探索及取得的卓越成果。临港综合区也采用绿色建筑高星级标准，通过高性能被动式节能设计、高效设备选型及一体化可再生能源的应用，挖掘片区的绿色低碳潜力，减少能源消耗。

上海金鼎

上海金鼎是浦东"金色中环发展带"上最先绽放的一朵"金花"，首次打造立体互联+数字赋能+绿色低碳的"聪明城市"新标杆。项目总占地面积约 **2** 平方公里，规划建筑面积约 **275** 万平方米，地铁 12 号线、崇明线以及规划中的 20 号线三条轨道交通线路在项目内聚集，近 **70** 万平方米超大地下空间、近 **10000** 个车位超级停车场形成建筑体量颇具规模的产城融合示范区，是地上、地下、云端"三座城"开发理念的策源地。

核心四地块鸟瞰图

匠一出器

园林装饰金属大器及发展高

上海 金地
Exhibition
Maoqui Cube

上海·金桥
Golden Bridge
Master Cube

高速发展才是金桥集团
唯一出路

2.2
智慧城市先锋——上海金鼎

2.2.1 势不可挡，向"新"而行

2.2.1.1 项目缘起

坐落于浦东新区的金桥碧云社区，是当时上海最早、最大的国际化社区。自1992年建成以来，碧云社区以其优越的地理位置、完善的配套设施、舒适的居住环境，成为无数人梦寐以求的理想居所。碧云社区的成功，为金桥集团积累了丰富的开发经验，也树立了金桥集团高品质社区的标杆。上海金鼎作为金桥城市副中心的重要组成部分，正是传承了碧云社区的优质基因，以更高标准、更前瞻理念打造升级版的碧云社区。

自2017年12月12日公开兴建上海金鼎以来，从一开始的全民关注，到如火如荼的建设，上海金鼎已经成长了七年，是浦东"金色中环发展带"上最先绽放的一朵"金花"。上海金鼎东至金穗路、西至申江路、南至巨峰路、北至赵家沟，三面环水，一条西群河贯穿基地，形成舒适自然的生态环境。项目总占地面积约2平方公里，规划建筑面积约275万平方米，上海轨道交通12号线、崇明线以及规划中的20号线三条轨道交通线路在项目内聚集，近70万平方米超大地下空间、近10000车位超级停车场的产城融合示范区，为区域内企业研发人员、青年白领、活力人群创造舒适多元、宜居宜业的氛围。预计区域未来辐射人口逾20万，吸引投资可达1500亿元。

2.2.1.2 规划理念：三层立体城市空间构筑生态智能城市

习近平总书记强调，"人工智能是引领这一轮科技革命和产业变革的战略性技术，具有溢出带动性很强的'头雁'效应"。在这个指引下，上海金鼎作为一个"超级片区"，聚焦服务国家重大战略，打磨更多看不见的建设。上海金鼎看似一座新兴城市，但实际上，它是一个由上、中、下三层立体城市空间组成的生态智能城市。城市的"上层"，见证着云上数字化的发展，构建着CIMAI的人工智能城市；城市的"中层"，着眼于地面的生态发展，追求职住平衡，打造功能多元复合的生态城市；而在"下层"，则全面布局智能，构筑垂直城市，建设立体交通枢纽。建一座城，金鼎的独特之处在于先生态低碳、后建城，先地下、再地上。上海金鼎致力于城市建设和治理全域数字化，以期高效助推浦东的全面升级。

2020年，《上海市浦东新区国土空间总体规划（2017—2035）》的发布标志着金桥集团再次强势推力实现主城区全球城市的功能，在"三座城"的主要规划理念下，重新审视上海金鼎的规划方案，努力将功能嵌入其中。以更高、更远的眼光来看待上海金鼎，不断汲取国际经验，推动绿色节能的实践，完善标准体系。在建筑领域，正向着碳达峰、碳中和的目标积极推进，为上海金鼎及其周边的人居环境持续改善做好先决条件。

以城市再设计，把生活还给城市，为生态宜居城市奠定绿色基底。上海金鼎以大空间生态打造理念，在保持以水为自然本底的地域性特征基础上，注入休闲、健康、生态、娱乐等乐活元素，通过打造滨水文化平台、滨水开放空间，为人们提升公共界面景观环境和空间文化品质，以此展现滨水空间的独特风景。在这里，各种主题景观带给人们自然式购物休闲体验，串联起潮流热店、滨河餐厅、音乐酒馆、萌宠乐园、24小时无人超市。

上海金鼎全景（2024年1月拍摄）

上海金鼎CIMAI数字化平台

上海金鼎天地实景照片一

2.2.1.3 开发历程

上海金鼎在完成4个镇、1028户居民、农民以及70家企业的动迁工作后,又相继完成了区域内"七横五纵"全长7.1公里长的十二条道路,区域内3.5公里长的市政河道以及公共绿化建设。

2018年4月,上海金鼎启动国际设计创作营,邀请14家世界顶级建筑设计事务所的19位设计师,在4个多月时间里,对项目9块商办地块进行建筑设计、创意策划,其中包括设计金茂大厦的SOM、设计上海中心的Gensler、设计环球港的Chapman Taylor等国际知名建筑设计事务所。197个方案按照卓越全球城市的目标要求,以打造"365天永不落幕的明日智慧之城"为目标,吸引智能汽车、移动视讯为战略主导产业,依托开发区内行业龙头企业的带动效应,向高端化、智能化领域转型发展,加快打造"内容+平台+硬件创新+服务"的全产业链发展模式。通过公共空间与新兴产业的互融、产业空间与商业空间的共生,形成引领未来城市生活发展的源动力。同时,金桥集团与华为、松下、中国移动、中国电信等相关企业合作,打造可持续发展的智慧城市示范区;与超过20家(包括央广、咪咕、中兴、中移德电等)产业龙头企业入驻上海金鼎签订《战略合作协议》,预估该区域未来将引进超过200个相关产业项目,实现超过500亿元的固定资产投资。2018年4月26日,泛亚汽车技术中心正式启用,泛亚汽车成为上海金鼎的第一位伙伴,超过4000位研发人员入驻上海金鼎,开始发挥先导效应。

2019年随着首批住宅项目开工,上海金鼎正式启动建设,涵盖住宅、总部办公、生活配套、基础教育、公共服务的多个功能点陆续启动。

上海金鼎有了设计方案,建设仍然面对很多问题。项目通过局部调整控制性详细规划,即九宫格项目的其中四个街坊控制性详细规划技术参数调整,增加商业、办公、金桥文化活动中心的建筑面积,其中两地块与轨道交通崇明线申江路站形成综合开发,与现有地铁站房一体化设计,地下一层与地铁站厅连通,地标性建筑高度由80米、120米增至100米、180米,拟建设双子塔楼作地标建筑。

上海金鼎首府鸟瞰

上海金鼎天地实景照片二

上海金鼎核心四地块总平面图

在多方的支持和配合下，2019年7月，《上海市浦东新区金桥汽车产业制造、研发、配套单元（Y000701）13-21街坊控制性详细规划局部调整及附加图则修编（草案）》公示。种种举措犹如一股新风，为金鼎公共空间与新兴产业的互融、产业空间与商业空间的共生体验带来新气象。

2021~2023年，上海金鼎完成20余个地块的全面开工，且完成交付明珠迎桥小学、蒲公英幼儿园、上海市民办平和学校、莫比乌斯环公园、央广云听智联数字基地、梅赛德斯奔驰数字中心等项目。2024年2月2日，上海金鼎05-03地块住宅新建项目、08-03地块住宅新建项目、16-01地块办公和商业新建项目、18-01和18-04地块商业新建项目四幅地块主体结构封顶，使上海金鼎九宫格的拼图显出全貌。

经过多重考验，从一张白纸到塔吊林立，从规划先行到雏形初现，上海金鼎的规划建设正在高质量、高标准扎实推进，引领金桥集团不断向纵深拓展。

在项目施工中，上海金鼎在应对具有挑战性的技术难题方面展现出了高超的能力，承接了多个极具挑战的项目。例如酒店潜水中心和可容纳3500人的剧场电影院等新项目都是全新的尝试。潜水中心需要承受极大的水压，同时要保证透明度，以便观察潜水活动，对材料的要求极高。上海金鼎潜水中心采用了国产亚克力材料，经研究论证可采用几块拼接而成，比进口整块成型的亚克力材料节省大量资金，同时也能保证游客的观赏效果。

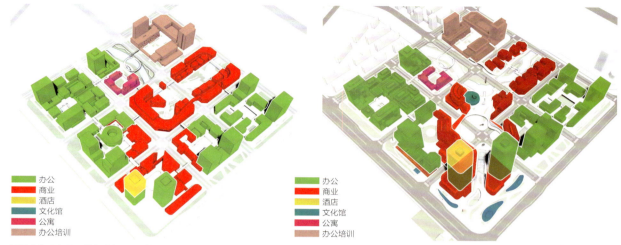

调规变化示意图：增加空间层次感与开放性

调规变化示意图：建筑高度优化

上海市浦东新区明珠迎桥小学和上海市浦东新区蒲公英幼儿园

上海金鼎天地实景照片三

上海金鼎天地实景照片四

上海金鼎潜水中心超大观景亚克力窗

上海金鼎在施工过程中多地块同时作业，现场施工范围有限，可利用的场地较少，多单位、多工种交叉作业，需要做大量协调、统筹、配合工作。通过精心策划、统筹资源、优化施工流程，保质量、保安全、拼进度，为全面建设打实基础。从规划开始，建筑师和工程师同时协调多方需求，整合资料，以集体的智慧将"金鼎承诺"落实于"蓝图"上，总结针对施工的控制要点，通过长期驻场和无数次巡场，发现问题、不断改进，将工艺与功能复杂的上海金鼎点缀于浦东大地间。

在时代热土的价值赋能下，以领衔的兑现速度，绘制大城美好图景，上海金鼎正以日新月异的变化、生机勃勃的活力，努力创造新时代城市发展的代表作。

2023年一季度建设中的上海金鼎

2012
7月,时任上海市委书记韩正对金桥汽车产业用地作出未来规划和展望

2017
12月,金桥集团正式发布了金鼎天地项目品牌

2018
4月,金鼎天地启动国际方案征集

2019
6月,金鼎天地区域内首个项目开工

2021
4月,时任上海市政府副秘书长、浦东新区委副书记、区长杭迎伟带队调研上海金鼎

2021
8月,《数字园区弹性交通信息物理系统示范应用》入选上海市2021年度"科技创新行动计划"社会发展科技攻关拟立项项目清单

2020
11月,金鼎天地列入上海市"十四五"规划的"金色中环发展带"首批重点建设区域

2020
10月,金鼎天地培训中心荣获2020年第三届浦东新区BIM技术应用创新劳动和技能竞赛暨长三角区域邀请赛项目赛一等奖

2022
9月,金桥集团开发事业二部荣获上海市"工人先锋号"荣誉称号

2022
10月,《上海金鼎数字化转型基础建设项目》荣获上海市城市数字化转型项目专项资金支持

2022
10月,上海金鼎"聪明城市"CIM数字化平台荣获"滴水湖·港城杯"CIM创新应用竞赛CIM全国成果邀请赛特等奖

2023
1月,上海金鼎区域内项目基本全面开工

2023
10月,时任上海市政府副秘书长、浦东新区委副书记、代区长吴金城带队调研上海金鼎

2023
6月,上海金鼎"聪明城市"CIMAI平台研创荣获2023 Sail Award "SAIL之星"

2023
4月,"城市停车全域数字化与管理智能化关键技术及应用"荣获上海市科学技术进步奖一等奖

2023
2月,"城市停车数字化管理与智能型诱导关键技术及装备"获2022年度中国公路学会科学技术奖一等奖

2023
11月,《基于弹性交通的新一代数字停车管理与应用示范项目》通过上海市城市数字化转型"揭榜挂帅"验收,并荣获2023上海市城市数字化转型"卓越之星"

2023
12月,上海金鼎首府交房,进入"大建设""大运营"并行的新阶段

2.2.2 立体地标门户，数智运维赋能

2.2.2.1 产城融合之范

（1）九宫格，金色中环新门户

上海金鼎九宫格的布局，打破地域制约，以垂直城市为理念，以开放式街区为载体，构建纵向立体的开发空间，采用二层天街、地面广场、地下通道等多种形式，打造3层立体互联互动的商业办公空间。结合与轨道交通枢纽零距离换乘的特征，实现工作、生活、商业休闲有机融合的TOD未来发展模式。上海金鼎内部融合多元零售、深度沉浸式体验中心，包括中国水体最大的潜水中心——金桥E40潜水中心、约3500人演艺中心等内容，创建"以人为本的一站式目的地"。其中，演艺中心以现代化场馆设施为依托，更是引领世界场馆行业新标杆。不仅可满足日常演艺活动需求，更可通过智能化转化，实现与周边设施协同错位，形成24小时、365天轮转的丰富体验环境。

三组双塔紧邻申江路和巨峰路布置，营造出连续完整的城市界面和起伏有序的城市天际线。180米高的双塔是片区的门户中心地标"图腾"，展现出"邀请"姿态，其中包含约30万平方米商业配套，以领先于时代的视野，满足周围居民对生活仪式感的所有向往。

全新教育示范基地引进"平和教育"等优质教育资源，集约式的空间利用突破传统的校园模式，将户外运动和建筑相结合，在屋顶设置空中跑道和篮球场。大胆的设计畅想给予学生全新的体验，打造立体、多元、活力的未来校园新试点，为整个金桥区域提供高质量的教育资源、人文底蕴，构筑专属于城市的精神血脉，带动金桥价值跃升。

上海金鼎核心四地块16-01、17-02、19-01、20-01区位图

16-01地块效果图

17-02地块效果图

19-01地块效果图

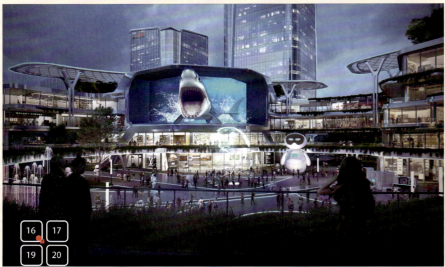

核心四地块效果图

"超级环廊"是一个连接器，在物理上将核心四个地块联系在一起，在多个层面上创建了一个公园式的圆形剧场，串联起不同区块、不同功能的建筑，包括零售商业、精品办公、星级酒店、城市文化客厅等，使中心空间更富有层次性与多样性。

（2）未来住宅，人居品质新典范

金鼎住宅项目有六个地块，分为三期开发。依托九宫格规划，享有丰富的办公、商业、娱乐、教育、生活等城市配套，以及便捷的15分钟社区生活圈，实现跨时代的生活方式变革，人们将共享一座更富魅力的幸福人文之城。

通过对国内外精品住宅市场及各项先进理念和技术的广泛调研，住宅项目进一步在品质、建材和设备上升级，小区园林环境专注营造美好的邻里空间，同时按照以人为本的原则，增加了适用于住宅的一些先进技术，并且更为精细地考虑了提升人居舒适性的未来设计方式和设计细节。采用恒静、恒氧、恒温、恒湿、恒净的"五恒"理念，在住宅内配置了一系列科技智能设备及高端建材，以提升住宅的品质。户型采用南北通透的结构设计，保证室内最佳的采光；配置大面积起居室，尽可能地将家庭共享空间最大化，增加家的温馨感和舒适感；立面所用的建筑材料环保、轻盈，将绿色、可持续发展深度融入每一个设计理念中，既保持适宜的温度和湿度，外观上也时尚活力。

值得一提的是金鼎住宅项目在品质上"较真"、反复推敲的态度。例如车库的装标配置从精品品质到空间仪式感的营造，地面采用环氧磨石工艺，车道表面做了超薄纳米硅的罩面处理，从灯光、充电桩、墙柱线脚、排水沟等每一个细节方案由设计师精挑细选，呈现出了低调奢雅的氛围。

住宅区内1.2万平方米的社区公园中，莫比乌斯环公园跑道构建多元活力的绿地空间，楼下的健身区、街角广场、水岸公园等为住宅区营造5—10—15分钟生活圈。人们在这里走走停停，随时畅聊，悠然深谈，未来生活本应如此美好惬意。

上海金鼎能量环鸟瞰效果图

上海金鼎能量环下方室内效果图

上海金鼎模型组图

（3）创新业态，产业服务新样本

为落实"产业业态+城市形态+服务生态"的全面转型，实现立体、智慧、互联的上海最大规模产城融合的目标，上海金鼎重点聚焦"未来车""智能造""数字经济"三大产业集群，推动"5G+超高清视频产业带"和"未来汽车研发基地"两条产业轴线，并率先在超大城市中心城区实现"智能汽车+智慧城市"的全新样本，也是金桥"未来车"与"元宇宙"产业的聚集地带。2023年4月，央广传媒集团与上海金桥经济技术开发区管理委员会、金桥集团签订三方战略合作协议，在金鼎星元项目共同打造国家级智能网联汽车数字媒体产业基地。此外，金鼎区域内面向未来的城市综合体业态及载体可提供丰富的数字化应用场景，全方位打造金鼎产业和社区元宇宙生态。

沿巨峰路、申江路将分别打造未来汽车总部研发基地以及5G+超高清视频产业基地。同时，结合预见未来山水城市主题，打造宜居宜业的多元化复合社区。人们在这里邂逅滨水慢生活，主建筑沿河设计，层层退台，形成错落舒展的城市画卷。打造活力滨水商业、魅力亲水平台、惬意宜人的公共空间、动感流动的跨河连桥，实现人与自然、工作与生活的有机融合。项目包括办公、租赁公寓、配套商业区、功能演播厅四大产品体系，搭建完整产业生态产品，高频、高质量路演活动向行业及企业汇集，形成先发产业集群，聚焦行业声音，加快产业升级。

2.2.2.2 地下开发之新

上海金鼎建设并不局限于房屋建造，当涉及一

2020年10月荣获BIM一等奖

2021年全国BIM二等奖

2022年10月CIM全国成果邀请赛特等奖

2023年6月世界人工智能最高奖"Sail"奖（卓越人工智能引领者奖）

上海金鼎所获荣誉（部分）

个面积达1平方公里的运营空间时，管理难度显著增加。尤其对于商业区域的停车场，若缺乏妥善管理，必然陷入混乱。更不用提一个拥有70万平方米的庞大地下商业空间，若缺乏应急防灾措施，一旦突发状况发生，后果不堪设想。

上海金鼎从规划之初就将交通规划作为城市建设的重要环节，通过织密交通保障数字网，构建立体智能的区域交通体系，提高交通服务能力上线，构建有温度的城市交通体系，为市民重塑智慧、安全、低碳和高效的交通出行新模式，更是荣获了2022年度上海市科技进步奖一等奖。上海金鼎将不同方式的出行服务整合到按需出行的一体化出行服务平台中，在满足用户需求的同时，提升绿色出行比例，进而推动低碳可持续交通的发展。

（1）超级枢纽

"超级枢纽"通过地上、地下综合开发，土地资源集约利用，纵向赋予用地多用途的开发空间。地面公交、轨道交通等交通方式在项目中紧密结合，和商业综合体互利互助。"轨交一体化"无缝连接，引入客流。使消费者在下层分流后能直达地下商业。地下商业整体以四个地块相交处的中心广场为核心，两条斜向商业街串联起室外下沉广场与室内中庭等节点。同时地下大连通的整体开发设计将四地块更有效地结合起来，形成连续的闭环式、主题式地下商业街区。

项目"中心轴"在连接门户、中心广场和滨河景观的同时，轴上的下沉广场也将地上、地下空间无缝连接，二层连廊连接地块内和周边的商业，形成24小时立体交互的现代交通网络。"超级社区"聚焦人

上海金鼎上、中、下三层立体城市空间

的体验和令人流连忘返的场所空间，让上海金鼎成为极具特色的城市目的地，迎接更多的科技承载，为所有人提供具有丰富活动体验的创造性环境。

上海金鼎商办地块地下二层到四层打破市政道路将地块分割的弊端，135万平方米商办空间共享10000个车位，不再因为不同业态的短时潮汐现象造成的停车位分布不均的现象。首创性提出地上、地下动静交通协同控制、弹性交通的设计理念。瞄准停车场进不来、出不去的痛点，充分利用了地下空间，通过四层连通的地下结构，极大地缓解了地面交通压力，通过联动控制解决动静态交通转换节点上由于信息不对称造成的拥堵，提升区域交通通行效率与安全。

地下二层作为车库的第一层，其复杂性不言而喻。运货、卸货、停车、人行等多种活动交织在一起。为了确保无人驾驶车辆能够安全、高效地运行，项目团队针对线路规划、车辆定位等关键技术进行了深入研究，还实现了地下出入口的弹性调整，根据地面交通状况灵活调整出入口位置，确保交通流畅。

（2）无驾驶人示范区

2022年8月31日，全长29.3公里的国内首条特大型城市中心城区自动驾驶开放测试道路，也是目前上海风险等级最高的开放测试道路（总体被评为3级，最高为4级）在浦东金桥正式启用。2023年2月1日,《上海市浦东新区促进无驾驶人智能网联汽车创新应用规定》正式实施,金桥测试示范区为应用落地承载区。

推进智能网联汽车进入中心城区,走向商业运营,金桥集团首当其冲。从技术验证到道路测试,技术可靠之后,上海金鼎还要实现自己的商业模型,形成商业闭环。

九宫格地下车库加入了信息化和智能化设计,覆盖了无人驾驶的应用场景,并逐步延伸到上海金鼎范围内的办公、学校、住宅、轨道交通站点等多个区域落地无人驾驶接驳流线,并将在未来带动整个上海的智慧城市建设。可以想象,未来路边停车可能会消失,停车位会更狭窄,在办公楼前面可能需要有一个宽阔区域,在该区域中,自动驾驶汽车会接送乘客。甚至未来上海金鼎停车场可能将转换为其他用途,实现更高的灵活性。

在16地块地下二层的无人驾驶车道范围内,无冲突流线路径,在车道、停车区和交叉口的特定位置增加感测环境所需的超声传感器、执行器、显示屏等硬件和软件控制机房、数据中心;创建上海金鼎的移动及车辆临时网络,提高车辆检测、跟踪、路径计划、情感或意图检测等能力。自动驾驶汽车在操控方面表现更好,可以使用较窄的驾驶车道,这意味着能够提供更多的车位或者人行停留和绿色共享空间,将来可以采用多极、弹性、灵活的空间分配模式,适应未来复合型地下空间的成长需要,为人们提供更好的体验。

2.2.2.3 数字运营之道

未来上海金鼎将会继续承载多元社会功能,而环境条件也会日益错综复杂。面对不确定的经济社会趋势、越来越高的城市复杂度,预测不是唯一的解决之道,通过"数字运营"布局高效的人工智能基础设施和连接能力,构建系统韧性,让空间学会自我生长,能够可持续地激活,才是长期内最有效的路径。未来上海金鼎无限的想象空间和发展潜力需要更精细、平衡的治理、维护方案,数据分析决策中台与治理"末梢"将在每个空间角落中发挥至关重要的作用。

智慧金鼎的最佳定义便是利用技术改善从治理到管理、设计和规划的各个方面。现在,智慧城市设计已经不是新概念了,很多综合体已经采用一系列技术来提高人们的生活水平,其中包括能源管理、照明、供暖和制冷系统、通信网络以及废物管理和移动解决方案。

上海金鼎基于CIMAI数字化管理平台,创造城市智慧生命体。可以说,上海金鼎的成功之一体现在将物联网(IoT)、人工智能(AI)和大数据等尖端技术应用于城市的系统和资产,使其更加可持续、互联和优化。于2020年11月提出"地上、地下、云端三座城",上海金鼎无愧为"三座城"开发理念的策源地。

(1) 构建数字基础

上海金鼎是一个基于新技术应用的可持续发展的城市项目,其主要目标有三个:提高能源效率、减少二氧化碳排放和增加人们生活幸福感。这种概念将整片区域的管理、经济、流动性、环境、能源、供应、健康、安全等不同领域相互连接,从而提高效率,提供更好的新服务。

由金桥集团牵头,中国工程院院士吴志强领衔的同济大学、阿里云等四家单位联手研发基于数字孪生的CIMAI智慧应用平台。该平台分为规划设计、技术管理、招商资管和运营维护四个子模块,其中规划设计模块中包含区域规划、地下空间等方面内容,可对各地块的基本经济技术指标、方案进度、出图进度、审图进度等工作进行查询,从而使管理者更加清晰地了解各项目实施状况,把控项目进度,帮助管理者更好地决策。同时,该平台根据区域级模型进行多工种、多来源的数据叠合,将地下空间完全可视化,将TOD贯穿全

吴志强院士指导金鼎数字化建设(2021年1月)

过程的建设运营中。例如在地下一层，可以将已建成的市政设施植入、整合到数字底板中，从而能更为直观、立体地观察市政设施、轨道交通以及地下商业的交接关系，为创造更为合理的动线提供了沟通讨论的平台，同时也能通过智慧应用平台实时监控用户情况。

在建设管理模块中，可通过平台将各工地的信息进行汇总，从而方便用户随时获取工地的人机、物料、功能等信息，通过调取工地的监控录像，实现统一的实时管理。在招商资管模块中，基于阿里云的产业大脑，可动态了解企业总览、经济贡献、人员情况、空间资源、产业发展、知识产权等相关内容。通过汇集、研判、可视化呈现的多源数据，构建基于大数据和人工智能的综合管理模式，为精准施政、精准招商提供决策支撑，为区域建设与发展赋能。通过大量精细化的数据分析，进行区域价值挖掘，明确区域竞争力、区域吸引力、企业产值、税收状况、创新能力、空间承载力等各项内容，从而更好地引导区域招商引资与功能业态调整。

为打造"聪明金鼎"自生长、自决策的生命体，上海金鼎部署逾10万个"神经元"节点，建立全域、全时段物联感知体系，实时"读写"真实金鼎。统筹感知体系建设，统一采集汇聚，形成上海金鼎新型智慧城市泛在感知系统。利用毫米波雷达定位人员、记录运动轨迹、完成人数清点，实现区域内精准的人员管控。姿态监测让看护更放心，手势识别维护健康生活，提高区域运维效率与质量，为居民提供优质生活环境。

另外，上海金鼎还将平台与社会管理相结合，识别人们的需求，并提供以最小的环境影响提高生活质量的解决方案。例如可以在建筑和控制自动化、高效的城市规划、城市流动性和可持续公共交通、智能废物管理、提高环境可持续性等领域发挥至关重要的作用，这是"聪明金鼎"的关键。

（2）建设智能城市

通过使用与CIMAI底座数字连接的传感器来实施系统，从而实现实时可视化和操作。同时，垂直数字化场景中交通、社区服务、应急管理等应用也随着区域建设不断推进。

了解交通状况、管理和优化交通的系统是组织改进和提高居民生活质量的基础。交通工具可再生能源的使用和智能出行技术使出行时间缩短，意味着人们有更多的时间从事其他活动。不仅如此，通过智能系统，能够解决寻找车辆的问题，停泊车辆可以自动寻找车主，大大节省了人们的精力。未来无人驾驶车辆将占据主流，市民在商场购物时将无需再为找车而烦恼。地图导航联动技术实现了地下空间的精准导航，有效解决了人们在地下行走时容易迷失方向的问题。

智能金鼎发展的另一个主要原因，是根据人们的想法和需求提供解决方案。

建筑节能就是合理利用能源来满足建筑的需求。九宫格的建筑以"零能源"建筑为设计原则，建筑产生的能量和消耗的能量一样多，设计是在可再生能源、存储系统以及节能建筑技术和隔热等措施的技术支持下完成的，包括照明、通风、空调、供暖、热水供应等。在上海金鼎，"零能源"建筑可以是公共的，也可以是私人的，包括家庭、办公室、学校、购物中心、公共交通站点，任何能源的消耗都是实时控制的，可以立即采取行动来管控。重点是在不牺牲用户日常活动舒适度的情况下，实施高效的解决方案，实现几乎零能耗，减少能源账单和环境影响。

智能建筑现在可以在一个数字平台控制消耗能源的不同主体。例如金鼎办公、住宅建筑内的所有楼层实现了室内温度、湿度的智能控制；充电站监测管理平台可以对充电点进行集中实时控制，通过分析历史数据，可以预测车辆的点位规划和分布设置。

由于实施了这些管理系统，可将能源消耗减少30%，并提高可持续性。

人工智能将所有信息集中起来，可以更好地管理和监控资产。通过自动化安装，可以减少可能的故障并提高效率。上海金鼎的智能建筑更具可持续性和高效率，与简单的人工管理相比，可以更快、更好地对某些系统中的意外事件做出反应。

作为区域运营商，金桥集团深刻体会到，成功的关键并不仅在于建造房屋，而是必须综合考虑物业的运维、市政管理以及智慧管理等方面。面对庞杂的道路、下水道以及各类设备设施，必须从长远角度出发，细致规划、统筹考虑。

具体而言，需要将后续的运营纳入整个规划体系之中，这不是纸上谈兵，而是需要依托先进的技术和资源来实现。例如，通过BIM（建筑信息模型）和CIM（城市信息模型）等技术，对城市的各项设施进行数字化管理，从而实现更高效、更精准的运维。如果在前期规划中没有充分考虑这些问题，后期运营中就会面临诸多困境和挑战。

除了传统的规划和管理手段，更需要积极探索和采用新技术。例如，建立无人机机库，管理者在办公室就可以通过平板电脑发送指令，让无人机飞到工地上进行实时查看，这样就可以及时了解施工情况，确保工程质量和进度。这些都是建立在先进技术和平台上的创新实践。

（3）赋能公众参与

未来的上海金鼎会建立互动式的地理信息云平台，帮助居民参与更新规划，建设线上交流平台，增加居民垂直意见和建议反馈渠道，依托虚拟现实（VR）、立体投影等信息设备，直观展示、沟通交流，丰富居民参与上海金鼎建设和发展的形式，推进决策共谋、发展共建、建设共管、效果共评、成果共享，实现社区凝聚力提升。

此外，面向工业4.0时代，个性化、定制化和数字化商品及服务将成为主流，上海金鼎各类主体（特别是居民）的需求偏好还将进一步被技术创新所影响而产生动态变化。不断通过CIMAI数字化管理平台技术迭代和基层治理手段创新，及时捕获、分析和预测这些偏好变化规律，提供符合需求的数字产品与服务，将成为未来产业智慧更新的关键。

2.2.3 建设智慧城市，打造品质社区

2.2.3.1 匹配高品质的生活需求

位于金桥最北端的汽车产业板块内的上海金鼎将如何让更多的人想居住在这里？这取决于多方面因素的有机结合，但可以确定的是，面对人们内心深处对更高生活品质的向往，上海金鼎需要匹配更多满足生活需求的设施、环境。学校、公园等文化休闲设施构建深厚的文化底蕴；更精致、多样的住宅、商业，提升人们的幸福感；促进绿色经济的绿色基础设施和服务，尽量发挥最大效用……大量潜在的企业吸引了人才，同时大量的人才也吸引了企业，关联和互补的良性循环促进经济、文化发展。这种环境下的产业与配套、建筑与人产生互动交流，更成为一种社会创新的价值。

2.2.3.2 畅想未来之城设计愿景

"以人民为中心"的理念落实对上海金鼎尤为重要。通过制定未来设计愿景的方式，上海金鼎确定了一个智慧而有远见的理念。首先上海金鼎确定了2050年的愿景（理想的未来状态），然后制定具体方案来填补愿景与现状之间的差距。为了准确找到这些差距，上海金鼎从愿景开始，通过"反向预测"的过程向后推进，深入解析特定城市功能区域的结构升级，所产生的由于环境、交通等问题的积攒带来的矛盾和困境，以及国内外城市可供借鉴的经验教训，政府部门、金桥集团、规划设计师等提出了开发体制创新路径——建设一座绿色、活力、智慧之城，它不仅拥有技术先进的便捷低碳生活方式，更是以居民为中心的200公顷新城、实现未来愿景的理想之城。

建设智慧城市是上海金鼎成功的结果，而不是原因，决定成功的是主动生活、工作在这里的人，这才是金桥集团开发上海金鼎的真正目的。

2.2.3.3 建设有温度的国际社区

城市生活、产业发展在这里有机融合起来，共享有温度的国际社区资源。未来在上海金鼎，学校旁边可能就是凯迪拉克的生产线；社区内高中生上午在学校上课，下午可以去泛亚汽车的实验室参考学习；而汽车工程师上午在研发基地设计汽车，下午可能就会去学校给学生上课。住宅与商业零距离，无障碍机器人负责末端配送；老年人可以去社区服务中心和街坊四邻聊天，去莫比乌斯环公园健身。未来的上海金鼎将是一座智慧的社区，拥有一套利用新技术解决社会问题的机制，这些机制使每一个地块都将成为人们在未来想要工作、居住和游览的地方，一个有归属感、舒适感和未来感的地方。

上海金鼎平和学校鸟瞰（2024年2月）

欢乐芭蕾——平和食堂
平和学校

平和学校的立体足球场

平和学校——立面细节1

平和学校——立面细节2

上海金鼎——平和学校

时空之韧——体育馆

未来之翼——平和剧场

云桥——平和图书馆

上海金环

上海金桥副中心（金环）在上海市2035年总体规划中新增为城市副中心之一，上海金环总规划面积约**4.5**平方公里，规划建设规模约**690**万平方米，其中核心区**1.5**平方公里，建设规模约**290**万平方米。作为金桥集团在金色中环发展带的核心开发区域，该大型区域性城市更新项目将逐步实现从产业园区到活力城区的华丽转变。未来金桥城市副中心将打造一座互联互通的立体之城、还绿于民的生态之城。

上海金环沿中环路西侧鸟瞰

只有變過，
不是越變越糟

上海三聯書店

上海·金桥
HYPER CITY

只争朝夕,
慢进也是退

2.3
金色中环巨星——上海金环

2.3.1 寻梦伊始,"环"映东方

2.3.1.1 项目缘起

伴随着浦东的开发开放,"一根烟囱"于1994年在金桥美亚地块拔地而起,这根烟囱从一开始便承载着为金桥开发区内的企业供热的使命,二十余年来如同一位见证着产业、生态齐头并进的守护者。作为金桥的标志性建筑,它以先进的环保理念,为这片土地赋予了一份庄严感,成为金桥招商引资的闪亮招牌。

金桥地区是为浦东开发开放而诞生的国家级开发区,经历了从传统产业基地到现代化园区的转型升级。如今,金桥正以全新的姿态迎接着产业新城的诞生,成为上海乃至全国的典范。上海金桥副中心在《上海市城市总体规划(2017—2035年)》中成为新增的城市副中心之一,金桥副中心的地位和价值更加凸显,将成为浦东东部地区的重要活动中心。2021年11月,随着"一根烟囱"正式告别历史的舞台,金桥副中心元中心项目也正式启动建设的步伐,奏响了金桥开发区从产业园区向综合城区跨越的时代华章。

上海金环的土地资源使用接近饱和,约98%的用地为存量用地,且以工业用地为主,拓展新增空间的需求十分迫切。核心区缺少快速便捷的公共交通系统,轨道交通服务存在盲区,道路交通对核心区东西两侧有割裂影响。现状公共服务设施匮乏、类型单一、品质一般,尤其是文化和体育类公共服务设施短缺,商业服务设施也明显不足,无法满足区域内未来就业群体对公共服务多元化、差异化、高品质的需求。

在此背景下,经上位规划调整后,上海金环的功能区总规划面积约为4.5平方公里,其中核心区范围约有1.5平方公里。位于核心区的首期开发区域约有0.25平方公里,主要为金桥集团为主体整体开发的"金桥1851""元中心一期""元中心二期"以及"中央公园综合体"(地下空间整体开发、中央绿地及三栋文化商业建筑、金科路下穿隧道及地下环路)。作为金桥集团在金色中环发展带的核心开发区域,该区域将逐步实现从产业园区到活力城区的华丽转变。

2.3.1.2 开发历程

(1)规划阶段

2018年1月颁布的《上海市城市总体规划(2017—2035年)》将金桥新增为主城副中心之一。2018年6月,上海市规划和自然资源局、上海市浦东新区规划和自然资源局组织启动金桥城市副中心地区城市设计国际方案征集。同年10月中旬完成最终成果评审,相关研究结论纳入金桥—外高桥单元规划,并指导后续的控制性详细规划编制。2021年1月,金桥城市副中心核心区控制性详细规划调整获批。

(2)设计阶段

2020年6月,金桥集团开展上海金环超高层整体性概念设计国际方案征集工作,并于同年8月完成方案评审。2022年10月,上海金环中央公园综合体国际方案征集启动,终期评审于2023年6月举行,中央公园综合体由三栋文化商业建筑和绿地组成。总用地面积13.2公顷(其中绿地景观面积约10.2公顷),建筑群计容建筑面积约6.48万平方米。

2.3.1.3 宜居宜业的规划设计理念

上海金环规划形成"一心、三轴、三节点"的空间结构,打造"公园核心,绿水绕城"的空间格局,发扬基地生态基底格局优势,通过金科路下穿、高压走廊入地等措施,形成一个完整的金桥中央公园,打通金桥副中心核心腹地与碧云、森兰两大楔形绿地的生态空间联系。

上海金环规划以中央公园为"一心",通过"三轴",即"金桥绿谷景观轴""景观联动发展轴""创新服务发展轴",向外辐射出多样的空间,并形成"三节点",即"科创研发节点""活力创新节点""综

"一根烟囱"的爆破场景

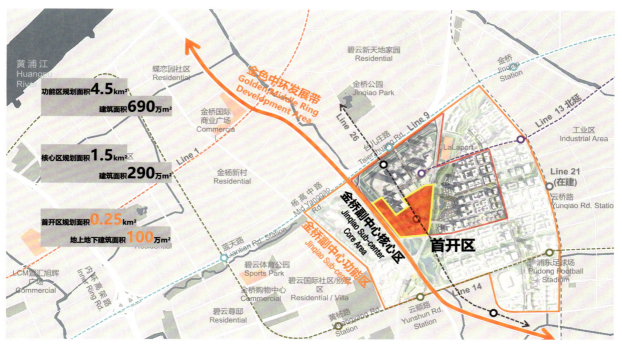

上海金环总体项目区位图

合商贸节点"。"一心、三轴、三节点"的空间结构，将基地周边的自然环境融入上海金环，为在这里居住、工作的人群提供舒适且具有魅力的职住场所。

中央公园是为市民而生的绿色乐园，秉承着"人民城市人民建、人民城市为人民"的理念，旨在打造一个让人们聚集、交流、休憩的共享空间。这里不仅是文化、艺术、休闲的视觉体验场所，还有许多别具特色的设计。比如，有再生型滨水休憩空间的"滨水交流环"，让人们更好地享受自然和交流的乐趣；有中央步行空间的"创新交互环"，为人们提供更多的交流机会；还有实现三首层一体化的中央公园综合体的"立体交通环"，让公园变得更加便利和舒适。商业、办公、酒店、住宅功能的有序组合不仅打造出区域性地标建筑，更成为24小时宜居、宜业、宜乐、宜游的生活圈。"一轴一街一环"的布局独具匠心，将周边基地完美整合，实施了地上、地下一体化开发，创造了一个生态优先、产城融合、以人为本的城市空间，呈现出金桥独有的城市天际线。

上海金环首开项目"金桥1851"沿中环高架路展开，包含4幢塔楼和一个470米长的裙房大平台，成为金桥副中心的门户形象。除了"金桥1851"，还有元中心一期及二期项目，包含有330米地标塔楼、170米的总部办公建筑、100米超高层住宅云邸和200米云端住宅云墅，共同打造出金桥副中心地标建筑群，并配有15万平方米的中央公园和文化中心，营造出一个功能齐全、绿树环绕、工作和生活相得益彰的未来城区。

2.3.1.4 实施建设

2021年11月13日，金桥城市副中心重点项目集中开工，上海金环项目开发建设如火如荼，"金桥1851"于2024年6月（A塔）竣工，成为金桥集团新的办公总部。元中心一期已封顶，预计2025年年底完工。元中心二期地块已完成地下室底板施工，预计2027年年底竣工。金科路下穿预计2025年9月竣工。中央公园已完成公园综合体的国际方案征集活动，预计与元中心二期同期竣工。未来金桥城市副中心将打造一座互联互通的立体之城、还绿于民的生态之城。

上海金环首开区鸟瞰效果图

金桥副中心核心区控制性详细规划图

"金桥1851"鸟瞰效果图

"金桥1851"

2020
8月，时任上海市政府副秘书长，浦东新区委副书记、区长杭迎伟带队调研上海金环

2021
1月，金桥副中心核心区控制性详细规划调整获批

2021
3月，集团三大总控签约

2021
3月，"金桥1851"正式打下金桥副中心建设的第一根桩

2021
9月，上海市委常委、浦东新区委书记、中国（上海）自由贸易试验区管理委员会主任朱芝松，时任上海市政府副秘书长，浦东新区委副书记、区长杭迎伟带队调研"金桥1851"工地现场

2021
8月，时任上海市政府副秘书长，浦东新区委副书记、区长杭迎伟带队调研上海金环

2021
8月，"金桥1851"取得主体施工许可证

2021
5月，金科路下穿工程可行性研究报告通过评审

2021
9月，元中心二期方案通过专家评审

2021
9月，"金桥1851"土方开挖启动仪式

2021
11月，金桥城市副中心建设正式启动，开发区原"九通一平"基础设施"一根烟囱"爆破拆除

2021
12月，元中心一期方案公示

2021
12月，元中心项目完成图则更新

2022
7月，金桥元中心案名首发

2022
6月，上海金环LOGO正式发布

2022
3月，金科路下穿工程开始绿化搬迁

2022
1月，"金桥1851"深坑大底板浇筑完成

2021
12月，金科路下穿工程完成立项

2021
12月，元中心一期方案获批复

2022
7月，元中心一期取得主体施工许可证，建设全面加速

2022
8月，元中心一期首幅地连接钢筋成功起吊

2022
9月，中央公园国际方案征集启动

2022
10月，"金桥1851"地下工程结构封顶

2022
11月，时任上海市政府副秘书长，浦东新区委副书记、区长杭迎伟带队调研上海金环

2022
11月，元中心二期方案获批复

2022

11月，上海市委常委、浦东新区委书记、中国（上海）自由贸易试验区管理委员会主任朱芝松带队调研"金桥1851"工地现场

2022

12月，"金桥1851"钢结构首根钢柱成功吊装

2022

12月，"金色中环发展带"建设项目集中开工仪式举行，时任上海市政府副秘书长、浦东新区委副书记、区长杭迎伟等领导出席开工仪式，并为新开工项目摁下启动键，元中心二期正式开工

2022

12月，金科路下穿工程正式开工

2023

3月，中央公园建筑组方案终期评审

2023

3月，"金桥1851"关键吊柱销轴节点安全试验取得圆满成功

2023

3月，浦东新区促进无驾驶人智能网联汽车创新应用启动仪式在金桥开发片区举行

2023

5月，"金桥1851"结构封顶

2023

6月，"金桥1851"幕墙开始全面施工

2023

6月，中央公园景观组方案终期评审

2023

7月，元中心一期项目地下工程结构封顶

2023

8月，元中心二期地下部分建设工程规划许可证获批复

2023

8月，时任上海市政府副秘书长、浦东新区委副书记、区长杭迎伟带队调研"金桥1851"工地现场

2023

9月，金科路下穿工程正式封路建设

2023

9月，元中心二期首幅地连墙钢筋笼正式起吊

2023

11月，元中心一期170塔楼获得LEED、WELL双金预认证

2023

12月，时任上海市政府副秘书长、浦东新区委副书记、代区长吴金城带队调研"金桥1851"工地现场

2023

12月，元中心一期T2、T3塔楼主体结构封顶

2024

2月，元中心二期330塔楼获得WELL金级预认证

2024

3月，上海市委常委、浦东新区委书记、中国（上海）自由贸易试验区管理委员会主任朱芝松带队调研上海金环

2024

4月，元中心二期330塔楼获得LEED铂金预认证，元中心一期170塔楼结构封顶

上海·金环 Golden Bridge HYPER CITY 大事记

2.3.2 观第三代CBD，阅规划新篇章

2.3.2.1 "四个统一"机制首发地

上海金环始终遵循"人民城市人民建、人民城市为人民"的重要理念，注重提升城市功能品质，在全市范围内首创"统一规划、统一设计、统一建设、统一管理"的开发机制，围绕"高水平规划、高质量建设、高效率运营"的总体目标，整体形成蓝绿交织、职住相邻、地上地下一体化的城市空间，打造宜居、宜业、宜乐、宜游的人民城市。

（1）统一规划

上海金环作为典型的成片开发项目，属于区域重点建设项目，金桥集团作为主体承担"金桥1851"、元中心一期（美亚地块）、元中心二期（春宇地块）、中央公园的开发，统筹推进金环副中心整体规划，整体把控落实规划定位、功能业态、建筑形态、景观构架、立体交通、技术指标等，实现各地块空间功能与建设品质的高度统一。

规划定位

上海金环聚焦"双重职能"，包括普适化的面向区域的功能和本地的功能，即"服务上海大都市东北扇面，以文化、体育为特色的高品质综合服务中心""以国际化为导向、高品质配套和城市空间为特色的魅力国际城区"，以及差异化的特定职能定位"发展为国际高端智造服务的生产性服务业，打造高度融合的全球城市世界级创新智造服务中心"，明确与张江、川沙副中心的错位发展、竞争与合作关系。

功能业态

上海金环以中央公园为核心圈层展开，以办公与研发构成的产业功能作为核心，以商业、居住、文化等功能作为配套，构建完善的功能体系。内圈以低强度开发为主，打造精品商业街区，辐射浦东新区东北扇面商业客群；打造高等级的市级、区级文化设施，与开放空间结合，形成有吸引力的公园综合体；布局共享办公，植入孵化器、公共实验室、数据中心等，构建从产业孵化到成熟的全周期创新制造服务平台；布局酒店和会议会展设施，提供前沿成果展示和交易平台。外圈以高强度开发为主，打造"CBD+CTD"（科技商务+科技研发）双环驱动的产业布局，在CBD西半环上承载科技总部、科技金融、国际贸易、电子商务等先进制造业服务的商务办公功能，在CTD东半环上承载科技研发、智能应用、智造研发、检测认证等研发办公功能。为营造24小时全时活力的城市副中心，引入居住功能，包含租赁住宅和商品房。

建筑形态

上海金环以中央公园为副中心的主要活动空间，沿中央公园周边设置商业和文化设施等，保证界面建筑景观的连续性。在滨水和绿化廊道沿线形成连续公共界面，其中沿马家浜河西侧、规划横四路公共活力轴控制不低于70%贴线率，形成疏密有致的滨水空间，强化副中心东西向廊道的城市形象。上海金环核心区域的建筑高度形成三个层级：第一层级为100米以下的地区基准高度，第二层级为110～200米的次高地块，第三层级为高330米、300米和220米的副中心地标。塔楼高度逐次降低，从中央公园可远望富有层次的城市天际线。

空间景观

上海金环形成三条景观轴线：金科路绿轴、规划横四路东西向绿轴和马家浜滨水商业水轴。三条轴线串联各功能板块及中央绿廊、广场、绿地等开放空间，塑造景观序列。中央公园结合中央绿廊与地标建筑，打造主要景观核心。以大型公园绿地、滨水走廊、商办功能区公共空间、地块内部广场及绿地等组成各层次的公共空间系统。以中央公园为视线集中点，沿着公共通道、绿化廊道展开，形成多条视线通廊。

立体交通

上海金环打造多维交通到达、步行空间融合、功能交织复合的高效立体交通网，成为金桥功能区内重要的交通换乘节点和交通枢纽发展示范区域。上海金环位于多条轨道交通的相交区域，其中杨高中路已有轨道交通9号线穿过，并在北侧设有台儿庄路轨道交通站点。未来，规划轨道交通26号线、规划轨道

上海金环模型照片

交通13号线有可能在此增设站点，并在宁桥路、云桥路、新金桥路等设置地下环路、地面出入口，缓解地面车行交通压力。

指标统筹

上海金环全面整合地下道路、管廊、能源、停车、商业等设施，通过停车共享、绿地平衡和民防统筹等，实现区域整体利益最大。停车共享层面，由于上海金环核心区开发总量巨大，容积率高，在规划阶段明确了地下二层环路系统，串联11个地块的停车场库，通过环路系统加强疏散能力，缓解地面道路交通压力。同时慢行体系在地面层、地下一层、地上二层通过公共通道形成步行网络，机动车和慢行系统的区域一体化设计为泊位共享创造了可行性。元中心一期、二期地块通过与公园综合体泊位共享，实现停车位的总体平衡。民防统筹层面，按照上海市民防办公室的相关指导意见，上海金环基于首开区地下空间一体化设计的原则，元中心一期、二期与中央公园地下空间整体连通，人防工程按相关配建指标要求统筹设置在中央公园地下三层，达到区域民防配建指标总体平衡。

（2）统一设计

上海金环综合考虑首开区各地块的功能性与完整性，统筹设计规划范围内外各要素在地上地下空间、视线、功能、步行、交通等维度的关系，保证后续一体化建设具有可操作性。

零距离站城一体化

上海金环以"整体共生+立体布局"为开发理念，秉承道路互通、环境融合、建筑协同、整体联动，通过立体布局、分层设计、统一实施，实现零移动距离的站城一体化。结合金科路下穿，整合地面交通、地下环道，实现道路交通一体化；通过马家浜、规划绿廊、中央公园整体融合，实现景观空间一体化；整体协同二层连廊互通与地下停车互补，实现建筑关系一体化；联动各地块地下步行、商业空间，实现地下空间一体化。

多首层的城市空间

上海金环构筑多层次的立体步行网络系统，形成高效可达、休闲慢行、活力商业、共享资源、各具特色的"多首层城市空间"。

地下步行空间通过"环金大道""银街""金环"三条不同定位的流线加强轨道交通站点之间的联系，带活整个地下城的商业氛围，形成全联通的地下空间体系。四通八达、纵横交错的地下空间网络，将有效减少步行移动距离，缓解地面交通压力，提升多层城市活力，改善地面环境能级，最大限度地实现上海金环的城市魅力和公共价值。商业区通过下沉广场和城市核顺畅衔接各地块的高层建筑。下沉广场与西侧马家浜周边的亲水空间和中央公园通过简捷的动线衔接。在二层标高设置步行平台连接各个地块、裙房商业设施和各栋塔楼。平台与下沉广场相连，形成完整的立体动线设计。

开放空间整体衔接

上海金环在设计阶段重点关注其与周边开敞空间、建筑物之间的空间关系。创造马家浜沿水岸向腹地方向从低到高的多层级的空间形态，并以马家浜为空间骨架，塑造富有活力与可达性的水岸开放空间。创造面向中央公园的天际线展示面，塑造高低起伏、错落有致的城市天际线景观。

区域交通多维对接

上海金环为减少地面车行交通的负担、预防早晚高峰大范围车辆拥堵的状况，统筹设计各地块的出入口，并使之尽量分散布置于支路上。同时在地面坡道之外，将各地下车库与地下环路相连，使得区域地下车库连为一体，便于统筹管理与空间共享。

（3）统一建设

上海金环创新性地引入施工总控，通过建设期的统筹协调管理工作，包括建设时序策划、界面统筹管理、进度计划优化、技术专题咨询、HSE（健康、安全、环境三位一体）管理、信息管理、第三方巡查等，实现统一建设，为片区开发保驾护航。

建设时序策划，确定区域开发节奏

建设时序策划是确定区域整体开发节奏的根基，其策划的科学性与合理性决定了区域开发的总进度目标的成败。上海金环首开区于2021年初破土开工，

金桥元中心一期施工现场（2024年3月）

金桥元中心二期施工现场（2024年3月）

计划于2027年年底完工，总工期预计6年，而上海金环首开区建设地块多，总建筑面积大，施工标段多、超高层，基坑群整体地下空间体量和深度大，马家浜河底大联通、金科路隧道下穿、地下环路、空中连廊建设工况复杂，区域内原有厂房拆除、35千伏伟绩变电站搬迁前期报批报建推进困难，建设过程中规划与现有市政管线的接驳、场地标高、交通组织动态变化，以上诸多不利特点对首开区整体建设时序策划提出较高要求，必须对各类基础资料进行收集与研究，并结合现状条件，分析制定科学合理的项目建设时序。

上海金环首开区在"四个统一"开发机制的基础上，坚持以建设时序总体策划作为建设导向基准，统筹推动建设项目各阶段进度目标全面顺利达成。总体建设时序策划始终遵循"统筹平衡，整体推进，合理搭接，避免停滞"的原则。

上海金环的施工总控首先收集并整理片区项目前期资料信息，综合识别首开区开发建设的各项制约因素；联合各相关参建单位根据前期资料信息、制约因素进一步分析论证各节点目标实现的科学性、合理性及可操作性；最后根据分析论证的研究成果对开发建设时序进行强排，包含总体开发时序（年度）、项目建设进度计划（单项目全周期，考虑项目交叉关系）及项目施工进度计划，并列明实现各项节点目标的前置条件以及前置工作交付时间节点，与设计部门、投资部门、招采部门、规土部门及有关参建主体达成最终共识后推进实施。

BIM数字沙盘辅助建设时序模拟

上海金环首开区在BIM数字沙盘建设时序模拟应用方面走在行业前沿，主要结合整体建设时序策划方案、区域交通组织方案、标段间界面搭接方案等，以数字赋能，建立BIM数字沙盘建设时序模拟系统，旨在围绕项目集中开发、时间与空间上紧密搭接且相互制约、施工管理协调难度大等系列复杂难题，运用BIM数字技术进行项目建设时序模拟，以便直观判断不同时间节点的项目建设状态、各施工段搭接关系以及区域交通情况，查缺补漏，检验策划方案的全面性、科学性、合理性，进而向各地块项目管理部门进行交底，以指导项目有序开展。

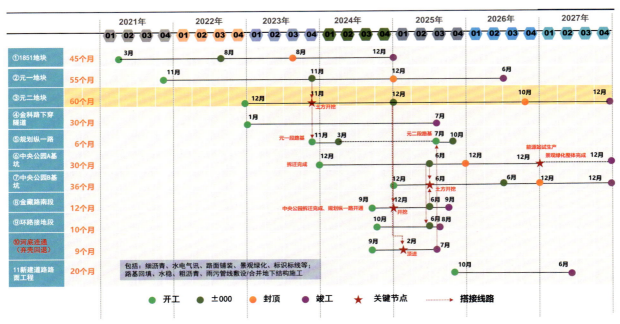

上海金环首开区施工进度计划1.0版（过程版计划仅作示意）

建设时序动态更新优化

针对首开区域多项目、多标段的项目群建设，结合建设时序整体策划方案，建立健全整体时序目标管控制度，根据项目实际进展或变化对项目群整体建设时序进行动态优化更新，保证在项目策划阶段、施工前准备阶段、施工阶段以及工程动用准备等各阶段的统筹计划管理工作有序实施，进而达成首开区各建设阶段相应建设任务和移交任务得以平稳落地的目的。截至2024年3月，首开区建设时序策划已更新至5.0版本。

片区开发建设进度风险预警

上海金环首开区建设复杂多变，建设过程中会面临诸多建设风险与不确定因素。如区域内原有厂房拆除、35千伏伟绩变电站搬迁的开竣工节点对金藏路建设的影响，金藏路建设的开工、竣工节点对元中心一期、二期项目建设和交通组织的影响，马家浜河底大联通工程开工、竣工节点对河道两侧地块"金桥1851"、元中心一期、二期项目建设的影响，市政道路及管线永临结合实施期限对区域内项目建设、运营及交通的影响，元中心二期地下室切分对项目竣工节点目标的影响等。这些都需要项目团队在项目建设过程中及时预判，找出对项目推进造成阻碍的风险预警项，并经充分研究论证加以响应，确定开工、竣工节点、重要衔接里程碑节点的"窗口期"和"关门期"，提资给相关地块项目管理部门及上下游责任部门，打通全过程管理中的各个环节、各个参建主体，形成良性、可持续的有机整体。

界面统筹管理，保证项目顺利推进

上海金环先期开发项目众多，包括"金桥1851"，元中心一期、二期，中央公园，金科路隧道，河底连通道等，还包括高压线入地搬迁、地面道路改造等系列配套工程，以及区域内地下空间一体化开发。各项目交叉界面多、制约因素多、场地布置紧张。因此施工总控通过对各相关界面的梳理，结合各项目的阶段性实施计划，根据项目实际情况来制定、更新及完善界面管理阶段性成果，从而保证整个项目的施工质量和施工进度，避免项目中的推诿扯皮造成经济损失，从而保证项目顺利完工。

比如元中心二期地块紧邻元中心一期地块，在施工过程中不可避免地产生界面搭接问题，包括规划横六路的临时借用、群塔作业的统筹安排、两个地块出入口的协调管理、共用地墙的拆除等，均需对整个项目界面进行科学化、统一化管理。再如，河底连通道项目紧挨"金桥1851"和元中心一期、二期地块，施工期间相邻地块处于不同施工阶段，在建设施工过程中存在众多界面搭接问题，包括"金桥1851"一侧的室外管线、消防通道、绿化施工及竣工验收等，元中心一期、二期地块的市政道路施工等均受河底连通道施工影响，界面统筹管理更是重中之重。

施工总控通过项目调研、界面梳理、建设时序分析等，结合不同项目的施工阶段提出相应的界面管理建议，以确保项目顺利、有序地进行，形成畅通的管理体系，更好地服务于项目本身。

进度计划优化，确保里程碑节点

片区建设时序策划拟定了各项目的开竣工节点、重要里程碑节点以及各项目之间的关键衔接节点，但是针对单个项目本身进度计划的合理性和推进情况，仍需参建各方重点关注和把控。施工总控团队更关注业主需求，结合关键里程碑节点倒推现场进度是否合理、是否存在优化空间等，提出相应优化建议，加快现场进度，进而保证金桥集团如期入驻"金桥1851"等。

"金桥1851"项目考虑到金桥集团的入驻需要，施工总控团队对总进度计划进行优化分析，提出关键工作工期优化意见、主要工序搭接时间建议，对各施工单位提出相应的施工管理及场地交接建议，以确保项目如期竣工。元中心一期项目为了保证两栋住宅的提前预售节点，施工总控团队结合上海市超高层建筑的常规施工组织经验，对本项目进度计划进行分析。为保证预售节点，提出住宅塔楼区域先行施工的建议，在地下室第一道支撑拆除后，先行施工住宅塔楼区域地下一层至地上核心筒部分，并建议总包单位提前进场准备，同时保证主体结构图纸稳定。

技术专题咨询，为项目排忧解难

上海金环建设标准高，工艺技术复杂。为保证建设质量，组建了专家品控管理团队，进行项目之间的技术对接，解决共性、相互制约问题；对重大技术方案进行技术咨询并提出优化建议，例如悬吊钢结构安装、超高层幕墙安装、机电联动调试等；并结合项目实际情况进行专题技术咨询和分析，如钢结构选型、幕墙视觉样板分析、桩基承载力分析、河底连通道施工方案比选及施工影响分析、泛光照明专项分析等。

钢结构选型。"金桥1851"的钢结构采用"倒（悬）挂式"受力体系，因此钢结构的选材尤为重要。团队通过对Q460钢和Q550钢在力学性能、加工工艺、施工难度及市场应用等方面进行对比分析，给出钢结构选材建议，并提出相应的图纸优化建议。

试桩分析。金桥元中心一二期地块作为330米的超高层项目，桩的选型尤为重要。因此在试桩选型时，团队通过对依据性试桩静载检验情况、地勘报告等文件内容进行分析，并参照上海类似超高层项目桩型选择，考虑底板抗冲切受力、成孔工艺等因素，对春宇地块桩基形式的选择提供参考建议，同时对施工提出一定要求。

一房一验专题分析。为加强上海金环项目全装修房的质量验收管理，提升客户质量满意度，团队依据国家相关质量验收规范及金桥集团对产品品质的要求，从分户验收应具备的条件、分户验收内容、参与人员组织架构、验收程序、常见质量投诉问题及原因、验收标准重点等方面制定了金桥住宅项目分户验收实施细则，同时为保证新建住宅项目质量过关、验收合格，团队在细则中明确建议参建主体针对一房一验相关条例在建设施工阶段、分户验收阶段、分户验收复查阶段提出相应质量管控要求及相关责任主体，在有效明确职责分工的同时进行质量控制。

交通组织策划，确保片区交通有序

①交通仿真模拟。首开区内多个项目同时开工，大量施工车辆与业务车辆进出，对区域内及周边道路带来显著交通压力与较大安全隐患。又由于首开区特殊的交通条件，施工期间交通组织的重要性不言而喻。施工总控根据首开区开发施工期间各个阶段的交通组织方案，结合交叉口服务水平、路网车辆密度、

路网整体性能等交通仿真模拟评价结果，结合首开区实际情况调研成果，对施工期间各阶段交通组织方案提出优化调整建议，使首开区开发建设过程中交通有序进行。

基于实际调研结果，结合不同阶段微观交通仿真分析结果，可以提前发现和预警首开区建设全周期中施工交通组织不利因素和对区域交通影响区域，以指导施工交通组织，动态调整出入口设置，并对交通划线、交通信号灯相位控制、施工车辆诱导措施等方面提出相应措施，进行交通疏解，有效提高建设过程中区域交通的流畅性。

②地下交通BIM沙盘。首开区以复合开发、地上地下一体开发的模式进行，建设竣工后区域实现地上地下立体联通，包括功能衔接、停车共享、交通串联、上下一体等特点。地上交通尚可明确，但地下交通和地上地下交通衔接方面需在一定程度上通过诱导进行推广展现。为了清晰而直观地展现上海金环项目竣工后上下一体、高效连通、"地下一座城"的特点，运用BIM技术对区域地上地下建筑、功能、道路、出入口等进行准确定位，搭建区域立体模型，并引入第一人称和第三人称的视角，通过固定路线、自由路线模拟展示区域各个位置的可达性。不仅可展现上海金环区域建成后的区域风貌，还可结合智能语音播报、道路指引、驾驶模拟等功能使用户沉浸式体验区域交通便捷性。

交通BIM沙盘模型可清晰展现区域地上至地下空间的出入口位置，车辆可以通过出入口进出地上地下空间，在各个地块地下空间地下一层至地下四层互连通行。在地下停车区域运用停车共享的概念，在模型中加入了地下环路与金科路下穿隧道联通，可以良好地体现区域性到发交通的运行逻辑，加强地上地下交通的衔接和车辆通行的表达，实现区域地上地下高效连通。

第三方巡查，为项目保驾护航

为更好地实现项目高质量、高标准、高要求的建设目标，强化各参建单位的建设行为管理，确保各项目按计划、高品质地建成，施工总控提出采取第三方

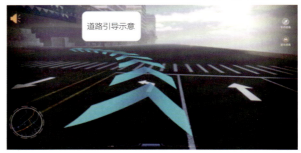

上海金环交通BIM沙盘

巡查机制进行片区统筹管理，加强项目过程管控，维系建设项目整体形象，确保建设目标的实现。

第三方巡查每月组织一次，巡查内容主要包括：进度检查、行为检查、安全检查、质量检查和文明施工检查几个方面。另外，根据项目管理要求以及建设项目所处不同阶段，适时组织各类专项检查，如复工专项检查、季节性专项检查、节假日专项检查等，对日常检查工作进行补充。巡查发现问题汇总形成清单下发项目部，要求现场项目部7天内完成问题整改并形成问题整改单，经现场监理审核后报施工总控备案，次月巡查针对项目上月问题清单复核整改情况。若发现问题整改不到位或迟迟不整改，将形成专报上

报,并在每月一次的巡查总结会上进行通报。

通过第三方巡查,有效督促了建设工程参建单位主体责任的落实,规范建设与服务水平,提升项目品质;同时加强相关问题的提出与协调解决,在建设工程重大危险源和技术风险的识别、控制方面发挥作用,做到早发现、早制止,进一步提升进度、界面等方面的管控效果,通过总结各项目不同阶段常发质量安全问题并结合施工总控管理经验,对片区其他项目进行风险预警等,为项目保驾护航。同时,营造"赶学比超"氛围,对点、面中做得较好的方面进行相关资料收集(照片、工艺工法、管理办法等),以便进行区域内的推广,进而达到特色明显、协同进步的效果。

(4)统一管理

上海金环开发时期长、建设任务重、多项目同时开工建设,存在不同项目之间的立体交叉。建设过程中通过对不同项目相关单位的统筹协调管理,及时收集多方信息并进行整理分析,向上反馈,做出利于项目的决策并控制投资。

战略性把控:对项目长远目标和项目系统之外的环境因素进行策划和控制。长远目标就是从项目全生命周期集成化管理出发,充分考虑项目运营期间的要求和可能存在的问题,为项目实施期的各项重大问题提供全面的决策信息和依据,并充分考虑环境给项目带来的各种风险,进行风险管理。

总体性把控:注重项目的总体目标、全生命周期、项目组成总体性和项目建设参与单位的总体性。

宏观性把控:不局限于某个枝节问题,而是高瞻远瞩、预测项目未来将要面临的困难并提出应对方案。

拟定总进度计划

根据确定的进度管理总体目标,收集各项目的工作计划,形成项目总进度计划初稿,包含各参与主体的关键性控制节点。组织各相关单位针对项目总进度计划初稿关键性控制节点的进度安排进一步征求意见,梳理其中存在的问题。确保进度计划科学、可行,由相关单位根据关键性控制节点的进度安排,编制详细的进度计划并说明保证按期完成应采取的措施。

实时跟进进度计划

收集各项目实际进度信息,主要包括两个层面,即相关单位的报送和代建单位的核实。按照进度管理要求,项目各相关实施单位定期报送进度执行的情况,存在进度偏差要说明原因,提出下一步的整改措施。代建单位相关人员根据各相关单位报送的进度执行情况采取访谈、现场查看等方式对进度执行情况进行检查,并对进度偏差的原因进行核实。

控制总进度计划

根据进度滞后控制点对总进度目标的影响程度对相关责任主体采取不同的措施。影响程度分为三个等级,分别用橙、黄、红表示。对橙色预警的节点,在进度小组会议上通报,要求相关单位采取积极措施;对黄色预警,在项目部进度工作会议上通报,要求施工单位编制专项整改措施,监理单位及时跟踪检查;对红色预警,在项目部工作会议上通报,对责任单位进行处罚,协调相关单位适当调整总进度计划,责任单位在项目部工作会议上定期汇报整改情况。

数字赋能

为了实现统一的时空服务体系,上海金环Hypercity超级城市数字底座中开发了时空信息平台,在平台中集成了城市运行的所有业务数据,为城市提供基础数据、规划数据、专项数据等,为城市管理提供基础支撑。时空信息平台包括两个部分:

①时空服务引擎。主要完成地图、时空模型的构建,完成对城市各领域的时空信息服务。在时空服务引擎中,提供城市各领域的地理信息数据服务,包括地图、规划、人口、环境等。用户可以在地图上直观地查看自己周边的交通、医院、学校等信息。时空服务引擎还可以提供多源地理信息数据服务,包括了地形图、卫星遥感图、专题图等。在专题数据上,提供了POI(Point of Interest)数据服务,可以查询自己周围的公交站点、轨道交通站点、停车场等。此外业主的主要信息目标,如元中心一期地块、元中心展厅、中央公园的三座主要建筑,也都由对应的时空模型及POI点位链接了对应的专题数据。

②基础地理信息数据服务。主要提供基础地理数据服务，包括地图和遥感数据等。通过GIS（地理信息系统）数据和影像数据的浏览功能，用户可以查看自己周边的环境信息、规划信息、人口信息等。在地图上，可以显示用户的位置和周边设施，如道路、停车场等；也可以查看周边的交通规划、学校规划等，直观地看到所在区域的人口分布情况。

2.3.2.2 "三座城"理念实践地

上海金环在经历了陆家嘴和前滩两代城市CBD的开发经验后，在注重人的体验、强调区域统筹开发和城市活力提升的基础上，首创性地提出"三座城"的开发理念，即"地上一座城、地下一座城、云端一座城"。地上城市注重生态保护和景观打造，强调功能复合及塑造和谐宜居的城市形象；地下城市强调交通便捷联通和设施完善，合理利用地下空间；云端城市聚焦数字化和智能化发展，打造CIM平台，为区域长久运营和管理打下数字基础。"三座城"的开发理念是金桥集团对城市未来发展的远见。

（1）地上一座城

地上的上海金环是功能复合的城市副中心，地区形象突出，建筑设计创新而充满底蕴。330米高的地标塔楼树立至高形象，170米高的超高层花园办公将绿色引至天空，200米云端住宅让城市充满烟火气，470米长的大平台比肩中环高架，金科路下穿释放地面空间，还绿于民，中央公园综合体中三栋文化建筑融入其中。二层连廊形成互联互通的步行网络，向西一直延伸至马家浜，带动城市滨水空间的共生焕活。

首开区占地面积0.25平方公里，包括"金桥1851"、金桥元中心一期（美亚地块）、金桥元中心二期（春宇地块）、中央公园综合体（包括公园绿地、文化商业建筑、地下空间一体化开发、地下环路等），以及金科路下穿隧道等市政设施的建设。地上地下建筑面积100万平方米，集合330米地标塔楼、200米云端住宅和15万平方米中央公园。

以中央公园综合体为核心，向外以环状的形态辐射出多样的建筑空间。建筑师对城市文化的追溯、对城市建筑的精益求精，缔造出独具金桥特色、具有全

上海金环首开区项目分布示意图

球影响力、创新智造云集、综合服务完善、富有国际魅力的高品质城市副中心。

地区门户——"金桥1851"

首开区"金桥1851"项目位于金桥城市副中心核心区,东至马家浜,南至川桥路,西至金桥路,北至新金桥路,用地面积约2.2公顷,综合容积率4.6,总建筑面积约14.3万平方米,其中地上建筑面积约9.6万平方米,地下建筑面积约4.7万平方米,项目总投资将近25亿元。建筑由著名设计师马清运设计,含1栋100米塔楼和3栋60米塔楼,4幢塔楼将以大尺度间距依次排列,以长470米的大平台实现南北贯通,形成与中环高架高度基本持平的第二首层,并在平台上布局开放式中式园林,与金桥城市副中心中央绿地相互呼应。在结构上,为实现塔楼底部"无柱空间"的设计效果,四幢塔楼均采用悬挂结构整体吊装,A塔仅用28个销轴吊装起16层楼板,是国内悬挂楼层最多的建筑。

作为副中心一期率先启动的门户项目,"金桥1851"连接历史、当下和未来,通过高复合度功能配置,多元化空间交错,打造成一座体现城市历史文脉和印记的复合综合体,创造一座国际化大都市的视觉标志物。建筑利用场地西侧高架桥的视觉优势,整合裙房的顶部界面,营造一系列的中式园林,为使用者提供一个闹中取静的工作环境。在这里,人们可以在繁忙的工作之余,享受到大自然的美好和宁静。高架下的裙房如太湖石,内外交融,虚实相间,构成副中心的世界交换器和活动过滤器。项目将以独特的地标形象,成为"金色中环"发展带的形象门户。

依托金桥开发区既有的汽车产业集群优势,"金桥1851"A塔楼成为金桥集团自用办公,B、C、D塔楼将入驻上海恩捷总部,助力浦东引领区建设。

绿色之星——元中心一期(美亚地块)

上海金桥元中心项目位于上海市浦东新区金桥副中心核心区,用地性质为商务办公、住宅用地,规划用地面积约为2.1万平方米,总建筑面积约为18.6万平方米,其中地上建筑面积约为10.7万平方米,地下建筑面积约为7.9万平方米。

元中心一期由1栋170米高的办公塔楼和2栋100

"金桥1851"效果图

"金桥1851"及元中心一期、二期地块

米高的住宅组成。170米塔楼通过旋转中庭空间将绿色引至空中，结合分布式园林，形成立体绿色空间。元中心一期共设84套住宅。

项目整体以公园、河岸为中心，打造大面积的绿色生态网，未来将成为浦东新区的一颗"绿色心脏"。元中心一期注重"绿色"发展，在建筑节能节水技术上的综合应用，采用高性能围护结构、高性能机电系统、智能照明及控制系统、绿色建材、可持续性施工管理等多维度、全过程的绿色低碳措施。

超塔地标——金桥元中心二期（金桥春宇地块）

元中心二期项目用地面积约为2.3万平方米，总建筑面积约为32.4万平方米，其中地上建筑面积约为22.5万平方米，地下建筑面积约为9.9万平方米，由一幢330米高的超塔和200米高的云端住宅组成。作为上海金环的核心地标建筑，330米超塔以充满活力的立体城市形象傲立于金色中环，45米高的挑空塔冠形成独特风景线，屋顶将打造上海首个主题室外观光平台，塔冠顶端设停机坪，形成观景天台，上部楼层引入瑞吉酒店，下部楼层为超甲级办公。200米云端住宅是上海最高的住宅楼，设置88套云端私邸，视野最佳的顶层设4套云端别墅。

元中心一期的4层地下室将与元中心二期的地下室连通形成单层面积接近5万平方米的超大地下空间，元中心一期项目与元中心二期项目将共同打造一个水绿交织、职住一体型街区。

金桥元中心330米超塔既是整个金桥副中心的制高点，也是"金桥科技创新中心"的重要组成部分。金桥元中心将以复合功能打造具有烟火气的"碧云新都"。

上海金环元中心一期效果图

上海金环元中心一期获得LEED及WELL双金预认证（2023年12月）

第二章　凝练先进开发经验，勇当创新开发模式的探索者　　089

上海金环元中心二期鸟瞰效果图

绿色心脏——中央公园综合体

上海金环为了打造15万平方米的中央公园,将穿过的金科路、轨道交通以及配套设施一起下沉。地面中央公园的三座文化建筑以"消失的建筑"为设计主线,将建筑与绿色、自然有机融合,形成木之云、雨之境、森之谷三座诗意建筑。

森之谷由著名建筑师隈研吾设计,延续城市脉络,营造出森林与溪流形成的城市山谷,承载公园、剧场、商业街等多元化功能空间。

雨之境由著名建筑师马岩松设计,以涟漪为灵感,结合结构设计,设计标志性树状支撑结构,形成内外通透的绿色共享庭院空间。

木之云由中国工程院院士李兴钢设计,清晰又朦胧的木质体量匍匐在草地上,娓娓道来精彩纷呈的故事。

这三座建筑用不同的形状、不同的材质,打造出完全不同的艺术空间。

上海金环中央公园"森之谷"鸟瞰效果图

上海金环中央公园"雨之境"鸟瞰效果图

上海金环中央公园"木之云"鸟瞰效果图

（2）地下一座城

地下的上海金环是互联互通的立体图腾，地下空间一体化开发，联系不同功能，整体打造"地下一座城"。按照《中共中央 国务院关于支持浦东新区高水平改革开放打造社会主义现代化建设引领区的意见》提出的"支持推动在建设用地地上、地表和地下分别设立使用权"等要求，上海金环致力于实现地下空间整体串联，为人们居住和生活提供最方便适宜和最具创意的体验。区域通过二层连廊、地面道路和地下环路系统形成三首层的空间结构，通过马家浜河形成整个区域的地下大联通，连接马家浜一河两岸，整体打造互通互联的立体城市，实现轨道交通、地面公交枢纽和商业无缝衔接。50万平方米地下空间通过一体化开发联系不同功能，地下一层建立步行网络，打造"一轴、一街、一环"的活力商业街区；地下二层设置环路，有效缓解地面交通压力；地下三层、地下四层集中设置停车空间，在区域层面实现停车平衡；通过预留轨交站点，形成网络型TOD，把社区、商务、绿地无缝连接，缔造多元生活场景。

规划通过金科路下穿、架空线入地释放金桥中央公园，形成上聚文化演艺与会议交流活动、下嵌交通枢纽功能、地上地下综合开发的中央公园综合体。

规划通过地下车行环路沟通重点地块停车场，实现交通保护、立体分流，同时结合轨交站点和商业功能等，构建功能复合、立体互联的多维交通网络和"网络化、全联通"的地下空间体系。

（3）云端一座城

云上上海金环以数字赋能。在上海建设"国际数字之都"的元年，数字金桥围绕经济、生活、治理三方面持续发力，集合区域过去、现在、未来，以时空数据筑基，综合运用大数据、云计算、人工智能等前沿技术，从数字化到智能化，再到智慧化，让科技服务于生活。

上海金环Hypercity超级城市数字底座是"云端一座城"的具体落地，将集聚超高层楼宇smartBMS智能化管理、智慧公园SuperPark、超级地下环路等多种新兴CIM技术和智慧场景于一体，打造具有全球影响力的高品质数字样板城市副中心。

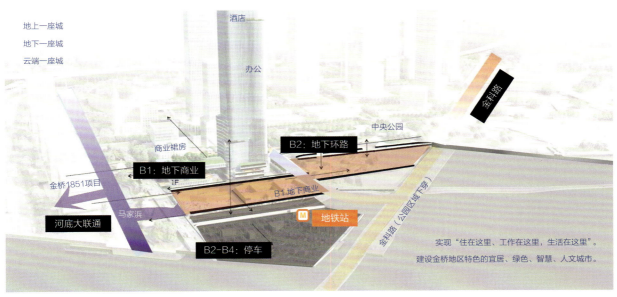

上海金环地下空间开发理念示意图

上海金环超级城市数字底座

2.3.3 绿引低碳健康，智驱产业创新

2.3.3.1 引领未来的绿色之城

（1）打造绿色低碳、健康宜居的职住一体社区

为响应"双碳"目标，上海金环以绿色低碳作为区块开发主旋律，同时充分考虑区域内的工作者、居住者、访客等多方的需求及体验，通过人性化及健康导向的设计，打造绿色低碳、健康宜居的职住一体社区。

（2）依托国内外领先绿色健康体系，实现低碳、健康品质

上海金环对标国内外一流低碳健康开发项目，利用国内外领先的绿色低碳、健康标准体系作为项目设计开发框架。

区域整体定位WELL Community健康社区金级，通过健康化以及人性化的场地设计优化措施，结合中央公园以及马家浜河畔的优美自然景观，加强互动、激发创想，打造舒适、健康、有温度的区域到访体验。

而区域的绿色低碳表现以及室内环境健康的打造提升，则依托于各单体建筑进行落实。区域内所有建筑均达到中国二星级绿色建筑标识，在此基础上，元中心一期、二期的办公塔楼均满足LEED及WELL双金级。通过各单体建筑在绿色、低碳、节能全方位的提升，凸显区域的低碳健康特质。

"绿色"发展一直以来都是金桥的核心开发理念之一。金桥元中心通过精准把控每一个环节，以实力科技构建城市绿色标准，保障将绿色建筑的理念贯彻项目始终，帮助上海金环区域及入驻企业在绿色低碳道路上的不断前进。

金桥元中心在通过LEED绿色建筑认证提升绿色低碳表现的同时，植入"以人为本"的开发理念，借助WELL健康建筑标准提升建筑的健康人性化表现，助力入驻企业的人文关怀以及可持续发展。

金桥元中心按照其标准要求进行了楼宇的规划和设计。项目配置了高效的空气颗粒物过滤装置，年平均$PM_{2.5}$小于25ug，配合低排放的装饰装修材料，打

上海金环元中心二期获得WELL预认证（2024年2月）

造健康空气品质。高品质直饮水系统保障建筑用户的优质饮用水摄入。照明系统兼顾舒适度以及人体昼夜节律，同时配置健身房、母婴室、自行车出行支持设施等健康人性化配套设施。以全流程健康服务，全方位呵护楼宇用户身心健康。

未来，在金桥集团的带领下，上海金环将持之以恒推进绿色发展，以"新城市封面"的姿态引领建筑行业绿色可持续路径的升级，坚持绿色节能、低碳环保，赋能建筑业创新与布局。

（3）多维度、多层次的低碳化打造，积极响应"双碳"目标

以碳排放定额控制为目标，从绿色能源、绿色建筑、绿色交通等层面对于项目进行多维度、多层次的低碳化打造。绿色能源层面，上海金环设置集中的高效能源中心，提升区域的能源利用效率。同时能源中心实现100%电气化，用热泵替代锅炉，有效降低碳排放。

绿色建筑层面，除了满足高星级绿色建筑和健康建筑设计标准外，优先考虑被动式节能技术。建筑排布综合考虑自然采光、自然通风，为建筑通过被动式节能技术降低能耗提供条件，同时在场地设置多处下沉式广场，为地下空间带入优质自然光，降低照明能耗。建筑立面遮阳设置平衡采光和负荷，围护结构设计兼顾保温与隔热功能，同时配合高效空调系统、高效智能照明系统，依托智能化运维管理平台，保证项

目的低碳运营。

绿色交通层面，注重对于使用非机动车和新能源汽车的硬件及软件支持，建筑配套功能的多样化也为打造15分钟工作生活圈提供了便利条件。

此外，上海金环还搭建了云端数字化企业双碳数据管理平台"双碳管理系统"，通过双碳分析、数据填报、碳因子管理、碳目标设定、碳中和推演、减碳举措评估等功能，对园区的碳排放进行实时监测和精准核算，实现园区碳足迹的实时监控、高效分析、目标追踪和减碳措施评估，从而帮助金桥集团及上海金环实现低碳发展目标。

具体技术特色体现在：

①能源多维精准计量：通过对能源的精准计量、多维统计，及时帮助金桥集团及上海金环等下属园区进行能耗盘点，在现场部署实时采集设备的基础上，实时监控各项、各类、各区域能耗使用情况，帮助企业定位低效高耗环节，从而挖掘园区节能潜力，通过配合楼宇智控系统联动，针对性优化用能策略，从而降低用能成本，实现园区低碳运行。

②能源智能优化策略：通过物联网技术，实现基础设施全方位监控，并结合能耗历史数据、时间参数、环境参数、设备运行参数等构建学习模型，实现95%准确率的负荷预测，并进一步提供用能诊断与优化建议，实现园区设施设备智能化管理。

③碳排数据及时监测：进行固定能源、间接能源和逸散气体等的及时收集和汇总，通过内置或自定义计算方式进行碳排放数据转化，通过沉淀历史数据进行碳排放周期性统计，为企业提供真实碳排放数据视图，从而帮助金桥集团和下属园区全面掌握碳活动情况。

④及时高效目标管理：支持灵活动态的碳排放目标设定，允许金桥集团及上海金环等下属园区根据自身的业务需求、国际标准和法规设定具体可行的减碳目标。通过结合对碳活动数据的精准监控，实现预测性碳排放、碳减排和碳抵消计算，智能分析企业的减碳路径，完成碳路线推演。

⑤减排数据精准统计：通过集成清洁能源计量数据，实时计算太阳能、风能等各种清洁能源使用情况，精确监测、统计和管理多类型能源使用比例，并结合内置的碳排放系数和计算模型，计算园区相应碳减排数据，帮助园区确切了解节能减排的成效。掌握减碳目标达成情况，为金桥集团可持续发展战略和政策合规提供坚实支持。

⑥丰富灵活碳排因子：系统内置权威碳因子库，严格依据ISO14064、《温室气体议定书》等标准要求，涵盖范围1、范围2和部分范围3的多种温室气体碳排放数据，并支持用户自定义碳因子，确保金桥集团和下属园区碳活动数据的完整性和准确性。

2.3.3.2 创新驱动的智慧之城

上海金环作为上海城市开发3.0样板，从规划设计阶段就把"一屏观天下、一网管全域"的区域级"规建管服"一体化管理平台纳入其中，充分利用传感技术、IOT（物联网）、云计算、大数据等技术。平台建成后将时刻守护这片城区的安全与秩序，让这片城区管理效率更高、更绿色环保，让人民可以安心舒适地"住在这里，工作在这里，生活在这里"。智慧园区管理平台以园区管理运营业务为导向，体验优先，并以数据驱动流程优化、降本增效，实际承担着整合并集中管控园区内所有楼宇各项业务流程、实时事件响应以及多元角色职责的任务，对设备、空间、事件报警、人员等基础服务能力进行支撑和管理。

上海金环的城市智慧化管理具体体现在"一个数字底座+五大运营能力中心"支撑多园区延展，实现"五大核心场景"的高效智能体验。

①智慧通行。智慧通行旨在通过一系列智能技术手段，实现人员、车辆的高效、安全、便捷通行，同时提升楼宇或园区的整体管理水平和服务品质。如通过设置人脸识别、指纹识别、扫码识别等多模态生物识别门禁系统，配合高清视频监控及智能分析系统，确保进出人员身份可控。

②智慧安防。智慧安防的核心在于园区风险识别和告警处置；通过集成本地和云端的监控设备与系

统，安防系统可基于空间、行为、人员等多个维度，定义并监控园区真实风险，最大限度地管控园区安全。通过统一告警指挥中心与现场处置移动端应用的无缝结合，可以让安全告警事件的生成、分发、流转、处置更加智能高效。基于云计算和AI技术的先进的风险识别能力，对系统接入的事件进行全面而深入的分析。

③智慧物业。基于云计算架构，全面覆盖物业服务的流程管理、设备全生命周期管理，连接设备、空间、人员，帮助企业实现高效率的物业服务管理和设备设施管理。基于强大的工单配置化能力、完整的工单考核机制及全生命周期的设备管理能力，根据需要处理的场景不同、人员不同，可对工单类型和处理流程自定义设置，形成快速、规范的工单流转机制。

④智慧办公。智慧办公场景提供了高度便捷的会议室预订、管理和使用的全链条解决方案。员工能够通过多元化的终端接入方式，包括但不限于移动端应用程序、PC端网页界面以及智能触摸屏等，随时随地查看并预定适合的会议室，不仅支持即时预定，还允许临时取消或提前释放已预定的会议室资源，最大限度地保证了会议空间分配的透明度和灵活性。

⑤智慧运营（能源/能耗/设备管理/IOC[①]）：智慧楼宇统一运营的核心能力之一便是高效的设备设施管理（IBMS），这一系统依托于云原生架构和物联网技术，构建了一种跨越传统边界的云端一体化智能管理模式。通过将建筑内部的众多设备和系统整合至云端平台，实现了跨地域、全天候、实时在线的监测、控制和智能管理。

"金桥1851"西北向街景

---

① IOC：Intelligent Operations Center，智慧城市智能运行中心。

金滩
THE GOLDEN BUND SH

上海金滩

上海金滩地处浦东滨江北段，位于黄浦江与浦东金色中环的交汇处，北临赵家沟，南至中环，东接浦东大道和浦东北路，西临黄浦江，总用地面积 1.8 平方公里，黄浦江岸线长 2.3 公里，基地距离浦东机场、虹桥机场直线距离约 30 公里、40 公里车程，距陆家嘴、外滩约 7 公里。拥有优质的区位条件与资源禀赋，历史文化底蕴深厚。金滩既是上海市"一江一河"发展"十四五"规划北拓的重要组成部分，也是上海市城市更新行动的重点项目之一，同时也是浦东金色中环的重点发展区域。

上海金滩城市设计局部鸟瞰图

[金鍼]

思维方式的转变决定操作手势的转变,操作手势的转变决定未来发展方向

2.4
世界一流科创水岸——上海金滩

2.4.1 卓越金滩，科创水岸

上海金滩地处浦东滨江北段，位于黄浦江与浦东金色中环的交汇处，北临赵家沟，南至中环，东接浦东大道和浦东北路，西临黄浦江，总用地面积1.8平方公里，黄浦江岸线长2.3公里，现状主要包含沪东船厂区域、煤炭码头、海军油品仓库等地块。基地距离浦东机场、虹桥机场直线距离约30公里、40公里；距陆家嘴、外滩约7公里，拥有优质的区位条件与资源禀赋，历史文化底蕴深厚。

上海金滩因水而兴，拥有历史悠久的水网格局与航运文化。上海金滩最早发源于庆宁寺（公元900年至960年），是浦东最早的人类活动聚居点，曾是沪上四大名寺之一（静安寺、龙华寺、玉佛寺、庆宁寺）。上海金滩北侧的赵家沟是原来古东沟庄家湾裁弯取直后的样子，东沟入浦口是浦东古代最早的"官渡"之一（始于明嘉靖二年，即1523年），也是近代上海浦江轮渡站之一（始于清宣统二年，即1910年，浦西为铜人码头）。到了近代崛起时期（1928年至1945年），英商爱立克·马勒为扩大经营范围，于此地开设了马勒机器造船厂，成为浦东近代工业化的典型代表。1952年，上海市军事管制委员会征用马勒机器造船厂，沪东船厂正式成立。此后，沪东船厂逐渐发展成为今天的国之重器，成为中国导弹护卫舰和登陆舰的摇篮。

随着沪东船厂的搬迁，百年船厂亟待转型。纵观全球滨水区建设，每一个世界级水岸都拥有一个与之匹配的核变力量。沪东船厂这片土地，不仅拥有优渥的水系优势、成片的开发腹地，还具备独特的综合优势与多重叠加的战略机遇。《上海市"一江一河"发展"十四五"规划》明确提出，要把握好上海城市发展从增量扩张到存量提质转型的新机遇，加快推进沿岸地区城市有机更新，上海金滩既是上海市"一江一河"发展"十四五"规划北拓的重要组成部分，也是上海市城市更新行动的重点项目之一，同时也是浦东金色中环的重点发展区域。站在"十四五"发展的关键节点上，上海金滩承载着黄浦江两岸开发再进阶的重要使命。金桥集团肩负国企使命担当，作为区域更新统筹主体，先行先试，积极探索引领浦东滨江城市更新新路径的更新机制，实现"一江一河"发展理念，开创人民城市建设新局面。

2.4.2 先行先试，探索可持续性的城市更新模式

2024年第一个工作日，上海市举行全市城市更新推进大会。上海市委书记陈吉宁明确指出，加快推进城市更新，是城市建设进入新阶段的必然选择，是践行人民城市理念的内在要求，是提升城市核心功能的重要支撑，是推动经济持续回升向好的重要抓手。围绕上海市及浦东新区的城市更新总体要求，金桥集团结合上海金滩区域城市更新，先行先试，积极探索新模式、新机制，全力推进城市更新行动落地落实。

2.4.2.1 签署框架合作协议，创新央地合作模式

上海金滩从合作开发开始就受到市、区两级主要领导的大力支持和关心。2019年7月28日，上海市人民政府与中船集团达成战略合作协议，将围绕海洋装备、战略性新兴产业、生产性现代服务业等领域加强实质性合作。中船集团旗下沪东中华和沪东重机浦东厂区计划于2023年启动搬迁，鉴于搬迁后原厂区用地有条件进行二次开发。2019年12月4日，在中船集团和浦东新区领导的见证下，沪东中华、沪东重机与金桥集团签署框架合作协议，三方共同成立联合工作小组，围绕沪东船厂地块及其周边区域的功能定位、产业定位、空间布局等方面开展前期研究。

2.4.2.2 成立上海金滩合资公司，奠定扎实合作基础

在市、区两级主要领导的关心和支持下，金桥集团和中船集团遵循**"沪东出地、金桥主导、合作开发、利益共享"**的央地合作模式，重点推进城市更新相关

大事记

2019 — 9月起，上海金滩受到市、区两级主要领导的大力支持和关心

2019 — 12月，上海金滩（沪东船厂）项目，金桥集团和沪东中华、沪东重机签订战略合作协议。在中船集团和浦东新区领导的见证下，签订了《战略合作协议》三方设立联合工作小组，签订战略合作协议

2020 — 7月，上海金滩纳入《浦东新区金色中环发展带》重点发展建设区域，明确沪东船厂地区作为新区"十四五"期间重点发展建设的七大区域之一

2021 — 9月，上海金滩纳入《上海市"一江一河"发展"十四五"规划》，明确沪东船厂地区作为"十四五"期间黄浦江贯通北拓重要组成部分

2021 — 7月，完成沪东船厂更新项目总体策划，开展项目功能策划及初步概念方案研究

2022 — 1月，金桥集团初步建立"央地合作"机制，与中船集团签署战略协议，正式成立上海金滩合资公司

2022 — 6月，完成沪东船厂区域规划专题研究，上海市城市规划设计研究院、上海市浦东新区城市规划设计研究院配合开展现状评估、风貌保护、开发机制、综合交通四大专题研究

2022 — 8月，签署中英艺术大学合作意向备忘录，金桥集团与英国皇家艺术学院、东华大学明确重点项目落位的初步意向

2023 — 3月，区域更新统筹主体身份认定，浦东新区正式认定金桥集团作为上海金滩区域的区域更新统筹主体身份

2023 — 3月，上海金滩完成国际方案征集工作

2023 — 4月，上海金滩列入《上海市城市更新行动方案》重点推进任务清单，明确按照区域更新路径推进，纳入"十四五"重点推进任务清单

2023 — 5月，启动上海金滩战略预留区启用论证研究工作，搭建由上海社会科学院王战主席团队和同济大学周俭教授团队领衔的联合团队开展战略留白的功能策划和城市设计深化工作

2023 — 6月，金桥集团与沪东街道协同推进15分钟生活圈行动，打造上海金滩滨水腹地生活圈

2023 — 7月，上海金滩宣传先导片重磅首发

2023 — 8月，完成上海金滩功能深化课题

2023 — 9月，完成上海金滩战略预留区启用论证研究报告，开展留白打开程序性工作

2023 — 11月，上海市住房和城乡建设管理委员会、市规划和自然资源局领导和相关部门调研上海金滩，开展工业遗产保护，马勒公馆、马勒办公楼修缮和功能活化研究

2024 — 4月，上海金滩作为重点功能区，纳入黄浦江滨江中北段地区更新发展专项规划范围内，组织国内外顶级设计团队开展多专业集成的规划编制工作

研究和前期筹备工作。2021年，金桥集团与中船集团围绕城市更新、产业定位、投资测算等重点问题进行多次磋商并达成一致。2022年1月18日，在中船集团副总经济师马云翔，浦东新区副区长吴强以及上海市浦东新区国有资产监督管理委员会、上海金桥经济技术开发区管理委员会主要领导的共同见证下，上海金滩合资公司正式揭牌成立，为合作开发奠定基础。

2.4.2.3 开展城市更新前期研究，权威专家、学者有力支撑

2022年重点推进城市更新前期研究工作，梳理上海金滩功能定位和城市更新机制，先后组织召开了上海金滩产业功能定位、城市更新模式高层次专家咨询会，邀请上海市社会科学界联合会主席王战、上海市发展和改革委员会党组副书记阮青、上海市宏观经济学会会长王思政、时任上海市住房和城乡建设管理委员会副主任朱剑豪等专家领导专题指导，深化功能定位，细化城市更新路径。同时，在上海市、区各规划设计院和设计单位的支持下，完成大量前期设计论证工作，包括功能定位研究、区域规划评估、交通专题等，为后续城市更新展开奠定扎实的基础。

2.4.2.4 发挥国企担当，全市率先认定为区域更新统筹主体

根据《上海市城市更新条例》"浦东新区城市更新特别规定"相关内容，"浦东新区人民政府可以指定更新统筹主体，统筹开展原成片出让区域等建成区的更新"。针对中船集团旗下沪东中华和沪东重机浦东厂区计划搬迁后土地利用问题，金桥集团和中船集团推进城市更新相关研究和前期筹备工作，积极开展上海金滩区域城市更新统筹主体认定工作。2023年3月，经市、区两级审议通过，金桥集团率先被认定为上海金滩区域城市更新统筹主体，具体开展上海金滩区域城市更新所涉及的编制区域更新方案、推进更新项目的实施、规划编制、土地前期准备、统筹整体利益等工作。上海金滩区域占地面积大、岸线长、土地权属复杂，传统的收储—出让模式已无法满足如此大规模、高品质的开发要求，金桥集团承担城市更新统筹主体责任，推进上海金滩区域的有序开发，起到重要示范效应。

2.4.2.5 引入核爆项目，签署中英艺术大学合作意向备忘录

自2021年下半年始，金桥集团与上海市教育委员会就引入英国皇家艺术学院相关事宜进行了多次项目踏勘和深入沟通，上海市教育委员会支持在金桥集团主导开发的上海金滩区域内引入合作办学项目（意

上海金滩区域功能策划及城市概念设计方案征集评审会

向合作方：英国皇家艺术学院与东华大学），2022年8月完成上海中英艺术大学合作意向备忘录签署，上海市教育委员会、东华大学、英国皇家艺术学院、浦东新区、金桥集团共同参与见证。英国皇家艺术学院（Royal College of Art，RCA）始建于1837年，是迄今为止历史最悠久的艺术教育机构之一。除了设立中英艺术大学，金桥集团还将与英国皇家艺术学院成立联合实验室，在上海金滩世界级科创水岸产业聚集的加持下，在沪东船厂马勒公馆这样的工业遗产活化创意工坊载体中，以"未来车"为核心，结合智能终端、数字经济、大健康，构建全链条产业生态，打造继伦敦泰晤士河之后，全球第二个滨江探索产业、艺术与设计交融无限可能的实验场。

2.4.3 特色创新，打造全球城市的更新示范样板

2014年起，上海市明确城市更新的目标理念和具体操作路径，密集出台一系列城市更新规划政策文件。尤其是2023年，上海市规划和自然资源局发布的城市更新"1+3"政策文件，提出了总体要求、原则和具体指导。上海金滩作为全市城市更新重点项目，积极践行城市更新总体要求，结合自身特色创新亮点，打造全球城市更新示范样板。

2.4.3.1 国际视野、世界标准，开展国际方案征集工作

为吸纳全球智慧，聚合全球设计，打造上海金滩科创水岸。在市、区两级政府和相关委办局的支持指导下，金桥集团和沪东中华联合开展上海金滩区域功能策划及城市概念设计方案征集。征集工作于2022年12月正式启动，2023年3月30日完成，历时三个半月。有三组功能和城市设计联合体参与遴选，汇聚来自伦敦、纽约、东京等多个全球顶尖团队，具体包括：贝诺（Benoy）、毕马威（KPMG）、上海市城市规划设计研究院联合体，SOM设计事务所、安永EY联合体，株式会社日本设计、戴德梁行联合体。专家组涵盖功能策划、产业经济、城市设计、建筑等多领域的院士、专家，包括孙继伟、王战、常青、周俭等。浦东新区副区长毕桂平、上海市规划和自然资源局副局长韦冬出席会议，充分肯定了本次工作成果。专家组一致认为，伦敦金丝雀码头、泰晤士河南岸巴特西电站以及纽约布鲁克林"科技金三角"等成功案例表明，滨水区更新是提升地区发展能级的重要抓手，三家联合体的方案既达成了发展共识，空间形态又各具特色，为后续工作奠定了扎实基础。

贝诺联合体以"数字金滩·时尚云岸"为主题，通过数字赋能、时尚创新，将上海金滩打造成为国际数字之都的时尚创新策源地、国际消费中心城市的未来实践区、世界一流设计之都的核心承载区。空间布局采用"一带一轴三片区"的结构，强调高度混合的功能业态以及滨江绿地向腹地的带状渗透与绿网成环。SOM设计事务所联合体围绕"黄浦江第三极的核心引领区"的目标愿景，布局艺术设计产业生态与科创产业生态，鼓励跨学科知识交融与创新。空间布局上展现城市、自然与工业遗产的交融，规划创新枢纽、知识阶梯、前沿工场、科创三角四大复合功能的水岸组团，慢行体系串联一带、两区、三园景观网络，提供融合自然生态与工业记忆的漫步城市。株式会社日本设计联合体以"金滩新坞"为主题，以"智能产业"为核心，将上海金滩打造成为机器人产业的场景首发地、应用先行地、模式创新地和技术融合地。空间布局上以M形公共街道构建城市骨架，通过计算机程序模拟，构建超级混合的城市功能。同时对工业遗产进行分级保护和利用，建立联系过去、现在和未来的场所。

2.4.3.2 集成创新，统筹合力，建立上海金滩"多师"联创机制

党的二十大明确提出，"要加快转变超大特大城市发展方式，实施城市更新行动"。为破解城市更新难题，强化城市更新设计赋能，加强规划、建筑、评估等多专业融合共营、集成创新，发挥专业技术团队对于城市更新的全流程统筹支撑作用，带动城市更新区域的品质提升、品牌塑造、价值彰显，上海金滩形

成"三师"联创推动高质量发展的工作模式。"三师"联创，即责任规划师、责任建筑师、责任评估师"三师"形成合力，通过整体性谋划、专业性策划、合理性评估、陪伴式服务，推动实现城市更新的综合成本平衡、区域发展平衡、近远衔接平衡。

根据上海市委推进城市更新可持续发展模式创新大调研课题研究成果转化应用的指示精神，按照上海市委、市政府对加快推进本市城市更新可持续发展工作的部署要求，组建由责任规划师、责任建筑师、责任评估师"三师"联创工作机制。在"三师"的基础上，结合上海金滩的特点，创新建立"四师"机制，上海市社会科学界联合会主席王战担任责任策划师，负责总体战略定位和功能产业策划；同济大学周俭教授担任责任规划师，开展区域整体城市设计深化和实施总控；负责各地块的国内外优秀设计单位主创建筑师作为责任建筑师，负责各地块建筑深化设计，上海投资咨询集团有限公司副总工程师吕海燕担任责任评估师，开展地区整体经济测算和更新模式建议。此创新举措以更高站位、更实策略，论证提出上海金滩地区的战略定位和产业方向。

上海金滩城市更新工作过程中，充分发挥"三师"联创机制的作用，充分发挥责任规划师对于城市更新的谋划、协调、统筹的重要作用，发挥责任建筑师对于强化设计赋能、破解技术瓶颈的主导作用，发挥责任评估师在城市更新"强资信、明期权、可持续"模式中的支撑作用。依托金桥集团优势产业基础延展智造产业链落位，实现产业发展和城市空间的集聚，落实人民城市理念。

2.4.3.3 规划引领，战略谋划，高点站位完成功能深化专题

按照市、区领导的相关要求，金桥集团开展功能深化课题研究。由上海市社会科学界联合会主席王战、上海市人民政府参事杨建荣领衔，上海社会科学院中国国际经济交流中心上海分中心团队负责，以更高站位、更实策略，论证提出上海金滩地区的战略定位和产业方向。一是构筑浦东—杨浦东西向创新走廊的中心节点和战略链接。浦东新区金桥、张江两大产业高地与杨浦高校资源之间缺乏横向打通的跨江创新走廊。上海金滩应充分发挥中心节点作用，通过产学研深度融合，成为"知识转化区"与"创新迸发区"，打造实现浦东"引领区"自主创新的重要承载区。二是撬动浦东北部的新一轮发展，打造浦东"引领区"建设新标杆。浦东北部滨江及腹地区域发展大幅落后于全区平均水平。上海金滩以点带面，沿浦江形成核心功能集聚、公共活力汇聚的北部城市功能强脊。三是锚定研发智造，打造产业创新"核爆点"。上海金滩将围绕上海建设世界一流"设计之都"的目标，依托金桥集团深厚的汽车产业基础和英国皇家艺术学院落户契机，锚定研发智造和工业设计方向发力，努力打造为中国汽车产业在世界弯道超车的重要"核爆点"。

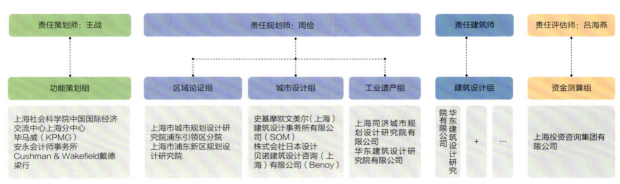

上海金滩"四师"联创工作模式

数字金滩·时尚云岸　　　黄浦江第三极的核心引领区　　　金滩新坞

2.4.3.4 产业激活，滨水智造，打造浦东引领区建设高质量发展的新动能

上海金滩承载着黄浦江两岸开发再进阶的重要使命，既要把"生活秀带"贯彻得更深入，同时产业经济功能也要更强大。按照上海四大功能建设和浦东引领区建设的总体要求，上海金滩围绕"打造具有全球影响力的滨水智造创新示范区"的目标愿景，以一流产业导入和产业空间激发产业发展新动能。

锚定"研发智造+创意设计"，打造产业核爆点。都市型制造业向中心城区的回归已成为全球城市发展趋势，纽约布鲁克林造船厂向都市"智造"中心的成功转型表明制造业和创意设计的交叉融合是激发产业活力的有效途径。上海金滩充分利用金桥集团与中船集团深厚的制造业基础和英国皇家艺术学院落户契机，锚定智造研发、创意设计端发力，着力从"百年船厂"向"滨水智造创新示范区"转型升级。上海金滩围绕"双轮驱动、设计赋能"构建"2+1+X"产业体系。

创新"智造空间"，打造"智造X设计"融合引领区。上海金滩将打造成为黄浦江沿岸首个以产业空间为主导的滨水示范区。按照1/3研发智造、1/3生活居住、1/3公共服务功能配置，以充足的产业空间保障产业集聚，创新多样化、高度复合的智造空间。规划将都市型智造空间与创意设计空间高度复合嵌入社区，在用地复合上，智造创意产业等复合用地比例超过占总用地面积的一半（约60%）；在垂直复合上，围绕"智造""创意设计""时尚消费"等相互交叉、叠合的不同类型智造空间需求，创新"上厂下店""前店后厂"等模式，打造集研发、生产、展示、销售等多功能为一体的垂直空间。

2.4.3.5 金桥水环、腹地联动，协同推进上海金滩腹地15分钟社区生活圈

上海市委书记陈吉宁提出，要把让人民宜居安居放在首位，切实增强做好城市更新的责任感和紧迫感，更好满足人民群众对美好生活的向往。上海金滩是黄浦江沿岸承载"科创"核心功能的重要承载区，同时面向腹地，是沪东街道5.5平方公里辖区的重要组成部分，也是提升城区空间品质、增进民生福祉的重要抓手。上海金滩的城市更新要按照"系统性谋划、整体性推进"的总体要求，以人民群众切身的获得感为标尺，联动15分钟社区生活圈行动，激发浦东北部城区焕发新活力。

上海金滩项目工作组与沪东街道协同推进15分钟社区生活圈行动，围绕滨江更新带动腹地品质提升的共同目标，双方工作组进行了积极沟通与探讨。沪东

街道以沪东新村、东波苑等老旧居住社区为主，主要呈现人口密度高、老龄化严重、空间品质待提升等特点。聚焦公共空间及设施资源有限、居民"临江不见江"的现状痛点、难点，工作组明确三方面解决对策：一是积极推动上海金滩未来2.2公里滨江岸线与马家浜两岸滨水公共绿廊的贯通与延续，真正实现"还江于民"的愿景；二是完善滨水腹地社区公共服务设施的建设与提升，织密社区公共空间网络，推进滨江腹地社区生活圈的统筹考虑，以多层次、高品质服务，吸引各类人才汇聚；三是实现滨江与腹地在社区文化性、商业性、特色性的延伸与错位联动。

同时，随着沪东船厂的搬迁，未来的上海金滩将迎来华丽变身，从面向东侧腹地的封闭隔断逐步渗透开放，从过去以面向货物流的进出转变为面向城市腹地的人流、车流组织。一南一北的两条水脉，将作为上海金滩融入腹地、带动发展的重要骨架：以南侧马家浜为城市活力轴，联动金桥副中心、张江等浦东重要片区，串联上海金滩、上海金环等核心功能区；以北侧赵家沟（支流曹家沟）为生态活力轴，向北辐射外高桥片区，串联上海金滩、上海金鼎、上海金湾等核心功能区，实现功能、产业、空间的一体化联动。未来的上海金滩，不仅是黄浦江第一层面的形象门户，更是浦东北部城区新一轮发展的活力引擎，将依托一南一北的两条水脉，实现滨水与腹地的连接、烟火与时尚的演绎、历史与未来的对话。

2.4.3.6 践行人民城市，建设精品城区的新样板

搭建由同济大学周俭教授领衔的总规划师制度，统筹空间、景观、历史风貌、交通等多团队推进上海金滩地区规划设计工作。顺应人民对美好生活的新期待，以上海金滩滨江更新激发浦东北部城区焕新活力，在实现滨江贯通和产业升级的同时，带动腹地环境品质提升。规划旨在实现2.2公里滨江岸线贯通，打造滨江公共文化博览秀带，真正实现"还江于民"。深入挖掘百年工业文明底蕴，沿滨江建设一批船舶博物馆等文化艺术展馆，向世界展示民族复兴精神和讲述中国船舶故事。打造各类创新人才集聚地，推进滨江腹地社区生活圈行动。为创新人才提供多元居住保障。深化历史风貌保护利用，展现历史未来交融的独特魅力。延续场地历史空间肌理特色，引入丰富多元功能，积极推进工业遗存建筑保护和活化。塑造特色化的滨江风貌，打造浦东滨江北部新地标。

城市设计着眼于塑造浦东北滨江公共活动核心空间，致力于连接水岸空间与城市腹地，创建激励人才蓬勃发展的卓越中心，形成"一心、两翼、双组团"规划结构。"一心"是由上海金滩中心与上海金滩源共同形成地区核心公共功能中心。"两翼"是由北部智能科创水岸、南部创意设计水岸共同创造的由休闲江岸与新型产业共同勾勒的滨江科创制造设计融合发展地带。智能制造产业建筑群与创意设计产业建筑群围绕核心区布局，确保中央公共功能区与周边地区的充分融合。"双组团"是指在"一心、两翼"基础上形成南北两片复合社区。北部"未来社区"构建以和睦共治、绿色集约、智慧共享为基本内涵的高品质生活功能单元。南部"共创社区"探索创意与艺术融入生活、创业与生活相得益彰的功能单元。规划将都市新型智造空间与创意设计空间嵌入社区，增加对都市制造和轻工业用地的考虑，推动创意设计空间和都市制造空间的协同发展，构建"文化艺术+智能制造"超级混合街区，为创意智造产业功能的建构提供用地保障。

2.4.3.7 重塑生活秀带，积极推进工业遗存建筑保护和活化

现位于在上海金滩区域的沪东船厂（沪东中华船厂，又名中华造船厂），前身是马勒造船机器厂。1840年，上海的渡运网络基本形成，沪东成为世界抵达上海的水上门户，见证上海与世界的风云巨变。发达的水路条件滋养出了日益繁荣的造船产业，船厂成为浦东工业的标志。1932年，英商爱立克·马勒将船厂迁到浦东，又购地200多亩扩大厂区，先后建

上海金滩城市设计方案鸟瞰图

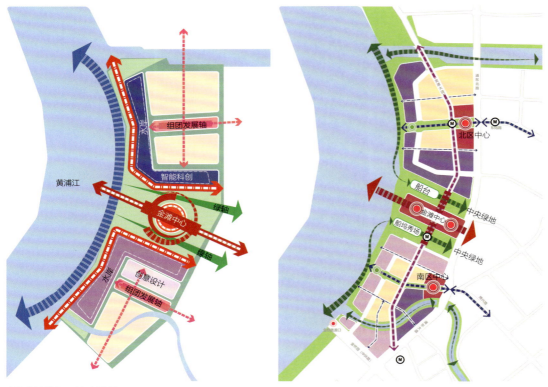

上海金滩城市设计规划结构图

上海金滩城市设计方案总平面图

设马勒公馆和马勒船厂办公楼，这里见证了工业辉煌的历史荣光，时代和江水一起向前奔腾，沪东也迎来新的改变。

20世纪30年代起，现代主义作为一种比新古典主义建筑更为时髦、摩登的风格逐渐传入中国和上海，渐渐在与现代工业发展和现代生活方式密切相关的工业建筑、办公楼、公寓建筑和独立式住宅中出现。铜仁路333号吴同文住宅（也称绿房子）或许是最为人所熟知的上海现代主义风格独立住宅。原马勒公馆、船厂办公楼亦采用了现代主义风格，是研究现代主义思潮在近代上海的宝贵实例。

马勒船厂办公楼建于1938~1941年。办公楼坐南朝北，面向黄浦江，共3层，占地面积620平方米，建筑面积2561平方米。大楼建筑平面紧凑合理，门厅设计构思巧妙，外墙立面呈几何轴对称，楼厅直线条感强烈，各立面上均置平拱钢窗钢门，外墙贴面砖。整幢大楼建筑外形远远望去仿佛是一艘大海中航行的大船。

马勒公馆是一幢2层楼的混合结构建筑（1973年加建一层，现为3层住宅）。公馆占地面积402平方米，建筑总面积816平方米。建筑平面正方形，外墙立面凹凸多变，立面设置钢窗钢门，外墙用拉毛水泥刷面。值得关注的是，经修缮设计团队初步考证，沪东船厂内的马勒公馆是现已知马勒家族在上海的第三座"马勒别墅"，也是上海市优秀历史建筑和浦东新区文物保护点。因此沪东船厂内原马勒船厂办公楼和马勒公馆具有很高的历史文化价值。

对历史建筑最好的留存，是在活化利用中保护，而对于城市文脉的传承，最好的方式是在继承中创新。规划聚焦在地特色与区域特征，通过遗产再生利用、展博设施集聚区建设，营造具有全球影响力的文化阵地与艺术聚场、具有公共魅力的活力水岸与活动场所。规划将历史建筑改造利用为文化展博设施。南部风貌保护街坊，马勒船厂办公楼改造利用为航运博物馆，马勒船厂别墅改造利用为沪东历史展示馆。北部风貌保护街坊基于原有船坞、船台改造提升，打造包括船坞秀场的核心公共空间区域，保留造船产业代表性的龙门吊、塔吊、码头、铁轨等历史环境元素，保留部分内部道路肌理与路名。规划基于沪东船厂历史文化资源、英国皇家艺术学院"Across-RCA"（跨学科交流平台）和"Innovation RCA"（创新平台）资源、科创企业，为促进企业与学术机构的合作、展示、推广，于中央绿地、滨江地块打造文化、艺术、教育类展览展示场馆聚落，助力形成区域创新网络。

在城市更新发展过程中，通过城市更新与产业植入相结合，做好历史建筑的保护传承和有效活化利用，充分发掘其承载的城市历史和文化记忆，让它们"活"在当下，为城市发展、生产和生活持续注入精彩的丰富内涵。在尊重历史、尊重原貌的前提下，实现可持续发展，也为黄浦江沿岸再添新活力，带来国际视野下的滨江新空间，打造世界一流的科创水岸。

上海金滩的两幢历史建筑（左图为马勒船厂办公楼，右图为马勒公馆）

上海金湾

上海金湾位于金桥B单元西片区,东临金穗路,南至锦绣东路,西临申江路,北至金海路,占地面积 **2.57** 平方公里。规划建筑面积 **342.09** 万平方米,规划人口 **0.38** 万。片区位于浦东南北科技创新走廊上,西与金桥城市副中心隔生产区相望,东拥外环绿带,南邻张家浜楔形绿地,北与金桥技术经济开发区(环内)生产制造组团相邻。其得天独厚的地理位置,不仅拥有"四线五站"的便利交通,更享有金海湿地公园的独特自然景观。未来将通过区域的整体设计、统筹推进,把园区打造成现代化产业社区发展的示范样板、世界一流产业社区。

"鹤鸣桥"效果图

开发区蓝皮书
境外开发区全球一流城市
打造比肩中国及

打造引领中国式
现代化的全球一流城市
开发运营标杆

2.5
世界一流产业社区——上海金湾

2.5.1 银杏树畔，水漾金湾

2.5.1.1 项目缘起

上海金湾位于金桥B单元西片区，东临金穗路，南至锦绣东路，西临申江路，北至金海路，占地面积2.57平方公里。规划建筑面积342.09万平方米。上海金湾作为浦东新区南北创新科技走廊北部重要节点，与周边金桥副中心、张江副中心等重要板块协同发展，坐拥曹家沟水系与金海湿地公园两大稀缺生态资源，依托"4线5站"的便捷交通（轨道交通9号线、12号线、14号线和规划崇明线），实现轨道交通换乘10分钟步行可达全覆盖。

2023年11月，上海市委常委、浦东新区委书记、中国（上海）自由贸易试验区管理委员会主任朱芝松在调研上海金湾时指出：上海金湾要朝着打造"世界一流产业社区"的目标，一块接着一块开发过去，一代接着一代打造下去。金桥集团根据浦东新区委、区政府的总体部署，围绕"世界一流产业社区"目标，充分发挥园区平台主体作用，前瞻规划、细致调研、精准设计、创新落地，高质量推进特色产业园区建设，同时做好商管运营体系服务，为园区长效稳定运营提供坚实保障，通过区域的整体设计、统筹推进，力争打造现代化产业社区发展的示范样板。

2.5.1.2 开发历程

2021年8月，上海市浦东新区金桥开发区Y00-1203单元（金桥B单元西片区）控制性详细规划（新编与局部调整）获得批复。为推进整体区域城市更新，集聚全球理念，探索世界一流产业社区做法，金桥集团于2022年开展国际城市设计方案征集，日建设计、Gensler、HPP三家国际知名设计事务所参与，日建设计以"水漾金湾"为主题，"一芯四核""五区融合""立体联动""多维涟漪"的空间方案，在三家方案中脱颖而出。

2022年11月，金桥集团历时64天高效完成JW Lab金湾产城实验室的实施建设。上海金湾产城实验室作为城市微更新示范案例，将原闲置旧厂房改造为城市展厅，为上海金湾片区提供了产城融合展示窗口。同时，在整体城市设计的基础上，金桥集团积极开展上海金湾片区核心区首开地块的方案设计研究，邀请知名建筑师马清运完成"金湾启城"项目的方案设计。2023年1月12号，上海金湾首开项目"金湾启城"破土动工。同年12月，项目结构封顶，作为建设工程提速增效的示范样板，获得了浦东新区主要领导的肯定。

随着首开地块"金湾启城"项目的建设推进，核心区内的曹家沟景观提升、鹤鸣桥以及周边道路项目陆续开工，上海金湾核心区形象初见雏形。2023~2024年，沿着曹家沟南下，逐步启动上海金湾梧栖山、金湾里、创翼道客三幅产业研发用地的实施建设。2024年1月4日，上海金湾梧栖山等三项产业研发项目集中开工，至此上海金湾片区沿着曹家沟的山水画卷逐步展开，将新增约60万平方米高质量产业空间载体。

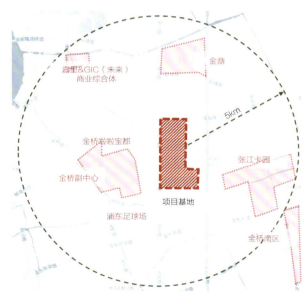

基地区位示意图

大事记

2021年8月，上海市浦东新区金桥开发区Y00-1203单元（金桥B单元西片区）控制性详细规划（新编与局部调整）批复

2022年6月，上海金湾城市设计及核心地块概念方案设计完成

2022年11月，上海金湾曹家沟河道景观概念方案完成

2022年11月，JW Lab金湾产城实验室浇筑第一根梁基础

2023年1月，JW Lab金湾产城实验室历时64天竣工

2023年4月，金桥开发区产业人才培养基地在上海金湾揭牌

2023年4月，上海金湾曹家沟（申江路—川桥路）河道建设工程项目建议书批复

2023年3月，浦东新区领导调研上海金湾建设工作

2023年1月，上海金湾启城项目开工

2023年7月，上海金湾梧栖山、金湾里、创翼道客三个产业地块完成方案设计

2023年9月，上海金湾鹤鸣桥完成方案设计

2023年11月，竞得金湾里55A-02、梧栖山57-03、创翼道客57-04三块科研设计用地

2023年11月，上海市委常委、浦东新区委书记、中国（上海）自由贸易试验区管理委员会主任朱芝松一行调研上海金湾启城项目

2024年1月，金湾里55A-02、梧栖山57-03、创翼道客57-04三幅产业研发项目集中开工

2024年1月，上海金湾鹤鸣桥、金湾曹家沟等项目开工

2023年12月，上海金湾启城项目顺利结构封顶

2.5.2 园区里的烟火气，社区里的产业园

2.5.2.1 蝶变重生——上海金湾产城实验室

上海金湾产城实验室位于川桥路与曹家沟河交汇处，用地面积2688平方米，建筑面积1340平方米，原为金桥集团下属上海新金桥环保有限公司使用的垃圾处理车间，现改造为上海金湾展厅。设计师对区域内的用地重新规划整理，将既有建筑一分为二，保留部分主体结构，通过东侧加建将南北两部分保留建筑连接，从而在空间上形成了一个三面围合的院落，面朝西侧曹家沟。展厅以"水漾金湾，一脉相城"为主题，通过对上海金湾"水脉""叶脉""城脉"等在地性文化元素的挖掘与提炼，打造具有空间叙事性的展陈空间。除了传统的展陈功能，产城实验室还承担了上海金湾对外产业培训、论坛、展示的孵化功能。

2.5.2.2 核心引擎——金湾启城

金湾启城项目是上海金湾核心区首开地块，其项目名称寓意上海金湾建设的宏伟画卷由此徐徐展开。金湾启城项目位于上海金湾核心区，南临川桥路，东临金苏路，西临曹家沟绿地，北为金闽路，用地面积5.9万平方米，规划总建筑面积28.2万平方米（地上18.2万平方米，地下10万平方米）；由5栋10层研发载体、4栋沿水岸功能各异的配套单体组成。金湾启城项目由著名建筑师马清运先生主持，以"公园里的园区，园区里的花园"为设计理念，引入三条"绿色长廊"延伸至滨河景观带，通过建筑与场地的交错，创造出多元社交空间。建筑外立面通过陶砖幕墙的巧妙运用，打造一系列多层次、有温度的"学院风"立体花园。

上海金湾产城实验室改造前鸟瞰

上海金湾产城实验室改造后实景照片

上海金湾启城项目效果图

正在建设中的上海金湾启城

漂浮于曹家沟之上的"鹤鸣桥"效果图

2.5.2.3 漂浮云桥——鹤鸣桥

鹤鸣桥全长0.26公里，是上海金湾片区中跨越曹家沟、连通东西片区的重要新增桥梁，同时也是进入上海金湾首开核心区的景观门户。鹤鸣桥的创新在于不仅满足交通通行的基本需求，未来更将作为一个可以供人们停留驻足的城市公共空间节点。设计将上海金湾周边的人文、生态、自然和文化元素融为一体，重视人在通行过程中的观景与休憩体验，在桥面上增加4股人流引桥，充分增加了曹家沟两岸绿带的连接便利性，通过桥面宽度的变化，设计行走区、抬升区、休闲区，在河道中间设置休息驿站以及望月梯，为周边市民提供一处停留驻足的观景空间。

2.5.2.4 产业里弄——金湾里

"金湾里"取意产业社区"里弄"之意，地块北至台桥路，南至湘桥路，处于沿曹家沟南下产业研发片区与上海金湾南门户商业中心之间的过渡板块。地块用地面积2万平方米，规划总建筑面积10.6万平方米（地上6.9万平方米，地下3.7万平方米），由5栋不同面积段的产业研发载体组成。金湾里由上海幸福里设计师何孟佳先生设计，设计秉承"产业园+幸福里"的理念，打造有温度的产业社区、有烟火气的开放街区。作为浦西"幸福里"项目的升级版，金湾里将最具代表性的里弄空间肌理与产业园区有机叠合，构成由古树、水街、立体庭院、多层次绿化组成的新一代里弄式产业社区场景。未来这里将是产业社区的会客厅，是科创社群社交的聚落，也是科创企业的展示窗口。

2.5.2.5 智科高地——金湾·梧栖山

金湾·梧栖山项目名称具备两个特殊含义。其一是地块与573路公交车的历史渊源：1993年开通运营的573路公交车是承担浦东与浦西职工通勤、服务第一批产业客群出行的客运专线。历史总是在不经意间发生奇妙的延续和共鸣。三十年后，承载历史记忆的金湾573项目，将延续产业创新、服务创新、环境创新的使命，开启属于新一代金桥人的美好明天。其

金湾里鸟瞰效果图

金湾里效果图

金湾·梧栖山鸟瞰效果图

金湾·梧栖山效果图

二是"梧栖山"中的"梧栖"寓意凤栖梧桐，产业客户有凤来仪，入驻上海金湾。

金湾·梧栖山项目东至金穗路，南至台桥路，西至唐路公路，北临曼卡科技产业园，用地面积1.7万平方米，规划总建筑面积约8万平方米（地上约为5.2万平方米，地下约为2.8万平方米）；是由两栋高层科研楼、3栋多层组成的产业研发基地，广泛适应产业链上下游不同类型和发展阶段企业的使用需求。5栋研发载体覆盖不同面积区段。设计顺应城市肌理，沿地块南北两翼自然伸展，向水岸方向逐渐打开，高度自水岸向西逐级抬升，于唐陆公路转折处设置主塔楼，形成区域地标。高层建筑获得绝佳的城市展示面，独栋建筑享受私密环境和水岸美景。在立面风格上，项目重点延续金湾启城，选择陶板和玻璃幕墙相结合的立面风格，规划布置了学院式的多层次开放空间。

2.5.2.6 绿色产园——金湾·创翼道客

金湾·创翼道客位于曹家沟南侧，与金湾·梧栖山项目隔曼卡科技产业园相邻；场地东侧紧邻曹家沟滨河绿地，西临唐路公路，北侧为桂桥路。用地面积2.1万平方米，容积率3.0，规划总建筑面积约为9.6万平方米（地上6.4万平方米，地下3.2万平方米），由3栋高层研发及配套多层沿街单体组成。项目在延续"花园式、学院风"立面风格的同时，力图在景观及空间上加强创新。基于场地禀赋，设计将生态元素引入建筑，打造了一系列多层次、多维度的立体花园，通过对景观广场、内庭院、绿化配置等生态设计方法的巧妙运用，灵活处理建筑与环境的关系，实现人与建筑、人与城市、人与自然的有机融合，形成一座既有"科技味"又有"烟火气"的产业园区。同时作为区域打造的低碳标杆，金湾创翼道客项目在顶层设计和园区全生命周期中融入绿色低碳发展的理念，创建上海首个零碳引领级园区，重点打造的3号楼将实现零碳建筑、绿色建筑三星级标准、LEED、WELL和健康设计五重绿色低碳认证。

金湾·创翼道客鸟瞰图

金湾·创翼道客效果图

2.5.3 以"片区思维"多维度提升品质,全周期创新赋能

围绕开发、建设、运营全生命周期,金桥集团从规划维度、产业维度、服务维度、人文维度、绿色维度、机制维度,多位一体全面提升上海金湾特色园区承载力和产品力优势,打造世界一流产业社区。

2.5.3.1 规划维度:以区域整体设计统筹推动城市更新

(1)总体城市设计奠定整体空间格局和特色风貌

从单地块项目更新转变为园区整体有机更新,通过城市设计国际方案征集工作,汲取全球前沿发展理念,由日建设计中标并深化完成上海金湾总体城市设计,开展园区更新评估,确定不同片区更新时序和内容,对曹家沟景观轴带、公共配套、重要城市界面等提出整体统筹要求。

以日建设计方案为蓝本的上海金湾整体规划,以"水漾金湾"为主题,重点打造"一芯四核""五区融合""立体联动""多维涟漪"的板块格局。

一芯四核指上海金湾板块地标核芯区及东西南北四大门户。五区指活力核芯区、产学研发区、产业升级区、智慧生活区、上盖综合区五大特色组团。规划地上总建筑面积342万平方米,地下开发面积约100万平方米,其中工业研发类建筑面积约占其中的40%。未来将以四核为引领,带动五区融合发展,从而实现联动生产、研发、生活、生态的多元复合功能。

立体联动包含以城市次干道环绕核心区的可达性设计、依托板块内现有"4线5站"的轨道交通体系,打通"园区交通最后一公里";同时创建如水上巴士、空中廊道等绿色交通微循环系统,建构TOD模式的立体化上盖体系,秉承地下、地面、空中的三首层立体城市理念。

多维涟漪依托上海金湾东面坐拥的大片金海路湿地公园以及天然水系曹家沟贯穿整个片区的生态优势;周长2公里的滨水公园搭建蓝绿生态基底,向内联动各产业社区,形成多层次的绿色健康网络和全域公园;向外联动金海湿地、金环中心绿地、张江浜楔形绿地,共同构筑"金桥超级绿链"。

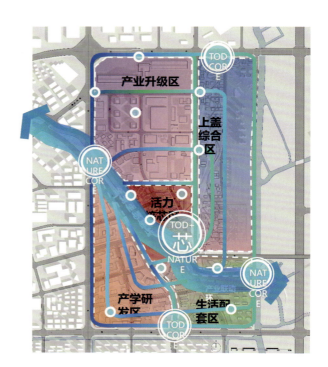

"水漾金湾"规划格局示意图

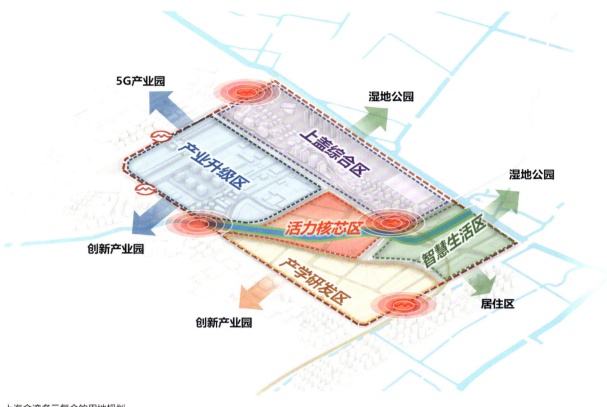

上海金湾多元复合的用地规划

（2）专项设计导则持续性、精细化推进地块更新

在总体城市设计基础上形成城市设计导则，同步积极开展专项设计。依照上海金湾特色和需求，开展低碳社区、城市景观、城市色彩、城市家具等专项设计，导则作为对新建和更新改造项目实施落地的总控指引，塑造园区识别性和上海金湾品牌，精细化把控项目品质。

由同济大学原常务副校长伍江教授牵头，同济大学都市碳治团队负责上海金湾片区低碳导则的编制，以"绿色低碳的世界一流产业社区"的内涵和标准，针对既有区域和新建区域不同区块特征，提出差异化、近远期的绿色低碳目标、路径和导则，结合生态岸线、创新核心等上海金湾产业社区特色空间，打造具有示范意义、推广价值的上海中心城区的世界一流绿色低碳产业社区。由日本著名城市色彩规划专家吉田慎吾及其团队开展上海金湾色彩导则编制，大师谋划、把控区域整体风貌色彩，提炼上海金湾独有的色彩意向和色彩基因，确保新建和更新地块在统一风貌色彩统筹下的独特个性。由Hassell建筑事务所编制公共标识系统、城市家具设计、公共空间导则手册，针对上海金湾片区内新建和更新改造项目提出一系列品质提升指引，同时持续动态更新标准。由华东建筑设计研究院有限公司编制的上海金湾立体步行系统导则，针对上海金湾内地上、地下连通提出优化设计，构建区域整体慢行网络。

（3）践行"地下一座城"理念，凸显产业社区特质

"地下一座城"即在上海金湾实现地下空间的大连通，通过编制地下空间专项导则，实现连接贯通，蕴含商业配套的开敞式庭院穿插其间，步行系统无缝衔接轨道交通站点，构成地下基础设施网络，成为地上混合立体开发的基石。以金湾启城的地下空间为例，项目地下设有总建筑面积10万平方米的两层地下室，地下一层通过下沉庭院将阳光及绿色景观引入

金湾标识系统手册
PUBLIC SIGNAGE GUIDELINE

金湾城市家具设计手册
PUBLIC FURNITURE DESIGN

金湾公共空间导则
GOLDEN BAY OPENSPACE GUIDELINE

上海金湾专项设计导则手册

地下空间，除了满足园区基本的停车功能之外，还设置了员工食堂、物业用房等配套，打造沿河的城市展廊，使研发与生活场景在地下空间互促共融。

2.5.3.2 产业维度：以精准设计强化产业承载力和产业生态培育

（1）强化高集聚度和高混合度，构建产业生态圈层

对于创新型企业和人才来说，高聚集度意味着更频繁的沟通机会和更经济的合作成本，高混合度意味着不同类型或阶段的企业更容易形成生态圈层。上海金湾核心区地上、地下一体化高密度、高混合度的用地布局，最大限度地在空间上促进优质产业生态培育，形成契合"工业上楼"理念的垂直方向的产业聚落——"一栋楼就是一个创新集群"。

以金湾创翼道客项目为例，项目按"地层、叶层、冠层"三重空间的"产业雨林"理念去构建大健康产业的未来图景：地层为地下空间，引入餐饮、阅览、健身等相关配套，叶层为建筑首层到四层的空间，植入会务、展览、信息发布、孵化学院等功能，冠层空间则通过三种不同尺度的平面产品为专业研发提供多种可能性，形成竖向的大健康产业发展生态轴线。

（2）提供多梯队产业集群，响应企业全生命周期发展诉求

结合入驻企业在医研产业链上下游不同类型和不同发展阶段的具体使用需求，提供多元化、多梯次的实验、研发、办公单元，为入驻企业提供全生命周期空间载体。以金湾·梧栖山项目为例，5栋研发楼覆盖不同的面积区段：1号塔楼建筑面积23000平方米，单层面积2100～2600平方米，适用于初创、成长型企业按楼层单元租用，顶部双楼层的划分亦可满足较大企业的使用。3号塔楼建筑面积11000平方米，单层面积1400平方米，可兼顾成长型企业需求，亦可作为大型企业的"超级独栋"。4号、5号独栋面积5500平方米，备受成熟型企业青睐。2号独栋面积5200平方米，可切分为2600平方米的双拼独栋使用，满足不同发展阶段企业的灵活入驻需求。

（3）空间载体高适配、灵活性，为产业发展定制专业化空间和专业性基础设备支撑

各个产业载体根据大健康产业"产业链+生态圈"的空间需求，在匹配度和通用性上实现最佳平衡。基于对大健康产业研发实验空间层高、荷载、柱距、电梯、机电与设备安装、能源供给等专业需求的综合分析，在医研产业不同的细分类型之间获得"最大公约数"，充分预留兼顾实用性与可变性、产业深度和广度的未来发展空间。

以金湾启城项目为例，建筑层高：首层层高6.6米，净高达到4.7米，满足高标准GMP洁净实

金湾创翼道客垂直"产业雨林"系统示意图

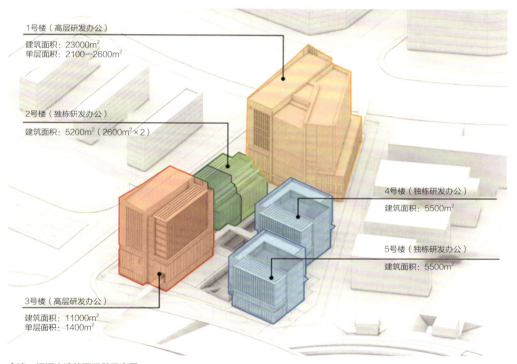

金湾·梧栖山建筑面积段示意图

验室和中试厂房的需求；裙房层高5.4米，预留定制化研发实验空间；塔楼层高4.5米，满足绝大多数生物医药实验室的使用需求；地下室层高（7.3米、4.2米）亦超越其他多数同类产品。楼板承重：首层载重1吨/平方米，二层、三层载重0.8吨/平方米，四层、五层载重0.5吨/平方米，塔楼载重0.4吨/平方米，充分满足医药研发设备对于载重的需求。楼层面积段：兼顾小型试验和研发的裙房，面积段达到4500~5000平方米，满足大型企业的需求；塔楼标准层面积达到2000平方米，全楼采用9米柱网。物流动线：每栋塔楼配备不少于2台2.5吨载重货梯，人货分流，货梯及卸货平台靠外墙布局，外

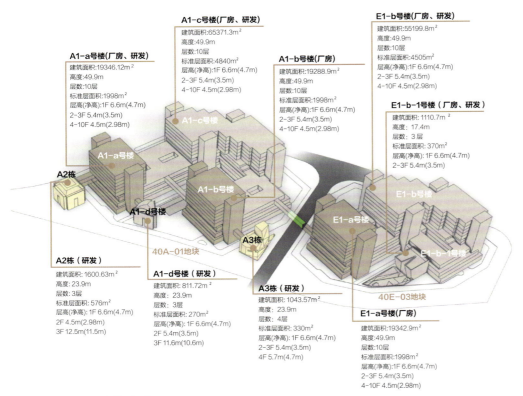

上海金湾启城产业空间参数分析图

墙预留吊装口。机电系统：拥有充裕的新风系统和稳定的电力供应；研发展示空间采用变频多联机系统，设置独立新风；厂房空间预留变频多联机及独立新风系统的基础条件，整体达到绿色建筑二星级标准；园区采用双电源供电，智能化配置、千兆网入户。

2.5.3.3 服务维度：以特色生产生活配套和服务提升产品价值

（1）构建15分钟产业社区生活圈——活力新样板服务产业人才

生产配套方面，打造集产学研为一体的创新驱动核心平台，植入孵化器、创客空间等共享空间。金湾启城项目在立体交通的转折点上串联设置四个特色服务单体，涵盖企业发布、展示、文化、体育等功能，提供多样化产业配套服务。生活配套方面，园区内配置多样化的租赁式公寓、高质量的教育资源以及TOD商业配套，在步行15分钟的范围内就地满足科创人才从工作、生活到休闲的全方位需求。

（2）服务赋能增效，为企业提供科创、交流等专业服务

除了卓越的产品力，作为"产业服务运营者"，金桥集团充分发挥平台优势，为上海金湾量身打造以科技创新为驱动的金湾模式。以科技创新为目标，构建全链条创新体系，完善人性化人才政策，夯实全流程要素保障。

在创新主体方面，金桥集团将充分联动高校院所等创新策源主体，与上海交通大学、华东理工大学、上海大学、上海理工大学、上海应用技术大学、上海第二工业大学共同发起上海高校新材料金桥产业联盟暨金湾产学研基地，推动创新主体聚集，丰富创新平台载体布局，打造专属的"金桥生命健康产业资源对接平台"。

作为首家创新创业平台及产业招商引育平台，

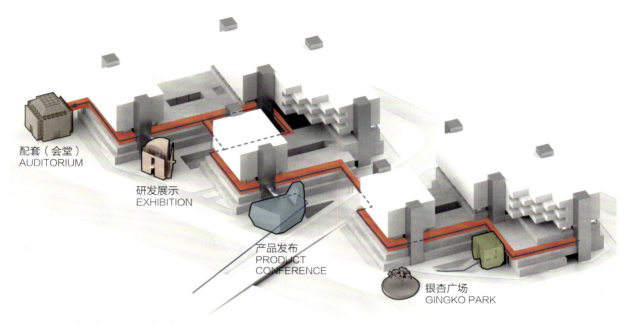

上海金湾启城产业配套"四大锚点"分布图

金桥源创派产业孵化基地也已在上海金湾产城实验室落地，未来在上海金湾也将进一步引入建设生物医药研发与中试平台、共享实验室、共性技术平台、检验检疫检测设备开放共享平台等，提供从临床前研究、中试到投产的工业化厂房及生产车间、共享设备等。截至2023年8月，产业孵投联盟已积极举办"4+4"产业论坛、政策服务系列活动。如2023年4月的金桥开发区产业人才培养基地在上海金湾揭牌；同年5月，以"产教融合、五创未来"为主题的金桥开发区青年创客"五四"青年节学习交流活动，以及"新沪商遇见特色产业园区"系列活动；同年8月的金桥原创派知识产权法治活动等。未来伴随产业的导入，将进一步完善研发设计、检验检测、知识产权服务、技术咨询、人力资源服务等创新服务，并引入科技金融服务平台、科技中介服务机构及检测认证机构等产业服务机构。截至2024年上半年，金桥集团于金桥高端制造新材料园内累计举办新材料产业专项活动共计10次。

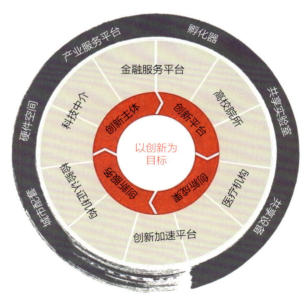

科技创新金湾模式

第二章　凝练先进开发经验，勇当创新开发模式的探索者　　131

2.5.3.4 人文维度：以场所精神激发创新活力

"场所精神"不仅是建筑空间构建的理论，更是对空间氛围的一种诠释。日本著名建筑师安藤忠雄曾提到"建筑的关键是，能否让进入其中的人，长时间铭记于心。我想创造的建筑，不仅是美，还要能震动人心，与灵魂对话"。

在上海金湾的建设过程中，设计师们持续致力于寻求功能、技术、艺术与人文相结合的城市空间风貌解决方案。无论是曹家沟水岸的景观空间，还是河畔保留的银杏古树，都使身处其间的人从感知上、精神上与所处的空间场所发生共鸣，从而产生归属感和认同感，助力产业社区中人文内核的培育与传承。

（1）曹家沟滨水景观：创新浓度最高的1公里岸线

上海金湾通过拓展曹家沟水系功能与区域内的公园绿地，进行多类型、多层级公共空间规划，营造以休闲社交为核心的高活力空间场景。以曹家沟"像素

以曹家沟"像素水岸"为核心的开放空间系统效果图

水岸"景观长廊为开放空间主脉，将一座未来公园渗透至每一个社区，成为连接彼此的桥梁。同时结合户外空间优势，集合先锋运动、市集节庆、滨水商业等社交场景，打造高活力社交场景，实现曹家沟滨水公园中创新浓度最高的1公里岸线。

（2）百年银杏树：上海金湾的城市精神地标

树木，是与语言文字、历史文物并行的第三部史诗。在金湾启城项目的场地西侧，一棵古老的银杏树，历经三百多年风雨洗礼，在曹家沟畔不语而立，见证了一代代金桥镇人民的日常生活，也成为人们确认归属的特殊密码。银杏树高22米，胸围370厘米，冠幅16米，作为上海市一级古树，在漫长的历史变迁中，既是悠久历史的见证，也是社会文明程度的标志。银杏被誉为植物界的"活化石"，寓意着健康与长寿，也契合生物医药产业"保护人类健康、延年益寿"的最终目标。项目以保护文化与自然的初心，因形借势，提出"杏林光年"景观文化体系，即以古树银杏为核心，将传统文化与未来科技融合，固化古银杏的时光记忆，结合水岸休闲及城市商业，呈现出空灵、浪漫的广场空间。银杏广场旁还有一处以生命和时间为设计意向的艺术中心，作为金湾启城项目的一部分，创造了一人一树的对话意境，拉近了人与自然的关系。艺术中心向下延伸的广阔地下空间犹如海平面下的"冰山"，形成了灵活多变的沉浸式体验空间，未来可用作艺术展览以及企业产品展示空间。

2.5.3.5 绿色维度：以"双碳"目标引领城市更新

为破解城市更新过程中产业园区绿色低碳升级存在的痛点难点，积极回应上海市委书记陈吉宁提出的"生态优先、绿色低碳事关城市可持续发展，也是城市高质量转型的目标方向"这一关键问题。上海金湾在兼顾高端制造的同时，注重环保、可持续发展，积极探索如何打造绿色低碳园区，力图形成一套可复制、可推广的零碳园区标准。

在顶层设计上，园区融入全生命周期绿色低碳发展理念，从规划设计到施工建设，再到服务运营，形成绿色低碳全流程闭环，打造引领行业的绿色低碳城市更新标杆。具体手段上，将严格执行新建建筑绿色建筑的准入机制，保证所有建筑均符合绿色、低碳的要求。在实践应用上，目前正在以金湾创翼道客项目为示范样板，率先打造上海零碳引领级园区。

作为区域打造的低碳标杆，华东建筑设计研究院绿建团队将通过"1+5+4+N"的设计策略落实目标。其中"1"旨在创建上海首个零碳引领级园区；"5"为园区重点打造的3号楼实现零碳建筑、绿色建筑三星级标准、LEED、WELL和健康设计五重绿色低碳认证；"4"即创新四大减碳措施；"N"指整合多项技术措施，打造低碳化、可感知、能交互、会思考的零碳智慧园区。重点从立面材料、高效机电设备、光伏屋面及幕墙、高性能围护结构、数智化管控系统等方面发力，实现为整体园区降低40%能耗的初步目标。四大减碳措施包括：

①从设计源头减碳，打造被动式低碳基底。从园区环境到建筑本体设计，充分尊重场地与周边环境的呼应关系，打造屋顶、场地、下沉空间等一系列多层次、多维度的立体花园；将生态元素及经典形态引入建筑要素，通过建筑窗墙比的优化、立面自遮阳构件、幕墙开启通风优化、导光管系统等一系列被动式节能设计，打造良好的采光、通风、遮阳条件。同时大幅提升围护结构热工性能，外墙、屋面、架空楼板均增加了保温厚度，所有幕墙玻璃均采用断热框材的三玻两腔高性能幕墙体系，热工性能比标准提升20%以上，不仅提高了保温、隔热性能，也大大提高隔声效果，为室内创造良好的热舒适与声舒适环境，在提升室内环境品质的同时，打下节能低碳的建筑基础。

②通过四侧联动响应，实现主动式能源调节。考虑园区的光伏消纳和需求侧相应，设置了集中储能系统，并将微电网、能源管理、碳排放管理均纳入数智化管控平台，通过数字化手段实现多能互补协调、节能减碳及智慧运维管理。实现整体能源的按需调配和最高效的利用。同时为未来虚拟电厂的需求侧响应供电做好了准备。对园区整体能耗与碳排放进行监测，

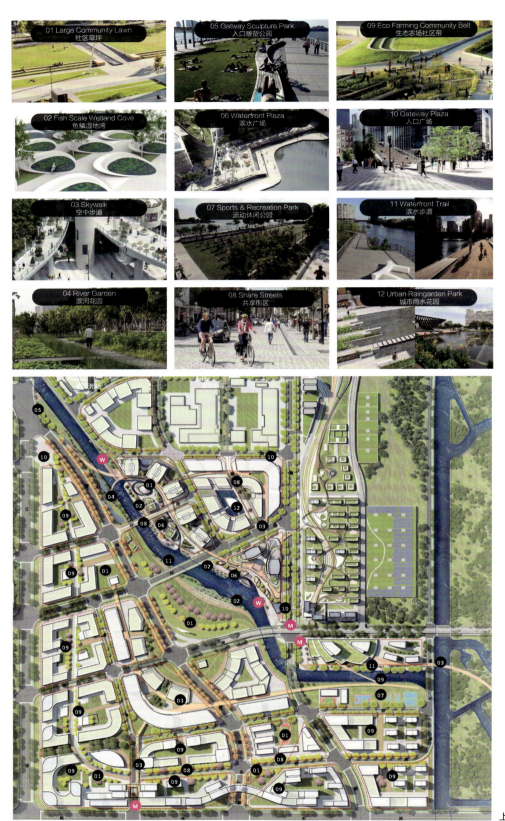

上海金湾曹家沟景观提升示意图

上海金湾启城的城市精神地标——银杏广场

上海金湾启城旁保留了一棵跨越三百年时光的银杏树

被动式减碳设计策略示意图

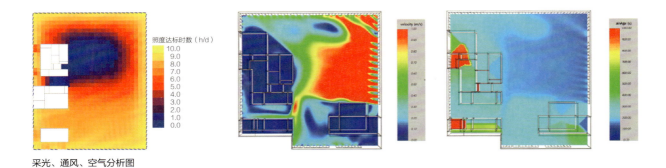

采光、通风、空气分析图

并实现实时调控，保证运行在最佳状态，并与使用者能实时显示互动。

③利用光伏技术，提高可再生能源利用效率。项目在政策要求的基础上，进一步探索光伏规模化利用及与建筑一体化的可能性，在保证屋顶绿化面积的基础上，最大限度地发挥屋顶光伏板设置潜力，通过优化布置形式，使光伏发电量提升近10%。探索光伏与建筑一体化的形式，在立面试点应用了光伏透明幕墙、光伏不透光玻璃窗间墙及光伏仿陶板幕墙等多种形式，并在园区试点光伏地面铺装。通过多种形式的光伏利用，项目可实现可再生能源替代率达到15%以上，超前完成上海市2030年可再生能源替代目标。

④坚持以人为本设计，打造健康可感知环境。结合屋顶、露台、下沉庭院设置立体花园，创造低区共生、高区专享的一系列绿色露台与屋顶花园，打造高质量园区花园办公条件。同时通过二、三层室外平台、精装楼梯间及屋顶花园，建立单圈约为2.5公里的立体马拉松线路，设置室内健身空间，为园区使用者提供充分交流、运动支持空间，促进健康行为。

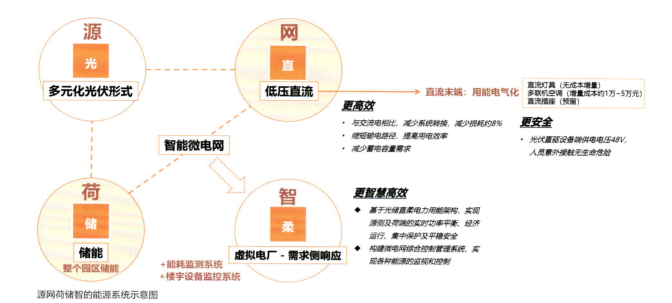

源网荷储智的能源系统示意图

多种形式可再生能源利用示意图

微型马拉松健身步道示意图

金湾创翼道客低碳技术策略示意图

上海金湾创翼道客低碳设计理念示意图

2.5.3.6 机制维度：以建筑师负责制统筹全生命周期建设

建筑师负责制模式中的"建筑师"是"广义建筑师"概念，是指以担任工程建设设计主持人或设计总负责人的注册建筑师（简称责任建筑师）为主导的团队，依托所在设计单位为实施主体，依据合同约定，开展设计、咨询与管理服务，提供符合社会公共利益和建设单位使用要求的建筑产品和服务的工作模式。

在建筑师负责制的创新机制模式下，建筑师团队将充分发挥专业优势和技术主导作用，承担工程设计工作的统筹、协调和管理职责，积极回应《中共中央 国务院关于进一步加强城市规划建设管理工作的若干意见》中提到的"培养既有国际视野又有民族自信的建筑师队伍，进一步明确建筑师的权利和责任，提高建筑师的地位"的相关精神。

上海金湾创翼道客项目是上海市2023年建筑师负责制第一批试点项目之一。华东建筑设计研究院作为设计总包单位，集责任建筑师团队合力，全力协调项目全专业、全专项、全过程总包设计，通过优化方案审批流程，首次实现施工图免审，从中标到开工仅用三个月时间（2023年10月中标启动至2024年1月4日顺利开工），有效推动了项目建设的高效率、高质量进程。作为试点项目，责任建筑师主要承担工程设计、采购管理和施工管理三个阶段的工作，以及基坑围护、精装修、景观、泛光、标识、BIM、绿建、低碳、人防等专项的设计协调工作，共计7大项50余子项。建筑师负责制主要做法包括：

（1）择优定标，优化建筑师负责制试点评标办法

调整优化建筑师负责制试点项目招标文件示范文本，指导建设单位合理设置投标资格条件、投标报价、评标办法和合同条款，根据项目特点自行选用建筑师团队综合评估法评标办法，通过评标办法合理设定，充分考虑建筑师及其团队的综合能力、服务内容、设计方案优劣，弱化价格竞争，引导建设单位选

上海金湾鸟瞰图效果图

择优秀的责任建筑师及其团队。

（2）施工图免于审查，责任建筑师对设计内容负责

享受试点扶持政策，即施工图审查合格证书不再作为建设工程施工许可核发前置条件，而是由责任建筑师对设计内容的合法性负责，主管部门对建设工程规划许可证等环节只需做流程审查。经对比，前期审批环节比传统流程压缩了2~3个月。通过简化审批流程，大大推进了项目的整体进度。

（3）实施全过程技术管控，提升项目品质

以建筑师团队为主导，依托设计单位，参与工程设计、采购管理、施工管理工作，对项目进行全过程管控，确保各单位之间的顺畅沟通和协作。在工程设计阶段，建筑师协调和统筹所有专业设计和咨询工作，落实设计咨询团队的技术协调和质量管理；参加各专项设计顾问对建设单位的重要汇报会议，提出专业意见；审核专项设计内容，与土建设计衔接，全方位落实设计意图，保证设计整体品质。在采购质量管理方面，建筑师代表建设单位参与施工招标投标的资格预审和正审，协助建设单位选择信誉良好、质量安全管控能力较强的施工单位；负责材料工程样本的确定，并负责或参与主要设备材料的选型、封样工作，确保材料及设备符合设计要求。在施工技术管理方面，建筑师负责监管施工单位等在项目实施过程中

设计品质与技术的实现和管理,具体负责设计管控和设计变更管理,对施工详图、施工深化设计等进行审核,保证符合设计要求。此外,建筑师还定期巡查施工现场,掌握进展情况,确保施工工程质量满足国家规范及设计的技术要求。

通过建筑师负责制,能够更好地进行项目全过程品控。责任建筑师团队全面协调项目全专业、全专项、全过程总包设计,实施全过程进度、质量、成本统筹协调和技术管控,提升项目整体品质。建筑师参与审核工程进度款的拨付,能够确保监管设计品质的实现,更好地提升项目的造价整体控制。建筑师在设计全过程中参与项目成本控制,将造价控制融入设计环节,主体设计和专项设计中主动推行限额设计,在建设全周期跟进技术服务、动态优化,最大限度地保证项目成本可控。建筑师负责制能够更好地加快项目建设周期,因为设计、采购、施工高度融合,建筑师会根据项目情况制定合理的出图计划,确保实施节点,在施工过程中严格控制设计变更,减少不必要的返工和二次拆改,合理控制整体进度。

以上海金湾的创翼道客项目为试点,全面推广建筑师负责制,打通前期策划规划、工程建设和运营维护的全过程,将为后续项目提供可复制、可推广的宝贵经验,推动行业的持续发展。

上海金谷金城

上海金谷，东至浦东运河，西至华东路，南至川杨河，北至龙东大道，规划总面积 **5.58** 平方公里，是工业 **4.0** 时代上海智能终端产业新赛道的重要承载区、产业核心区。上海金谷以数字化、智能技术为桥梁，全面推进"产业业态+城市形态+服务生态"融合共生，打造上海首个智能终端生态圈。上海金城，西至唐陆公路，东至浦东运河，跨越高科东路南北两侧，规划总面积 **2.84** 平方公里，以拔点小湾村为使命，以产业项目带动城中村改造，实施民心工程。金谷金城形成"西居住—东产业"的功能格局，带动产城深度融合，实现城市高质量开发、高品质建设，以国际质感造就民生福祉。

努力只是及格，拼命才能优秀

2.6 产城融合典范——上海金谷金城

2.6.1 双花辉映，产城相融

2.6.1.1 项目缘起

随着浦东开发开放浪潮的涌入，浦东近郊一片荒芜的农田发生了翻天覆地的变化，一个集高端制造、首发制造、旗舰制造于一体的智能终端产业核心区拔地而起，一座理想新城孕育而生，跨越三十余载岁月的历史变迁。

（1）引领产业高质量发展

金桥南区即上海金桥经济技术开发区（南区），前身为经国务院批准设立的国家级出口加工区——金桥出口加工区（南区），分为海关封关区和关外产业区两部分。随着海关监管区的封关运行，第一批先进制造企业落户金桥南区。从海关封关区到金桥综合保税区，再到金桥特色产业区，土地持续开发建设，企业持续提升能级，产业持续蓬勃发展。2021年，金桥南区被命名为"上海金谷"，一个科创之丘、智能绿谷孕育而生。

上海金谷是工业4.0时代上海智能终端产业新赛道的重要承载区、产业核心区。依托金桥强大的制造业基础，借助金桥南区优质的营商环境，在中国（上海）自由贸易试验区、综合保税区及"大张江"等叠加政策的优势助推下脱颖而出。上海金谷以数字化、智能技术为桥梁，全面推进"产业业态+城市形态+服务生态"融合共生，打造上海首个智能终端生态圈。

（2）加快推进城中村工作

《中华人民共和国国民经济和社会发展第十四个五年规划和2035年远景目标纲要》提出："加快推进城市更新，改造提升老旧小区、老旧厂区、老旧街区和地中村等存量片区功能"。2023年7月，国务院常务会议审议通过《关于在超大特大城市积极稳步推进城中村改造的指导意见》，会议要求充分发挥市场在资源配置中的决定性作用，更好发挥政府作用，加大对城中村改造的政策支持。2022年10月、11月，中共上海市委办公厅、上海市人民政府办公厅陆续印发《关于加快推进旧区改造、旧住房成套改造和"城中村"改造工作的实施意见》和《关于印发加快推进旧区改造、旧住房成套改造和"城中村"改造工作支持政策的通知》，要求以更高站位、更大力度、更强合力加快推进"两旧一村"改造工作，进一步提升城市功能品质，促进城市健康宜居安全发展。2024年首个工作日，上海召开了全市城市更新推进大会，市领导明确表示，城市更新"一头连着民生，一头连着发展"，这是城市建设进入新阶段的必然选择，也开启了"上海金城"的新时代——以产业为驱动，以创建"全面感知、数字管理、温度服务、智慧社区"随需应变的"N次方"生活磁极为核心，打造水绿共生、文化共荣、交通共享、产业共兴的高品质未来理想人居典范。

2.6.1.2 开发历程

上海金谷，东至浦东运河，西至华东路，南至川杨河，北至龙东大道，规划总面积5.58平方公里。1999年，为了进一步整合资源、提升管理效能，上海市决定将原王桥工业区划归金桥出口加工区管理委员会管理。2000年，王桥公司由金桥集团托管，王桥地区[①]并入金桥南区。2001年，在国务院批准设立金桥出口加工区（南区）之后，逐步吸引了多个行业领军企业的入驻，包括艾默生过程控制有限公司、美国罗克韦尔自动化公司、上海半导体装备基地和产业发展中心、日本欧姆龙集团工业自动化领域全球核心基地、上海欧姆龙控制电器有限公司、上海法雷奥汽车电器系统有限公司等。2018年，国务院正式批复金桥出口加工区（南区）整合优化为金桥综合保

---

① 王桥地区的由来可追溯至明朝，因一座石桥"王家桥"而得名，桥下有一条小河，故又名"王家浜"。王桥地区原是一片农田，人口稀少，经济落后。随着工业化的发展，王桥地区出现了一些小型工厂，1990年代的厂房环境差、能级低，由区级开发单位王桥公司管理。

税区，并于2019年通过海关总署验收，正式转型升级为综合保税区。2021年，金桥南区命名为"上海金谷"，同年，依必安派特亚太总部项目与上海嘉诺集团研发生产基地正式在上海金谷开工建设。2022年，上海金谷升级为市级智能终端特色产业园。此后，上海恩井汽车科技有限公司首座智能化标杆工厂落户上海金谷；东方星际干细胞项目也正式落户上海金谷，携手金桥打造干细胞产业新高地。2023年，金桥山姆会员店的正式入驻，为上海金谷的发展导入了更为丰富的业态。

上海金城，西至唐陆公路，东至浦东运河，跨越高科东路南北两侧，规划总面积2.84平方公里，是典型的城中村地区，民生与发展矛盾近年来较为突出，在2022年新冠疫情期间情况较为严重，受到了上海市、浦东新区各级领导的关注。上海市委常委、浦东新区委书记朱芝松率队察看新区"两旧一村"指挥部并部署工作。2023年4月，中共中央政治局委员、上海市委书记陈吉宁到小湾村走访调研城市更新工作，提出要把让人民宜居安居放在首位，注重解决好安全、居住、公共服务和职住平衡等群众反映突出的问题，以城市更新的有效推进为城市未来发展拓空间、增动力、添活力；同年8月，唐镇小湾村、暮二村等地被认定为城中村改造项目；9月，金桥集团顺利成为唐镇小湾村、暮二村等地块城中村改造项目合作单位，金桥南区、唐镇中心镇区控制性详细规划获批；12月，唐镇小湾村、暮二村等地块城中村改造项目启动预签约，安置房项目正式开工。上海金城以拔点小湾村为使命，以产业项目带动城中村改造，实施民心工程，实现民生福祉。

2.6.1.3 产城融合的城市更新理念

上海金谷金城秉承金桥集团区域开发的核心理念，按照"四个统一"的整体开发模式，以"智能造"产业集群汇聚与"数字化"智慧城市建设为特点，把让人民宜居安居放在首位，精诚打造"产+城+人"融合的生态集群。小湾村是以产业为主导的城市更新项目，未来小湾村将释放93万平方米的产业载体，与上海金谷统筹谋划，整体打造智能终端市级特色产业园，引领区域产业高度集群和可持续发展。

除了集聚高端产业，金桥集团更秉承"人民至上"的理念，把最好的资源留给人民，用优质的供给服务人民。在金桥人的眼中，城市更新需要力度，更要有温度，要促成"人"与"城"双向奔赴。把人民宜居安居放在首位，注重解决好安全、居住、公共服务和职住平衡等难点和重点，以城市更新的有效推进为城市未来发展拓空间、增动力、添活力。

在这里，东有上海金谷传承智能制造、高能核聚的产业生态，是智能制造千亿元级产业集群，是整个区域产业的可持续发展之源；西有上海金城营造水绿共生、文化共荣、交通共享的高品质未来理想人居之地。两者互融互生，形成"西居住—东产业"的功能格局，带动产城深度融合，实现城市高质量开发、高品质建设，以国际质感造就民生福祉。作为金桥重要的智能终端生态圈和理想城市安居功能板块，上海金谷金城践行国际一流的产城融合示范区的使命和人民城市理念，打造产城融合的时代典范。

1999
原王桥工业区划归金桥出口加工区管理委员会管理

2000
金桥集团托管王桥公司资产

2001
经国务院批准设立金桥出口加工区（南区）

2002
海关封关区一期通过海关总署验收，封关运行

2003
艾默生过程控制有限公司扩建扩产

2004
美国罗克韦尔自动化公司在金桥南区开业

2005
上海半导体装备基地和产业发展中心在金桥南区揭牌

2006
日本欧姆龙集团工业自动化领域全球核心基地举行竣工扩产典礼

2010
上海欧姆龙控制电器有限公司迁至金桥南区

2011
上海法雷奥汽车电器系统有限公司落户金桥南区，并于次年启动一期厂房开工建设

2018
国务院批复金桥出口加工区（南区）整合优化为金桥综合保税区

2019
通过国家海关总署验收，金桥出口加工区（南区）正式转型升级为综合保税区

2021
金桥南区命名为"上海金谷"

2021
依必安派特亚太总部项目与上海嘉诺集团研发生产基地正式开工建设

2022
上海金谷智能终端制造基地升级为上海市智能终端特色产业园

2022
12月，上海金谷智能终端制造基地首开项目金谷领现项目开工

2022
12月，上海市委常委、浦东新区委书记、中国（上海）自由贸易试验区管理委员会主任朱芝松带队调研上海金谷智能终端制造特色产业园

2023
11月，上海金谷智能终端制造基地金谷领现项目钢结构首吊

2023
9月，上海市委常委、浦东新区委书记、中国（上海）自由贸易试验区管理委员会主任朱芝松带队调研上海金谷智能终端制造特色产业园

2023
9月，金桥南区WH2-3西块金谷厂房项目开工

2023
10月，金桥山姆会员商店正式落地上海金谷区域

2023
12月，上海金谷智能终端制造基地金谷智墅项目开工

2023
12月，金桥南区WH2-3西块金谷厂房项目除桩基工程钢结构首吊

2024
1月，上海金谷智能终端制造基地金谷擎天项目二期（智造空间）开工

2024
3月，上海金谷通用厂房开工

金谷&金城 大事记

2022
浦东新区建设和交通委员会、唐镇人民政府、金桥集团以拔点小湾村为核心，启动整体研究唐镇城中村改造工作前期研究

2022
金桥集团启动唐镇城中村点位城市设计研究工作，通过国际方案征集形成了科创智谷、理想新城的整体城市设计方案

2022
12月，上海市委常委、浦东新区委书记、中国（上海）自由贸易试验区管理委员会主任朱芝松率队察看唐镇小湾村城中村改造项目情况

2023
4月，上海市委书记陈吉宁在专题调研城市更新工作时来到小湾村考察，听取城中村改造项目推进工作汇报

2023
10月，金桥集团与唐镇农村集体经济组织共同成立了城中村改造项目的主体公司——上海金唐名城城市更新建设有限公司

2023
9月，唐镇人民政府经合作单位遴选程序，正式确定金桥集团成为城中村改造项目的合作单位

2023
8月，唐镇小湾村、暮二村等地块城中村改造项目获得认定批复，认定范围总用地面积1467.3亩（合97.82公顷）

2023
6月，唐镇中心镇区、小湾村区域控制性详细规划调整任务书公示

2023
11月，时任上海市政府副秘书长、浦东新区委副书记、代区长吴金城带队调研小湾村城中村改造项目

2023
12月，征收安置房项目完成出让公示，拿地当日取得施工许可证

2023
12月，启动居民预签约，预签约首日达80.42%

2023
12月，唐镇小湾村、暮二村等地块城中村改造项目启动，征收安置房项目开工

2024
4月，湖南省委书记沈晓明，上海市委副书记、市长龚正，湖南省委副书记、省长毛伟明及湖南省党政代表团赴上海金谷金城产城融合展示馆察看产业项目及园区规划

2024
2月，上海市委常委、浦东新区委书记、中国（上海）自由贸易试验区管理委员会主任朱芝松带队调研小湾村城中村改造项目

2024
1月，唐镇小湾村、暮二村等地块城中村改造项目1230户（848产）居民全部清盘，提前3天实现100%居民征收签约

2023
12月，唐镇小湾村、暮二村等地块城中村改造项目正式启动居民签约

大事记 金谷&金城 SMART VALLEY GOLDEN CITY

2.6.2 打响金谷智造,聚焦产业高地

2.6.2.1 上海金谷的传承与蝶变

(1)时代引领,国家战略

上海金谷位于金桥南区,从一片荒芜的农田,到成为全国制造业园区的排头兵,上海金谷始终在创新驱动的浪潮中砥砺奋进、勇立潮头。现如今,作为全国首个以先进制造业和生产性服务业为发展双核心的自贸试验片区,金桥是上海能级最高、质量最好、贡献最大的先进制造业基地之一,也是上海建设"全球科技创新中心"的重要承载区。金桥的蜕变已成为上海乃至全国制造业园区转型发展的标杆。

(2)产业聚集,华丽转身

2022年7月上海市政府瞄准绿色低碳、元宇宙、智能终端三个产业新赛道,其中智能终端领域布局在金桥开发区上海金谷智能终端制造基地等3个特色园区,上海金谷产业发展迎来加工—制造—智造的华丽转身。借助政策春风与自贸区优势,推动企业创新、产业升级、结构调整,全力培育上海产业高端转型新动能,逐步将原有的汽车制造、电子信息、家用电器与生物医药等传统支柱产业,同互联网、大数据、人工智能不断融合发展,转型升级为现在的"未来车""智能造""数字经济""大健康"四大产业方向为主导,以优势品牌影响、产业体系构建、创新研发能力、市场需求导向,全力培育上海产业高端转型新动能,促进智能终端产业带动实体经济和数字经济发展。如今的上海金谷正向有全球影响力的"智造创新集聚区"加速迈进。

2.6.2.2 产业皇冠的璀璨明珠:智造空间

(1)全国领先的工业变革

为促进城市土地集约利用、优化产业结构,"工业上楼"模式应运而生,2005年后被引入中国大陆,于珠三角地区率先示范应用,进一步带动了长三角、环渤海等地区的探索实践,并呈现出由沿海城市逐步向内陆发展的趋势。相比传统"工业上楼"单一的厂房竖向堆叠与设置多首层的高层厂房,上海金谷不断挖掘更适应长三角产业生态、更适配高端先进制造业的"工业上楼"模式,逐步形成了在让产业"上楼"的同时,紧密围绕产业生态,创设助推制造业智能化、绿色化、融合化发展的新型空间模式。这与上海市政府提出的"智造空间"的理念不谋而合。

(2)上海智造空间的引领

2023年9月上海发布了《关于推动"工业上楼"打造"智造空间"的若干措施》,明确推动工业上楼、打造智造空间是破解产业发展空间制约的必然途径,也是超大城市走具有新时代特征的新型工业化道路的有益探索。通过打造"智造空间",促进"低容积率成为高容积率、低效用地升级高效用地、低端产业迈向中高端产业",实现产业集群集聚集约发展,聚焦问题与需求导向,打造产业发展新引擎,探索产业空间新布局。该文件强调要将"工业上楼"与"智造空间"紧密结合,优化激励政策,完善实施细则,围绕打造产业生态,推动创新、创业、创投联动和生产、生活、生态融合。

这一系列措施的公布,印证了上海金谷工业厂房的发展方向——推动"工业上楼",打造"智造空

从"工业上楼"到"智造空间"的发展历程

间"，形成工业产线的竖向体系，不仅要在空间模式上突破限制，构建工业产线的竖向集成体系，更要注重企业需求与建设供给适配，将建筑设计与构建上海"3+6"新型产业体系协同融合，助推新时代上海工业破局转型，再上层楼。

（3）金桥第五代工业厂房

金桥产业建筑的发展历经了四代蝶变：第一代产品缘起于轻工，引进了香港满足劳动密集型轻工业要求的多层厂房；第二代产品承接重器，发展出了适应汽车制造等重型加工业要求的单层大跨厂房；第三代产品契合智能，是匹配标准流水线和智能生产制造的2层通用厂房；第四代产品以"双智"联动数字转型时代，工业厂房的双智联合带来了新的变化。在新质生产力蓬勃发展的大趋势下，第五代工业建筑产品——"智造空间"应运而生。金桥第五代工业厂房定位高端"智造空间"，其创新点如下：

①回顾"工业上楼"的发展历程，无论是增设多首层平台，抑或是增加复合桥理念，均为解决高楼层厂房货运困难、企业"上楼"意愿低的问题，未能深度聚焦企业生产升级转型的绿色化、智能化、高端化、高效化的空间需求。金桥第五代工业厂房则坚持以高端化、智能化、绿色化为方向，推动轻生产、低噪声、环保型企业"上楼"，培育、扶持具有标杆示范意义、科技含量高、核心竞争力强的独角兽企业和专精特新"小巨人"企业。

②在用地性质上，传统"工业上楼"项目以工业厂房与试验研发为主，辅设相关配套，但项目性质并不清晰，很多工业楼宇甚至直接改为办公写字楼，且配套设施灵活度不高，很难形成集"产学研展商"于一体的产城融合园区。金桥第五代工业厂房则在园区规划上，坚持工业属性，保证新型空间用于企业全流程、全领域生产；同时充分考虑园区主导产业及其上下游产业生产、生活与生态需求，"三生"融合，打造企业集中、行业相关、产业集聚、配套灵活、生态良好、适产宜居的复合型产业园区。

③相对于传统"工业上楼"项目仅关注单一空间品质，金桥第五代工业厂房更关注与生产生活密切相关的综合空间体验，打造智能化、绿色化、融合化的产业空间新载体。将互联网、大数据等高端智慧技术深度融合空间载体，打造全自动、智能化的物流运输、工艺生产体系；将场地生态基底与场景嵌入园区，打造具有生态特色与低碳友好的产业园区；同时鼓励园区功能共享，通过立体慢行系统，与周边区域形成有机联系，最大限度地丰富产业人员的生活图景。

（4）空间智造，需求导向

三区明确，五线独立

通过精细化评估和规划，整体对上海金谷金城内产业智造园区的"三区五线"进行创新性设计，在更高的容积率下，更好地实现高度集成的空间布局。

"三区"指的是办公区、生产区和配套区（包括生产配套和生活配套区）合理布局，目标是实现园区与城区的相辅相成、产业与产业的互相竞争和融合，人与自然的互相亲近和互相补充。

"五线"指的是将货物流线、员工流线、访客流线、消防流线和后勤流线融合为一个立体分流交通体系，使五条流线尽量不重合交叉，避免互相干扰，同时能够相互连接，使生产组团流线靠近周边交通，加快货流疏导。

为了确保货运交通的高效和园区客流的安全，在"五线"的规划中解决人（员工、访客）车（货物、消防、后勤）分流是至关重要的。

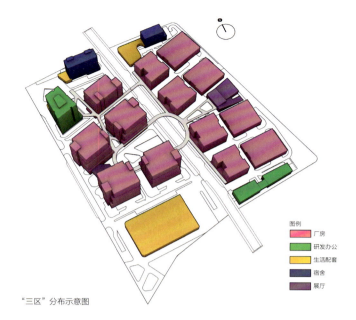

"三区"分布示意图

图例
- 厂房
- 研发办公
- 生活配套
- 宿舍
- 展厅

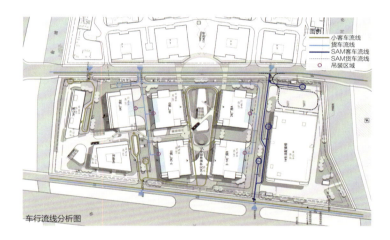

车行流线分析图

（1）园区共设置5个出入口，各类车行流线做到客货分流，人行流线与货物流线基本无交叉
（2）生活配套设施独立布置出入口，各出入口就近布置地库出入口
（3）为避免人行流线与货流线交叉，创新性地引入多维交通组织：园区二层敷设连桥系统，连通研发楼与厂房以及东区各功能用房；地下一层采用大连通设计，地下步行街可连通各楼宇与东区地块，并可通过垂直交通到达东西区各楼宇
（4）北侧及中央绿化主轴设置多处连通地下、地面以及二层连桥系统的楼梯及扶梯，便于人员有效避开卸货区域

人行流线分析图

上海金谷擎天项目交通流线组织分析图

第二章 凝练先进开发经验，勇当创新开发模式的探索者

上海金谷首开组团局部效果图

三生融合，绿色低碳

上海金谷金城内的高层工业厂房作为城市的重要基础设施，将"产学研展商"等多元功能复合其中，同时连接城市公园、自然景观或结合场地条件创设生态园区，营造舒适宜人的微生态和人性化的园区环境，打造生产、生活、生态"三生融合"的高品质产业新空间，为企业生产研发提供绿色的"一站式"服务体系。

"低碳"目标下，产业转型升级与工业建筑空间营造都面临重大挑战，但也迎来了重要机遇，项目实践通过科学合理的空间布局，在建筑设计中充分应用先进技术，融合智能能耗监测、智慧物流系统，打造高效、低碳、绿色的产业空间，助力园区在数字管控、智慧运营、绿色低碳等方面形成示范。

层高荷载，定制设计

"智造空间"精准引领市场需求，在金桥开发区构建完整的智能终端产品生态链。为确保企业"上楼"具有强大源动力与长久生命力，在深度调研智造产业集群的空间需求基础上，对层高与荷载等空间关键性指标进行创新性的设计，引导和满足不同规模及细分领域的生产工艺及功能需求。

生产空间，灵活布局

根据具体生产工艺，设定柱距及标准层面积，产权可分割销售，使用空间可分可合，整合后能够满足产业生产长流线、多线程生产，拆分后可形成独立生产单元，保证单一生产线排布。同时，合理设置进深、面宽，南北通透，可自然通风、采光，更加节能低碳。

立面造型，公建处理

"智造空间"立面设计与传统工业建筑以功能匹配为主、视觉效果表现为辅的立面特点相区别，在立面造型处理上，具备公共建筑的形式与特点，兼顾工业建筑的功能需求，采用金属、玻璃幕墙体系，打造公建化立面，体现简洁、现代并带有科技感的高端、新型工业特色，通过立面设计释放高度集成的科技工业能量。

2.6.2.3 产业社区的扛鼎之作：首开组团

为引领智能终端企业全生态链空间需求，服务于细分领域不同规模及不同的生命周期，上海金谷金城首开组团四大地块秉承"地上一座城、地下一座城、云端一座城"的设计理念，融合生产、研发、办公、

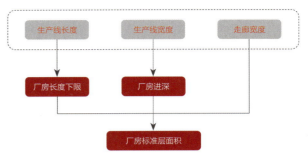

层高影响因素示意图

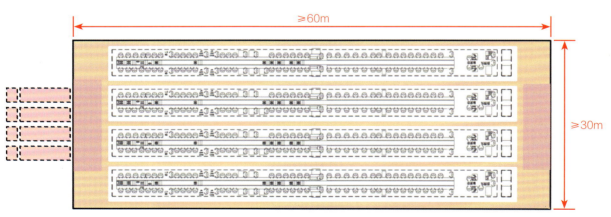

生产线与厂房尺度关系分析图

配套、展示等功能，创建全生命周期智造服务体系，打造上海金谷金城智能制造典范产品。

首开组团四大地块位于智能终端制造基地核心，紧邻轨道交通2号线，便捷出行，坐拥三面环水、两端向绿的优沃景观，畅享15分钟综合生活产业圈，配套多重优势交汇。

（1）总体设计

"领现""擎天""智墅"

以"领"致敬敢为人先的开拓精神，以"现"竞现领御智谷的智造标杆。

以"擎"托举工业智造的雄浑之体，以"天"聚合摩天工厂的凌云之势。

以"智"打造产研一体的科创先锋，以"墅"彰显水天相依的花园生态。

首开组团的核心地块，将塑造一个富有生命力的产业社区典范，为金桥产业的华丽升级提供更多的可能。

大开大合的空间架构

首开组团以大开大合之势，由西向东成放射状布局，响应基地三面临水的生态特征，创造城市与景观的聚拢与发展。建筑高度自西向东逐级跌落，形成生动有序的天际线，再造当代山水的人工地景。以中央轴线贯穿东西地块，周边汇聚多元商业配套，地上地下多维度大联通。

以需定供的功能设计

首开组团凝聚核心能力，集智造厂房、产业研发、路演展示、商业配套以及综合生活服务多功能于一体，合理设置柱网尺寸，超规格建筑层高，平面规整、可分可合，鼎力打造协同型智能终端特色产业园。通过"以需定供"的定制化设计，打造上海"工业上楼"示范项目，立体展示产业"上下游"转为"上下楼"的聚合效应，引领探索长三角"工业上楼"新模式。

（2）创新亮点

类型丰富的厂房级配

多样化的产业载体，为后期提供多样化的招商可能。金谷·擎天提供高60～80米的"工业上楼"智造空间；金谷·领现提供高40米以下的通用厂房；金谷·智墅小独栋产业用房提供孵化空间。

人车分流的花园工厂

场地内进行有效的人车分流，避免货运对人行区域的影响；设置二层景观连廊作为穿越地块的慢行系统，提供良好的步行条件，连廊串联起东侧的路演中心、西侧的元宇宙中心，形成首尾呼应的整体规划格局，并设置穿越新西河的地上慢行步道；除此之外，地下公共通道从用地中部地下二层穿越，最大限度地避免对地上园区环境的影响。

产业社区新范式

新型产业社区，不仅是复合型产业集群，更是生活导向的"都市生活区"，无处不在的生产、生活、社交场景将遍布整个园区。设置多样化公共服务设施，作为项目配套基础服务设施，同时可辐射周边唐镇及金城区域。

工作日时间，园区提供高效便捷的生产、办公环境，配套设施充分激发灵感、丰富社交、放松心境，同时关注产业人员年轻化倾向，新型产业社区通过互联网、大数据等新一代信息技术，为产业发展、企业沟通、人才交流等提供技术支撑，形成人流、物流、资金流、信息流交织的网络，围绕年轻人的生产生活方式，量身定制工作环境，吸引人群聚集发生碰撞交流的场所。

节假日期间，园区将功能多元的文化、商业、体育配套设施归还城市，以更开放的空间，打破地理边

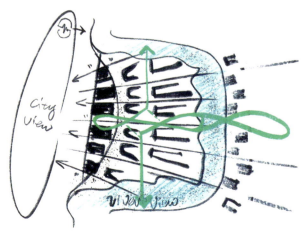

首开组团设计理念示意图

首开组团效果图

界，与周边环境融为一体，营造出人人可参与的社区环境，进一步激活产业人群的社交与生产创新力。

（3）群星闪耀

金谷·领现——领御智谷，竞现未来

金谷·领现位于上海金谷智能终端制造基地核心区，是首开组团的领开地块。基地三面环水，一面临路，用地面积7.69公顷，总建筑面积30.21万平方米。

领现以12大单体，"4 in 1"的功能构建多维复合产业生态。地块通过全生命周期产业生态链，助力工业4.0时代产业的快速迭代升级；通过精准化的分层设计，以现代工业集约用地开发模式，凝聚高端制造、首发制造、旗舰制造等核心能力，集智造厂房、产业研发、路演展示、商业配套以及综合生活服务多功能于一体，鼎力打造协同型智能终端特色产业园。

整体形象呼应园区布局朝向，采用横向水平线条，在放射状布局中凸显科技速度感与现代品质感。

幕墙,与旁侧的山水铝板共同打造一幅沿滨水徐徐展开的山水画卷,既是对场地环境的巧妙回应,共创和谐发展的局面,也为今后金桥集团的新质生产力发展和产业升级树立了标杆形象。

作为上海金谷智能终端制造基地首开地块,领现项目秉承可持续发展的领先设计策略,为首开组团的起点画下了浓墨重彩的一笔。

金谷·智墅——创想智谷,独墅一帜

金谷·智墅位于上海金谷智能终端制造基地核心区,位于新西河东岸。基地西侧临河,其余三侧临路,用地面积4.73公顷,总建筑面积16.8万平方米。

金谷·智墅面向中小微智能终端高科技企业,构建多元复合型"生产+生活+生态"示范园区,助力上海金谷形成产学研立体格局。16座小独栋产品构建私享墅厂,2栋高层中试厂房组建未来工厂,以灵活兼容的通用空间主体,兼顾生产、中小试、产研等功能高荷载设计,满足产研所需,安全可靠的人车分流空间使价值最大化,高效便捷畅享生态私享院落与超视野景观平台,激发创业研发者们无限的灵感与活力。

园区形象采用了统一中蕴含变化的语言,通过不同颜色的金属、陶砖和玻璃的组合,塑造既协调又内涵丰富的园区形象与气质。玻璃立面营造出透明和开放感,不仅增加室内采光和视野,更能与周围环境默契融合;银色铝板赋予建筑独特的外观效果,提供光泽感和因环境而变化的多维质感,进一步突出科技感;而局部点缀的暖色铝板,增加温暖亲切的交互感和清新脱俗的自然感,为建筑增添个性十足的视觉效果。

作为上海金谷智能终端制造基地核心区域的重要地块,金谷·智墅项目将与周边地块协同发展,促进上海金谷产业生态圈的升级,打造具有产业特质、充满科创活力的世界级智能制造产业中心。

金谷·擎天——智谷引擎,极目云天

金谷·擎天位于上海金谷智能终端制造基地核心区,是首开组团的核心组成部分。基地南北侧临河,东西侧临路,用地面积9.72公顷,总建筑面积50.52万平方米。

建筑单体以山水势能为灵感,为每一位入驻于此的科创者、企业家、科学家提供创智空间。园区依溪川、飞瀑、黛山之势,融丘谷、磐石、汀岸之形,将自然意向与建筑设计多维相融,造就豪气干云的言志之所,尽现首发组团的先锋之势。

产品展示中心是园区中的画龙点睛之笔。建筑采用单元式铝板幕墙,形成随光影变化的"波光"立面效果,刚柔并济;东立面设置巨大、通透的滨水玻璃

金谷·领现效果图

金谷·智墅效果图

金谷·擎天日景效果图

擎天项目充分利用现有先进制造业产业发展优势，在科技创新中心与自贸区建设两大国家战略叠加效应加持下，通过"以需定供"的定制化设计，在结构荷载、建筑层高、生产空间等方面，量身打造楼层空间、立面设计、场地流线，适配多元应用场景，形成生产—研发—中试—展示四位一体的80米高标志建筑群；将立体展示产业"上下游"转变为"上下楼"，带来产业聚合效应，打造生产、研发、制造、配套于一体的新型产业园区。

擎天项目在空间与环境设计方面，与领现项目一脉相承，以大开大合之势，呈现出如山一般的巍峨气势，5栋80米高的摩天工厂撑起了核心区域的天际线，刚毅的直线条立面语言代表了先进生产制造的工业精神；立面上如飞瀑一般垂直下挂的山水线条铝板，又显刚中带柔。以元宇宙中心作为展示窗口，引领着贯穿组团地块的中轴线，与领现项目的产品展示中心一首一尾、遥相呼应。围绕这条核心立体中轴空间，汇聚了多元配套和人文景观，塑造出亲切宜人的生态微环境。地上地下多维度大联通，打造互联互通的体育公园和城市云廊。

擎天项目作为上海金谷智能终端制造基地的核心功能地块，开上海智造空间之先河，树产业升级之标杆，成为长三角乃至全国探索高层智造空间的先锋典范。

2024智造空间宣传推介大会上，金谷·擎天项目获评2023年度上海市智造空间优质项目"十佳方案"。

金谷擎天2023年度上海市智造空间优质项目"十佳方案"获奖证书

金谷·擎天夜景效果图

金谷·擎天效果图

金谷·聚联——聚合天地，通达互联

空中连廊是首开区组团的联络系统与活力动脉，打造互联互通的慢行体系，构建开放共享、互联互通的社交与生活图景。

连廊系统设置于片区二层高度，自西侧擎天地块起始，由西向东贯通擎天与领现地块，将轨道交通人流快速引导至二层，并通达各个主要单体。连廊系统也可作为园区人员休憩的景观平台，并提供了更多欣赏园区的视角。

自领现地块向东，跨越新西河的三座人行桥分别设置于河道的南、北及中部，串联上海金谷金城核心区的四个产业及周边地块。其中，形象特点最为鲜明的中部人行桥名为"新西云廊"，设计强调多元聚合、双向奔赴、动态平衡的理念。桥身采用立体双环设计，环抱两岸地块，连通东西两岸的滨河绿道及东岸的商业服务楼。上、下两个桥体的优美曲线形态在动态中求平衡，提供了行进其上的观景体验，也成为河道上的一道美丽风景。

连廊系统的设置既为首开区组团提供了人车分流的便捷人行系统，也串联了城市街区，描绘了智能化、人性化兼具的创新城市新图景。

首开区组团的地下空间遵循融会贯通、一体开发的原则，打造各地块互联、互补、互融的地下配套商业空间，构建新型城市生活体验区。

地下空间的互联互通为地下车行交通及停车区域的共享提供了便利条件，同时布置服务于产业人群的餐饮、零售等配套功能，并特色性地引入了全天候的体育生态产业。此外，节点式地将下沉庭院、下沉广场等空间穿插设置于地下空间的主要动线中，通过地上地下的景观联通，为人员提供良好的使用环境，并与连桥系统形成有机的联络，形成地上地下公共空间的立体贯通。

多元聚合
立体双环设计，环抱两岸地块

双向奔赴
两岸双向奔赴，紧密链接贯通

动态平衡
动态中求平衡，变化与秩序并存

首开组图连桥设计理念示意图

首开组图连廊系统图

首开组图地下空间剖面图

"新西云廊"效果图

2.6.3 建设金城千里,描绘民生福祉

2.6.3.1 金城的温度与速度

上海金城位于上海金谷东、西两侧,包括了唐镇中心镇区及小湾村两部分。其中唐镇中心镇区位于镇区中部居住板块,建设以面向创新人群服务为特色的科学城东部国际"菁年"社区;而小湾村位于镇区东侧产业板块,作为韧性发展的产业拓展区。

(1)使命担当的城中村改造

小湾村位于唐镇东北部,房屋建筑形态陈旧,建筑密度高,卫生条件堪忧,安全隐患突出,与周边建成区域各方面差距较大,居民改造意愿强烈。

为了更好践行"人民城市"理念,上海市委、市政府把加快"两旧一村"改造当作重要的民生问题、发展问题。上海市委书记陈吉宁亲自赴小湾村调研察看,上海市委常委、浦东新区委书记、中国(上海)自由贸易试验区管理委员会主任朱芝松也曾在"两旧一村"专班工作中考察小湾村工作。为响应全市及浦东新区"两旧一村"改造的战略部署,金桥集团使命担当,以拔点小湾村为契机,彻底解决整个唐镇城中村点位,加快区域高水平开发建设,全面推动城市高质量发展。

作为首个以产业为主导的城中村改造项目,小湾村受到了市级、区级领导的殷切关怀。项目基于改善居民生活条件、提升城市形象、促进产业升级和经济发展的多重考虑,除了围绕村民的搬迁和安置等开展工作外,还包括对原有村落进行有机更新,大幅腾挪出产业空间,改善人居环境的目标。通过这一城中村改造项目,未来将实现居民生活质量的提升,同时推动区域经济的可持续发展。

(2)旧城更新的经典工程

唐镇小湾村城中村改造项目总占地面积约1467.3

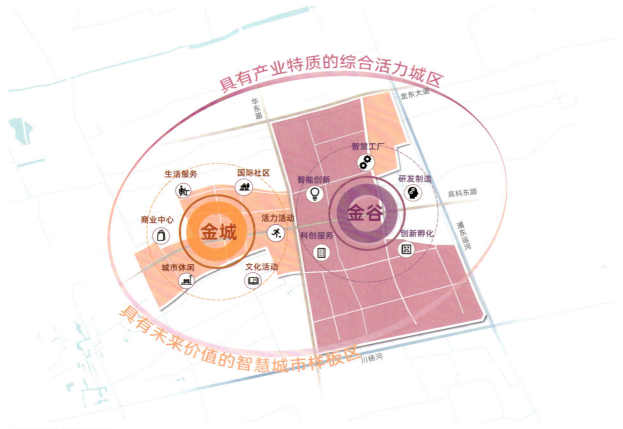

上海金谷金城区位关系图

小湾村2022年现状图

亩，涉及5个村委和1个居委，居民共848产。动迁工程量大，产权关系复杂。

在唐镇小湾村的城中村改造过程中，动迁工作不仅是一项行政任务，更是一次对居民生活改善的机遇。小湾村动迁工作对居民关怀到位，充分尊重居民的意愿。第一，通过召开居民大会、座谈会等形式，充分听取民意。第二，全程保持信息的透明，及时向居民通报动迁进度和相关政策，确保居民对整个动迁流程有清晰的了解，减少不确定性和居民焦虑。第三，提供一对一的服务，帮助居民解决在动迁过程中遇到的实际问题，如搬家、临时住宿、法律咨询等，确保居民的基本生活需求得到满足。第四，在未来生活服务配套、就业机会提供、小湾记忆的留存等方面有细致的考虑。通过这一系列的举措，确保居民在这一变革过程中的生活质量和幸福感得到提升。

在以人为本的基础上，金桥集团保证动迁工作高效率、有组织。从2023年8月9日获上海市政府认定批复，到2024年1月3日征收签约结束，金桥集团倒排节点，仅用了146天的时间，实现了"当年批准、当年启动、启动即清盘"的既定目标，以解剖麻雀的细心和咬定青山的决心，把不可能变成可能，使小湾村项目成为浦东新区"城中村"改造签约速度最快、签约效率最高的项目，跑出浦东"引领区新速度"。解放日报、上观新闻、文汇网、新民晚报、东方网、澎湃新闻、中国新闻网、学习强国等官方媒体对动迁过程做了专篇报道，未来，唐镇小湾村城中村改造项目必将成为旧城更新的经典工程。

2.6.3.2 品质标杆——把最好资源留给人民

以打造"安置样板"为目标，项目将整个金城产业社区的核心位置留给了村民们的配套安置房，把最好的资源留给人民。为了解决村民的安居问题，区域内安置房项目已经开工，提供22万平方米、2500余套安置房源。这些安置房不仅地理位置优越，而且在设计上注重满足村民的实际需求，如停车问题、社区活动空间等。

配套安置房项目邀请知名建筑师马岩松操刀设计，打造全国动迁安置房新标杆。在设计过程中高频调研唐镇现有安置房小区，聆听痛点、亮点，切实解决居民实际需求。围绕开放、共享、绿色、宜居理念，实现建筑功能的多元布局，将居住、社交、生活等功能融为一体，充分融入海绵城市、绿色低碳、数字科技等先进理念，全面提升人居环境品质，持续打造宜乐宜游新空间、人民城市新地标。

项目高层住宅塔楼棋盘式错落布局，配套公共建筑散落在底部裙房，形成活力中街，以架空连廊跑道串联其中。跑道上方供居民健身跑步，乐享运动健康生活，跑道下方提供全天候室外活动空间，整体营造富有层次感的建筑形态。项目设置全两层地下车库，实现真正的人车分流，从源头上解决传统动迁安置房停车难、形象差、品质低等短板问题，最大限度地释放地面空间，打造安全、有序、美观、舒适的居住环境。

2.6.3.3 绿色宜居——生态和宜居环境兼具

蓝绿交织，上海金城是自然与人文相辉映的诗意栖居地。上海金城以沈沙河、中心河及其旁绿地为主要蓝绿轴线，滨水景观段根据功能和开放程度，分类引导，并在沿河引导设置开放空间，配置品质配套与商业功能，在保持开放的同时连接银樽路作为主要漫步街道，将街道设计为开放空间系统的扩展，控制景观元素的质量、数量和类型。在这里，有自然意趣的绿色超级能量场，有惬意宜人的滨水办公空间，有滨水慢行的活力骑行环道，营造出一座诗意的生态社区。

活力迸发，上海金城是具有产业特质的综合城区。在配套服务上，面向打造具有未来价值理想之城、智慧城市样板区的目标，构建并完善区域级别服务能力的配套设施，设置多样化公共服务设施，提供便捷生活服务，以十五分钟生活圈、十分钟生活圈、五分钟生活圈为基础，构建未来社区生活圈，实现社区服务全覆盖，让居民尽享便捷的社区综合服务。通过重点优化公共服务设施和基础教育设施布局，增设社区商业、社区文化等品质提升类公共服务设施，使片区拥有高标准的服务能力，匹配国际"菁年"社区。

唐镇新市镇区域动迁安置房报批效果图

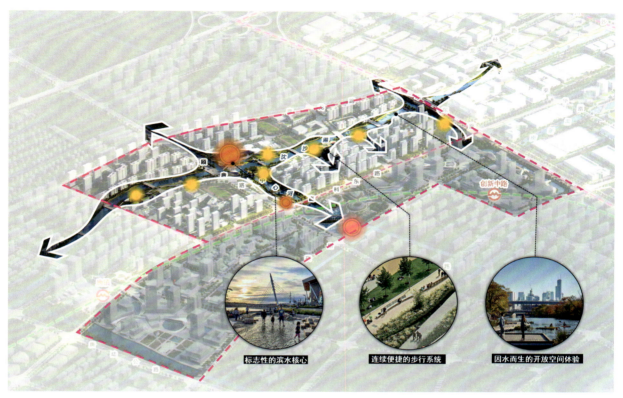

蓝绿景观系统构建示意图

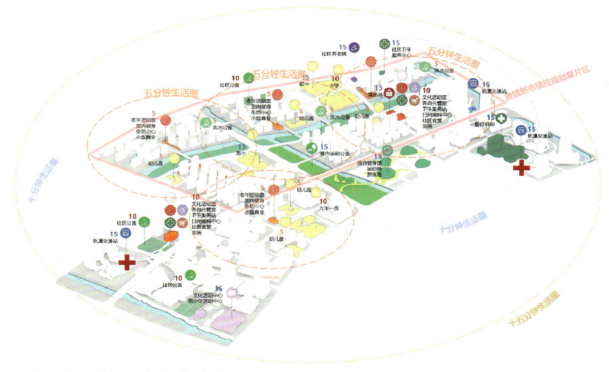

上海金城区域十五分钟生活圈配套服务设施分布示意图

上海金城区域十五分钟生活圈配套服务设施表

社区生活圈	公共服务设施
五分钟生活圈	老年活动室、室内健身房、滨水公园、生活服务中心、小型商业、幼儿园
十分钟生活圈	文化活动室、养育托管室、卫生服务站、日间照料中心、小学、社区公园、九年一贯制学校、菜场
十五分钟生活圈	初中、高中、社区养老院、文化活动中心、社区卫生中心、青少年活动中心、医疗机构、轨道交通站点、社区菜市场、运动馆、城市运动公园

2.6.3.4 人文魅力——小湾记忆与文化传承

小湾村位于老护塘北部中段，因傍老护塘较小的湾处而得名。自古以来，小湾村建有许多桥梁，被誉为浦东的桥乡，其中报恩桥、重庆桥等历史遗存至今仍然留存。这些桥梁见证了小湾村的历史变迁和文化积淀。小湾因河而兴、沿河而生，在改造过程中，新的产业社区也将重视河流对小湾城市肌理和文脉传承的意义，实现有机更新和生长。

小湾村还注重保护和传承历史文化，如保护三座

小湾村文保遗迹图

古桥、一处历史建筑，以及旧门头、旧石板、旧砖瓦等建筑部件，留住乡愁记忆。这些努力使得小湾村在城市更新的同时，也保留了其独特的历史文化遗产。

2.6.3.5 产城融合——智慧产业与智慧园区

上海金城未来将集聚智慧型产业，以科研设施强化原始创新能力，推进"科、产、城、人"融合发展的金桥"新样板"，建设"创新涌动、活力迸发、特色彰显"的产业"新高地"。

作为浦东新区首个以产业带动的城中村改造项目，改造后的小湾村将发挥"智能造"产业优势，打造"实验室+科创平台+孵化器+应用场景"的科技创新体系。全面融入上海金谷智能终端特色产业园区发展，聚焦"智能造"的前沿领域，关注研发创新核心环节，吸引和培育更多产业链上下游的企业，打造智能制造千亿元级产业集群。

上海金城围绕产业人才集聚，融合张江科学城的外溢效应和唐镇新市镇的居住功能，构建以居住、商业、生态、娱乐等功能为支撑的配套生活服务体系，提供租赁式公寓、餐饮、购物、休闲、娱乐、健身、生态等优质、多元、完善的服务设施，整体形成具有产业特质、产城融合的未来新城。

2.6.4 创新总控模式，践行"双碳"智造

2.6.4.1 创新总控模式，实现精细化管控

（1）设计总控

上海金谷金城区域内包含多个地块，为了保证上海金谷金城项目品质的整体协调性、开发进度的有序性，特别是智能终端特色产业园首发区，在上海金谷金城范围内创新性地引入设计总控管理模式。在项目管理与咨询维度，组建项目管理团队，与业主以及其他工程参与方紧密合作，保证项目的顺利进行。在项目进度与质量总控维度，对项目开发全过程制定详细的工作计划，帮助业主厘清整体设计与专项设计、设计与施工之间的关系，合理安排设计出图，确保对每一个成果节点的有效掌控，配合业主取地和开工，对

进度风险预警。在专题技术研究维度，结合新时代"工业4.0产业园区"产能提升的发展需求，同时配合上海金谷金城首发区域的设计需求，对"智造空间"新型业态开展建筑策划定位、案例分析、政策趋势调研等专项研究；针对上海金谷金城区域内多地块、多进度、跨河道连通等项目特色，对项目地上、地下连通情况，结合上海金谷金城建设条件，进行区域整合研究，提供技术支持。在专项技术控制维度，通过对上海金谷金城区域内进行的各类专项技术进行把控，达到整体效果的协调一致。

在上海金谷金城区域的设计中，除完成建筑方案设计外，项目对空中连廊、河底连通道、二层连桥以及公共绿地和一河两岸的驳岸景观均进行了统一规划设计，从而最大限度地保持区域的既定品质，保证效果和理念一以贯之，通过一套精准落位的管控体系实现"一张蓝图绘到底"。

（2）施工总控

考虑到上海金谷金城未来项目存在单项工程众多、建设规模庞大、工期节点紧凑、界面搭接紧密、基坑群整体地下空间、交通组织动态变化、市政工程，以及配套管线新建、改建手续繁琐等特点，在设计总控的基础上，引入施工总控，制定了"1+1+4+N"的施工总控管理体系模式。

整体建设策划层面，施工总控团队收集并整理各类规划、设计、勘察、物探、报批报建、征询、现状地形地貌等资料信息，综合识别影响整体开发推进的各项制约因素，如时间—时间搭接、空间—空间搭接、时间—空间搭接、技术—管理协调等，按照"统一策划、统一标准"的建设原则进行全面策划，并联合业主在内的各参建主体共同分析论证，确保策划方案科学合理、切实可行。

技术专题咨询层面，上海金谷金城未来的开发建设业态多样，所涉及的施工技术、施工工艺、质量安全等重难点问题突出，施工总控团队通过组织后台专业委员会专家品控管理团队，针对重难点突出问题、关键方案提出优化解决方案，协助业主深入挖掘各地块项目建设过程中的痛点、难点，为建设项目提供多

上海合合城设计总控工作计划表

总控工作板块			总控工作计划					总控工作成果
1	城市设计相关辅助	外部资料收集	规划资料收集					收集完整的前期资料
		交通环境及交评辅助	公交规划情况收集	综合交通框架（总车位、场地出入口）	慢行系统与开放空间	市政条件收集	交通评估报告辅助	
2	建筑设计总控	建筑控制要素	地上地下建筑退界线	场地设计及竖向分析，园区总体交通流线	地上地下建筑退界线	利川路市政条件研究	核心地块之间连通通道、人行桥	核心地块地下联通设计与车位平衡	总体消防布局、高层建筑扑救面	日照评估	地下车库结合公共通道流线组织	建筑设计条件导入、跨地块车位平衡、地上地下联通报告
		工业上楼课题研究	工业上楼相关技术导则提纲讨论	工业上楼相关技术导则提纲定稿	配合主体设计专业提出建议和技术措施	安排课题写作计划	项目调研	课题编写	形成专业指引成果	工业上楼设计指引专项成果（产业策划、总体、建筑、结构、机电）
3	结构设计总控		主要结构设计参数判断、地勘资料收集	地下建筑结构形式	对建筑物（主楼、裙楼、连桥结构等）合理性、可行性进行判断	提供初堪要求	地下室结构设计经济性分析	根据课题提供结构选型及输入条件	结构设计方案报告
4	基坑围护总控		地上地下建筑退界要求	分期与基坑围护研究	配合结构专业提出建议和勘测要求	工业上楼课题编写	分析地下工程布置的技术经济合理性	基坑围护分坑方案	基坑围护设计方案报告
5	机电专项总控		市政情况收集和需求讨论	各地块机电系统策划分析	各业态配置标准分析及建议初稿	工业上楼课题编写		机电系统选型及工业上楼特殊条件预留	根据课题提供机电系统设计方案	机电系统设计方案报告
6	专项总控	幕墙总控			幕墙设计风格收集	幕墙效果分析	幕墙材料分析	幕墙配置参数分析	幕墙系统选型分析	幕墙系统方案报告
		泛光照明			区域风格策划	核心地块泛光设计风格			形成指引要求	核心区域泛光控制导则
		室内设计		室内设计风格收集		核心地块室内设计风格	设计理念推演	方案深入研判	分区域控制导则	核心区域控制导则
		标识设计			标识设计风格整理	编制绿色生态专项规划			星级预评	景观专项方案成果
		景观设计			对标案例分析调研	核心区域景观设计风格				
		绿色低碳		绿色建筑策略分析	绿色生态指标体系	各方讨论＆反馈				上海金色绿色生态专项规划
		智慧营销			项目信息收集	项目信息整理	整体信息接入方案	智慧平台的架构搭建	核心地块智慧营销成果	智慧营销专项成果

上海金谷首开区建设时序分析沙盘图

专业、高水平技术支撑。

常态化管控层面，施工总控团队通过数字模拟和云端分析沙盘，实时把控现场工作进程，及时解决现场工作问题，以计划管理、界面管理、信息管理、第三方巡查为日常抓手，跟进首开区组团建设进程、阶段工况，动态更新建设时序，识别、理清界面风险，并依托施工总控后台专家巡查组，每月围绕行为管理、进度、质量、安全、文明施工等方面开展各地块巡查工作，通过常态化管控手段为项目建设保驾护航。

2.6.4.2 产学研相结合引领智造新动力

2023年9月，上海市政府办公厅印发《关于推动"工业上楼"打造"智造空间"的若干措施》，为上海制造"立体增长"扫清政策障碍。自此，上海产业迎来一股强大的发展新动力。

（1）编制《2023智造空间技术指引导则》

作为上海首批"智造空间"项目，如何打造适合上海产业条件的"智造空间"，上海金谷金城项目面临巨大的挑战。以产学研相结合作为基本思路，先做产业产品的调研及研究，进行充分的数据收集和对标，再以此对项目进行关键数据输入，指导设计，迎难而上，攻坚克难。这些研究成果也为上海金谷金城后续智造空间的建设，打下了良好的理论和实践基础。

在上海市政府部署推动"智造空间"后，基于半年的冲刺研究，结合上海金谷金城已经建设落实的项目经验，《2023智造空间技术指引导则》编写完成。导则包含8大章节，共7万字的专项技术研究成果，从整体设计理念、产业策划、设计要素、各专业综合技术、产品交付要求、国际认证、低碳绿建方面，对智造空间项目进行了充分的解析、总结、推广了上海金谷金城的实践经验。

（2）开展智造空间消防设计方案专项论证

上海金谷金城智造空间的建设作为上海市首个"工业上楼"项目，有关建筑消防的标准的创新不可避免。为了项目正常推进，项目团队与消防领域专家联合对相关标准进行论证，于2024年3月20日顺利召开消防方案专项论证会，积极推进项目落地，也为全市同类项目普适性标准的建立进行了探索。

2023工业上楼技术指引导则

2.6.4.3 打造"双碳"绿色园区的"金如意"

上海金谷金城依托金桥经济技术开发区传统制造业的基础，旨在塑造"以绿色激活创新"的智能智造样板区，打造上海市首个绿色生态产业园区。

（1）"首"个"智造空间"绿色生态城区

拟编制《上海金谷绿色低碳开发建设与管理导则》，建立以"智造空间"项目为主的工业园区开发建设与管理总体原则。

（2）"两"个维度推进产业和社区融合

制定包含韧性安全、健康宜居、低碳高效、经济活力、智慧管控等方面内容的绿色生态指标体系，从产业和社区两个维度确定绿色生态实施策略。

（3）"三"成以上建材为绿色低碳制品

建筑在预拌混凝土材料、混凝土预制构件、蒸压加气混凝土砌块（板）、预拌砂浆和建筑涂料等方面全面使用绿色低碳建材。所有建筑30%以上主材采用绿色低碳建材。

（4）"四"地块工业建筑到达绿建要求

将绿色发展理念贯穿于园区规划、空间布局、产业发展、能源利用、资源利用、基础设施、生态环境、运行管理等方面。新建建筑100%实行绿色建筑标准。

（5）园区碳排放整体下降百分之"五"

基于"云上金桥"平台，提出上海金谷绿色低碳开发建设管理平台的总体架构、数据汇聚、场景配置、项目示范，为入驻企业ESG[①]提供数据支撑，协同各企业进行碳管理工作。产业园区整体降碳5%。

产业园区是打响"上海制造"品牌和提升实体经济能级的重要承载，是培育产业新动能、体现城市竞争力的核心战略载体和创新平台。上海金谷金城正向着推进园区绿色低碳转型、促进园区高质量发展和协同发展的目标迈进。

2.6.4.4 建设云上孪生城市的"数智力"

（1）统一数字底板建设，形成区域开发合力

打造上海金谷金城区域统一的数字孪生底板，采用BIM、CIM等全生命周期技术伴随全过程开发。可视化各参与方活动，统一展现开发过程中各阶段设计工作、开发进度等，以数字底板可视化特性提高各参与方在设计、施工、招商、运营各阶段对于项目的协同能力，使各方统一作战、形成合力。

（2）打造数字孪生应用，提升产业招商能力

以"数""智"驱动上海金谷金城工业4.0产业园区招商，通过数字孪生、人工智能等技术，使招商工作"未建先行"。重点通过云渲染展现高还原、高沉浸式的数字孪生城市，呈现首发组团"领现之神、擎天之势、智墅之灵"。通过"区域总览""虚拟漫游"等功能，动态展示园区"三区五线"、灵活布局生产空间，营造科技工业之感，在虚拟世界中展现项目的人文情怀与高科技感，大幅提升产业招商能力。

---

① ESG：Environmental，Social and Governance，环境、社会和公司治理。

（3）共绘云上金桥蓝图，挖掘数字资产价值

上海金谷金城开发建设对齐金桥集团"云上金桥"数字化转型目标，遵循集团数字化转型顶层规划和整体设计，共绘一张蓝图，统筹城市空间开发建设、产业创新发展和数字生活服务的过程应用，将物理世界产生的各类数据同步到云端，利用强大的算力、算法，智能化预测和管理物理世界，持续指导和优化上海金谷金城区域的建设和运行，挖掘无形的数据资产价值。

（4）打通全生命周期管理，引领城市开发典范

上海金谷金城始终贯彻"一张总图"理念，以数字化、智能技术为桥梁，通过统一数据标准、统一技术路线、统一资源调配、统一数字底板，既可提升在开发过程中的实时管控能力，形成数字档案，也可向后期的运营、运维延伸，实现产业智慧化服务，搭建可持续发展、稳健开放的数字孪生城市，领跑上海智能终端产业新赛道。

2.6.5 引领新质动能，塑造梦想之城

上海金谷金城规划理念是秉承蓝绿交织、职住平衡、TOD开发理念，依托空间优势，推动城市高质量开发，构建"科、产、城、人"立体联通的开放空间体系，深度融合的未来之城。项目2023年6月份获得控制性详细规划的批复，两个月后顺利完成了"两旧一村"的认定工作，2024年初1230户居民全部完成签约。这样的速度和规模前所未有，其间发生了许多温暖人心的故事，充满了许多真挚的情感，这些更加坚定了金桥集团为政府分忧、为居民造福的初心以及积极履行社会责任的决心。

上海金谷金城致力于打造的远不止一个工业园区或一个生活住区，而是融汇国家产业发展导向，以科创智谷、理想新城为目标，建设一座国内领先、国际一流，集世界级智能制造产业生态集群与国际"菁年"活力社区于一体的产城融合发展示范区、领航区。这里不仅承载着生产的功能，更包括了活力的公共空间、低成本的工作空间、国际化的居住体验、便捷化的社区配套。上海金谷金城在保证建成品质的同时，有力地提升了周边地块的估值，促进上海经济发展与良性循环，将成为地方规划城市空间梦想的蓝本。

以人民利益为本，与绿意盎然的生态花园为伴，以智造空间的产业载体为核，为新质生产力与城市的融合提供孵化场，上海金谷金城的未来将会充满无限的可能。这里是产与城的融合典范，也是一个具有无限可能的未来空间，人民与产业共同发展的梦想一定会在这片热土上实现。

智慧园区管理平台在智造空间项目中的应用

上海金谷金城总体鸟瞰图

上海·金港
SYMBIOTIC URBAN

上海金港

上海金港位于临港新片区的北门户，是临港新片区**9**个重点区域之一。坐落于南汇新城东北沿海、大治河以南、两港大道以东、北护城河以北，综合产业片区总规划面积**42**平方公里，是临港新片区范围内距离临港主城区最近、浦东国际机场与上海东站最近的新兴产业社区。坐拥海陆空国际立体交通优势，串联空港、海港、高铁、城际轨道交通等多种交通方式。上海金港传承金字招牌，汇聚未来产业，致力于将临港综合产业片区打造为一条"金色海港发展带"。"十四五"期间，上海金港的自建载体总量将达**660**万平方米，总投资将达**650**亿元。

金桥临港综合区站TOD鸟瞰图

昨天很早就出现
今天再出现也是早。

三金藏书
SANJINSI LIBRARY

上海 金地
SYMBIOTIC URBAN

今天再晚也是早,
明天再早也是晚

2.7
新城引领标杆——上海金港

2.7.1 向海而兴，金港启航

2.7.1.1 项目缘起

自改革开放开始，上海浦东新区便踏上了一段令人瞩目的征程，经历了快速的发展和变迁，逐渐成为中国经济腾飞的强劲引擎、城市建设的耀眼增长点。20世纪80年代初，政府对临港地区的发展潜力给予了充分的重视，将其纳入城市规划的重要板块，预示着一片新兴之地的崛起。2002年，上海洋山深水港的奠基建设为临港地区的腾飞注入了新的活力和希望，标志着这片土地的发展进入了崭新的阶段，临港地区正式宣布开发建设。

2012年6月，金桥集团响应上海市委、市政府及浦东新区"挥师南下、决战临港"的战略部署，成立上海金桥临港综合区投资开发有限公司，传承金桥集团三十年来"产城融合、宜居宜业"的开发理念，打造"产、学、研、居"一体的诗意栖居的未来智创之城。上海金港传承金字招牌，汇聚未来产业，致力于将临港综合产业片区打造为一条"金色海港发展带"。

2013年8月17日，国务院正式批准设立中国（上海）自由贸易试验区。2019年8月20日，临港新片区挂牌，一系列关于自由贸易试验区的政策实施为临港地区的贸易和金融等产业开启了全新的大门，为未来的发展提供了源源不断的动力和机遇，使临港地区跻身为我国金融服务和现代物流的重要枢纽。在璀璨的发展历程中，临港地区不断砥砺前行，助力中国经济的繁荣，书写着无数梦想的绚丽篇章。

2.7.1.2 开发历程

从一片滩涂发展到如今的热土，上海金港的开发历程主要可以分为三个阶段，分别为开发起步期、快速成长期和成熟迈进期。

第一阶段：开发起步期，2012年6月至2019年8月，为期七年，经历了上海金港组建成立、第一批投资项目签约、第一个入驻产业项目基地开工等开拓性事件。

第二阶段：快速成长期，2019年8月至2022年8月，为期三年，是上海金港极为关键的三年。2019年，国务院印发《中国（上海）自由贸易试验区临港新片区总体方案》，设立中国（上海）自由贸易试验区临港新片区。上海金港迎来了临港新片区成立的重大机遇，全力谋划企业的发展，深度探索管理运营模式，全面推进开发建设，更多企业进驻上海金港。上海金港的现代智创产业"智"系列产品和新一代国际城区"星"系列产品推出，成为产业园区和住宅配套的行业标杆，既是对金桥集团高品质开发理念的延续，也是对之后"未来之城"的全新探索和铺垫经验；逐步形成了以汽车电子、集成电路、空间信息、人工智能等重点产业集群，引入了中国移动、中国电信、微小卫星、新松机器人、普源精电、AVL李斯特、爱利彼等一批高端企业落户。

第三阶段：成熟迈进期，2022年8月至今，上海金港立足当下，展望未来，见证上海从浦江时代走向海洋时代的伟大创想，造城赋新，打造一座无界、智慧、融合的共生城市。上海金港未来之城集中开工，金港"智"系列产品二期至四期顺利开园。"十四五"期间，上海金港的自建载体总量将达660万平方米，总投资将达650亿元。上海金港这座屹立在时代节点上的未来之城，将书写出属于临港新片区乃至整个上海的传奇故事。

2.7.1.3 设计理念：打造环境宜人、充满持续活力的"科创森林"

上海金港位于临港新片区的北门户，位于综合产业片区内，是临港新片区9个重点区域之一，是临港新片区范围内距离临港主城区最近、距离浦东国际机场与上海东站最近的新兴产业社区。坐拥海、陆、空国际立体交通优势，串联空港、海港、高铁、城际轨道交通等多种交通方式。《中国（上海）自由贸易试验区临港新片区国土空间规划（2021—2035年）》提出，针对综合产业片区，围绕轨道交通枢纽布局商

上海金港发展历程

- 2012年6月：金桥临港公司成立
- 2013年2月：第一批投资项目签约；金港第一栋自用办公楼5051号揭牌
- 2014年12月：综合区进驻企业集中启动
- 2015年3月：金港第一个入驻产业项目——上海移动临港IDC研发与产业化基地开工
- 2016年11月：临港卫星研制基地开工奠基
- 2017年12月：临港智能机器人产业化示范基地揭牌；中国移动长三角上海临港数据中心一期竣工
- 2018年7月：新九四塘河道工程竣工

务办公和研发功能，打造环境宜人、充满持续活力的"科创森林"。

上海金港遵循"组团开发、合理紧凑、核心服务、生态渗透"的原则，贯彻"总体规划、分步实施"的开发理念。总体规划以重要的交通走廊为骨架，以重点地区为节点，优化形成"一心、两核、五组团"的总体空间结构。"一心"即滨海森林公园中央绿心，通过滨水、绿地开放空间向周边区域指状拓展。"两核"即围绕两港快线站点形成两处公共活动核心，联动周边生活与产业板块。"五组团"即公共休闲组团、科创森林组团、康养生活组团、科创研发组团和产业生活组团。以两港快线综合区站为中心点，整合多功能（轨道交通、商业、办公、酒店、住宅）一体化开发。

率先开发的先行区位于综合区南部，北到三三公路，东至润荷路，南接护城河，西靠两港大道。规划面积6.78平方公里。以综合区先行区为发展中心，分别朝综合区站核心区等区域不断深入发展，逐渐形成锤子形的建设格局。

2.7.1.4 实施建设

上海金港秉持"产城融合，宜业宜居"的开发理念，推出"金港智产"产业体系和"金港星城"城市体系，从产业园区到国际社区，全面建设开发。

截至2024年上半年，"智"系列自建产业综合区已规划至十一期。智荟园（一期、二期）、智宇园（三期）、智拓园（四期）、智浩园（五期）、智锐园（六期）已竣工。智联园（七期）、智擎园（八期）、智萃

2019

4月
第一条市政道路——洲德路通车

12月
卫星数字化研制工厂正式启用

中国移动长三角上海临港数据中心二期工程开工
中国移动上海分公司临港新片区发展服务中心揭牌

2020

8月
金港第一个产业综合体——金港·智荟园（一期）正式开园

12月
朱芝松调研金桥集团·金港

2021

4月
金港第一个租赁式公寓迎来首批人才入住

6月
金港第一个党群服务中心——金港·智荟园党群服务中心正式揭牌

2022

8月
金港未来之城集中开工

2023

3月
金港第一个共生城市展厅——金桥集团·金港展示中心盛大开幕

4月
金港·智荟园（二期）、金港·智宇园（三期）和金港·智拓园（四期）开园

5月
陈金山带队赴金港实地调研

上海金港"锤子形"建设格局图

第二章　凝练先进开发经验，勇当创新开发模式的探索者

园（九期）预计于2024年下半年竣工，智奥园（十期）预计于2025年竣工，智悦湾（十一期）预计于2026年竣工。

"星"系国际社区作品星海湾、星梦湾、星屿Hub、天境智谷、平和学校（金港校区）等涵盖居住、生活娱乐、商业商务、教育医疗的功能载体也预计于2024~2025年竣工。

预计到2024年年底，上海金港自建载体面积可达到471万平方米；到2025年年底，上海金港自建产业综合体及配套载体面积可达到660万平方米。

上海金港造城画卷（一）

上海金港造城画卷（二）

2012 — 6月，上海金桥临港综合区投资开发有限公司成立

2014 — 12月，上海金桥临港综合区第一批企业进驻

2015 — 3月，上海移动临港IDC研发与产业化基地开工

2016 — 11月，中国科学院微小卫星创新研究院开工奠基

2019 — 12月，中国科学院微小卫星研制基地北区正式启用，南区开工建设

2019 — 4月，临港新片区综合产业片区第一条市政道路——洲德路通车

2017 — 12月，上海移动临港IDC研发与产业化基地项目一期竣工

2017 — 11月，上海金港第一幅自建产业综合体——金港智荟园一期项目（C07-02）地块签订土地合同

2019 — 12月，上海移动临港IDC研发与产业化基地项目二期工程开工、中移动上海分公司临港新片区发展服务中心揭牌

2020 — 5月，竞得C12-01b地块（工业用地），土地面积36亩，项目名称"金港·智宇园"，用于建设航天高端装备智能制造产业园

2020 — 7月，竞得A01-04b地块（工业用地），土地面积68亩，项目名称"金港·智拓园"，用于建设智慧工业物联网园区

2020 — 8月，金港·智荟园一期正式开园

2021 — 3月，金港·智拓园开工

2021 — 2月，金桥集团以现金方式对金桥临港公司增资10亿元，增资后金桥临港公司注册资本达到25亿元

2021 — 1月，竞得临港新片区综合区04PD-0107单元C10-01地块（工业用地），项目名称"金港·智浩园"，用于建设航天应用及航天配套产业园

2020 — 9月，竞得D18-01地块、D23-01地块、D21-04地块、D21-05地块、D24-04地块、D22-01地块六幅商业地块，用于打造高端教育综合体、商业配套、住宅项目

2021 — 4月，金港·智荟园租赁式公寓首批人才入住

2021 — 6月，金港·智荟园党群服务中心正式揭牌

2021 — 7月，时任上海市委常委、中国（上海）自由贸易试验区临港新片区管委会常务副主任朱芝松调研金桥临港教育商住综合体项目和金桥临港智荟园租赁式公寓

2021 — 8月，竞得临港新片区综合区04PD-0107单元D15-04地块并签订土地成交确认书，项目名称"金港·观塘庐"，包含餐饮及零售等商业

大事记

2021 8月,金港·智浩园开工

2021 10月,竞得临港新片区综合产业片区ZH-02单元D16-01、D17-01地块并签订成交确认书,项目名称"租赁式住宅"

2021 10月,竞得临港新片区综合区04PD-0107单元C13-01A地块并签订成交确认书,项目名称"软件与集成电路研创产业园项目"

2021 12月,竞得临港新片区综合产业片区ZH-02单元E06-01、E05-04、E01-04、E02A-01、E03A-01、E08-01、E07-01、E03B-01、E04B-01、E04A-01地块,并签订成交确认书

2021 12月,竞得自贸区临港新片区综合产业片区ZH-02单元E09-05、E13-04地块并签订成交确认书,项目名称"5G和6G产业园项目"

2022 1月,竞得ZH-02单元D14-02、D19A-02、D19B-03、D20A-02、D20B-03地块(综合用地),项目名称"汽车电子产业园";同日,竞得D07-02地块(科研用地),项目名称"低碳智造产业园"

2022 6月,金桥集团对金桥临港公司增加注册资本金10亿元,增资后金桥临港公司注册资本金达到35亿元

2022 6月,D15-04地块观塘庐商业项目开工

2022 8月,临港新片区三周年重点建设项目开工暨金桥临港未来之城集中开工仪式

2022 10月,竞得临港新片区PDC1-0102单元NNW-C4E-01地块(办公用地),打造以新一代信息技术为主导产业方向,重点拓展5G+超高清、智能新终端、Web3.0三大领域的现代化办公商务园区

2022 11月,上海金港汽车电子产业园项目开工

2023 3月,金桥集团上海金港展示中心正式揭幕

2023 2月,摘得临港新片区PDC1-0402单元C04-06、C06-01地块

2023 4月,在上海金港产业综合体开园暨重点企业集中签约仪式上,中国(上海)自由贸易试验区临港新片区党工委副书记吴晓华和金桥集团党委书记、董事长沈能为金港"特色产业楼宇"揭牌,中国(上海)自由贸易试验区临港新片区管理委员会高科处处长陆瑜和金桥集团党委委员、副总经理季俊为"金智空间孵化器"揭牌,"金港"品牌正式启用

2023 4月,举行上海金港产业综合体开园暨重点企业集中签约仪式,金港·智荟园、智宇园、智拓园开园

2023 4月,摘得临港综合产业片区ZH-02单元E10-02、E14-01地块

2023 10月,上海市委常委、中国(上海)自由贸易试验区临港新片区党工委书记、管委会主任陈金山为"未来汽车城金港汽车电子产业园"揭牌

2023 12月,成功摘得临港综合产业片区ZH-04单元K16-01、K17-01、K21-04、K22-04地块

2024 1月,临港新片区2024年一月份重点建设项目集中开工仪式在金港举行。上海市委常委、中国(上海)自由贸易试验区临港新片区党工委书记、管理委员会主任陈金山出席活动并宣布开工

2024 2月,上海金港TOD项目正式开工

2.7.2 引新城建设之先，造宜居宜业之城

上海金港在开发建设过程中，按照金桥集团"统一规划、统一设计、统一建设、统一管理"的开发模式，统筹城市开发运营的各个环节，提高临港综合区开发建设运营工作的系统性。规划是先导，上海金港始终注重结合设计、建设和管理来制定规划，提高规划的可操作性和实施效果，并确保规划接地气，广泛听取产业客户、建设方、运营方的意见、建议。设计是骨架，好的设计能够保障规划的科学性。建设是中枢，强调服从规划的规范性。管理是落脚，强调规划实施的严肃性，上海金港通过城市设计、概念设计的先行，为后期的统一开发运营奠定良好的基础。上海金港建立开发运营全生命周期管理模式，坚持问题导向，坚持动态反馈机制，从单向链式模式转向动态闭环模式，在"四个统一"架构下不断形成和完善综合性的项目解决方案，不断提高临港综合区城市规划、建设、治理水平，打造宜居、韧性、智慧的上海金港"未来之城"。

2.7.2.1 创新规划编制

编制新片区首批规划实施平台管理手册

上海金港与其他"金花"相比，很大的一个特点在于开发体量。"七朵金花"的总开发体量是85平方公里，金港占了42平方公里，是最大的一个。所以上海金港的开发不是开发一个地块、一个片区，更像是开发一座城的概念，需要整体性的规划。从道路、市政到景观等都是从一张白纸开始绘制蓝图，可以实施一些其他单个或多个园区难以实施的高品质建设标准。因此，上海金港打造了规划实施平台，统筹相关规划及建设规范要求，编制《临港新片区综合区站枢纽片区规划实施平台管理手册》，统筹片区建设标准，提升建成品质，打造临港标杆。

在高品质住宅方面，上海金港贯彻"友好临港""生态临港""智慧临港"的整体原则，在规划设计、建筑设计、智慧社区方面进行把控。在规划设计时考虑与临港地区的自然环境、特色风貌相协调。引领低碳绿色发展，全面提升住房绿色环保节能建设水平，新建住宅建筑100%执行绿色建筑标准。强化推

上海金港实景鸟瞰照片（部分）

进装配式住宅建设，积极探索并推广一体化设计理念，加快绿色建材推广使用，打造绿色生态全装修社区样板。组织场地环境，搭建水循环与海绵生态框架。改变以往"快速排放"的传统排水模式，实现自然积存、自然渗透、自然净化。通过搭建智慧平台，构筑智慧社区系统，优化资源分配，让居民享受到更加便捷、高效、优质的服务。

在市政交通基础设施方面，上海金港遵循"以人为本、因地制宜、低碳韧性、智慧集约、文化引领、统筹布局"六大理念，打造便捷舒适、安全智慧、景观宜人、独具新城特色的城市交通。新建道路"可成林尽成林"，打造"一路一景"的高品质特色景观，提高道路附属绿地的生态效应。建设智慧道路，遵循"多杆合一、多箱合一、多头合一"的原则，布设道路智慧交通设施，综合全面提升基础设施方面的信息化、智慧化水平。

编制全市首个报批完成的竖向专项规划

上海金港的开发建设一直备受当地社会各界的关注，处于一种"开局就是决战、起跑就是冲刺"的紧张状态，经常多个项目同时拿地、同时开工，时间紧、项目大，有时为配合客户的需求，还需提前完成工期。这对各个部门和合作单位之间的协调工作以及解决困难的能力要求很高。

在前期规划阶段，综合区站片区基于规划实施平台，开展了竖向专项规划，用"一张蓝图"统筹道路、桥梁、水面、场地、绿地、建筑等各个方面，消解建设实施中遇到的各种矛盾点，建立问题清单、分级、分类、分区消解。通过编制竖向专项规划及竖向地区总图，为区域地块、道路等设计提供竖向设计依据；解决了综合区站的竖向优化与调整、土方消纳和临时堆放问题，为后续地块的建设施工提供了样板参考。

2.7.2.2 提质设计标准

上海金港追求"品质卓越，以城共新"的理念，依照临港新片区综合区的规划实施平台细则及相关导则，根据金桥集团《工程建设项目前期阶段工作流程图1.0版》《工程建设项目设计进度控制表》《工程建设项目各阶段图纸深度》统一化管理，每周组织各设计顾问参与的设计周例会，加强区域整体规划设计，以舒适的空间设计、严苛的空间格局，形成极具市场吸引力的高端设计体系标准。

针对产业类项目，在金桥临港公司不懈的努力下，"智"系列产业园产品已从一期发展到十一期，面对从工业用地到综合用地，再到科研用地的不同土地性质，设计团队根据相应的上位规划和招商产业定位不断开会研讨，精雕细琢调整出适合市场需求的产品，推出可分可合的多元化双拼楼宇，以匹配不同生产企业的需求。面对人员的集聚，坚定以人为本的准则，取消围墙的物理隔挡，进一步设计打造集产学研、居住、文娱于一体的功能复合型无界"产业社区"。

针对住宅类项目，上海金港按照碧云社区的大组团聚集式生活圈的模式进行开发，以设计重塑生活场景，高品质住宅结合超低能耗设计标准，立面根据地块和定位融入多种风格，从新古典主义到大都会风格，再到轻奢现代风，打造匹配上海未来的国际生活社区。针对当下人群对于多元个性、情感互动、身心共鸣的生活向往，让空间具有更多的延展性与多变性，不断探索空间带来的生活价值与精神价值。

针对公建商办及教育类项目，上海金港在区域内打造观塘庐商业中心、企鹅酒店、平和教育综合体、住宅组团配套小学、综合区TOD商办住宅综合体等不同规模的生活配套，满足不同产业和居住人群的需要，致力于从设计端开始，打造具有人文、烟火、吸引力的高端产品。

在绿色建筑方面，上海金港整体位于临港新片区综合产业片区，区域内项目对标国际一流或上海市核心区域最高标准建设，在"双碳"转型背景下，发挥超低能耗建筑的作用，打造绿色建筑集群。基于临港地区气候条件，采用风能、太阳能利用和光伏建筑一体化建设，并充分利用工业建筑、公共建筑屋顶等资源设置分布式光伏发电工程及屋顶绿化空间。

在整体统筹方面，上海金港根据区域开发的优势，加强区域整体规划设计。统筹地块人防空间，优化地下面积配置、公共配套落位形成集约化管理、区域景观及地块景观节点，形成错落有致的宜人自然空间。统筹标识体系，便于未来区域化管理。统筹立面风貌及市政道路，打造区域城市形象。上海金港正在一步一个脚印地把规划蓝图加速细化为"施工图"，设计先行，建管结合，形成金桥集团特色IP，将金桥集团产城融合发展带到全新高度，成为区域化建设运营标杆。

2.7.2.3 统筹建管一体

作为区域开发平台，上海金港由金桥临港公司统筹建设，包括区域的市政道路、河道绿化、产业研发、住宅办公、学校公服、商业配套等所有内容统一建设。同时统筹建设开发时序，2012年金桥临港公司成立后，先行区域市政道路等基础设施建设，为后续的开发打下基础，然后进行产业项目建设及招商工作，引入人气，同步进行租赁住房开发，后续商品住宅、商业体、学校等全部同步开发，在短时间内打造"一座城"，形成虹吸效应。

在工程建设和管理方面，金桥临港公司按照金桥集团编制的《工程管理制度汇编（职责、流程篇）》《工程建设项目前期阶段工期指导意见》《工程建设项目标准工期计算模型指导意见》《工程建设项目综合验收及产证办理阶段理论工期指导意见》等制度文件，统一操作手势，树立系统思维，对标金桥集团标准工期，在工程管理、工期管理、合同管理、供应商管理、成本管理等方面做到规范化、统一化、精细化和模块化，把全生命周期管理理念贯穿上海金港的规划、建设、管理全过程各环节，系统推进各方面工作。

在筹划阶段，围绕上海金港总体定位，金桥临港公司工程项目部不断与产业客户进行沟通、分析、研讨、打磨，确保最大限度地满足企业需求。

在建设前期，组织参建各方成立专项工作组，反复踏勘、深入调研，梳理分解整体开发任务和阶段性目标，形成项目推进路线图，提出整体目标。在建设阶段，制定总体进度作战图，将关键节点进行分解，并且管理下沉、守住红线，确保人、材、机等资源科学配置。制定日常管理销项表，项目主要管理人员驻场办公，通过每日碰头会、周例会、重难点专项会、现场巡检等形式，确保进度"日日清"，整体推进情况每周复盘。通过航拍、日报、视频监控、BIM模拟等可视化手段，确保安全生产管理不留"死角"。制定"攻坚克难军令状"，进度缓慢就节假日不打烊，现场施工出现问题时深入一线集思广益，坚持问题不过夜，全力加快项目建设。

除了工程建设管理，整个区域建成后的运营也由金桥临港公司统一管理，从单个项目分块管理的形式逐步变更为区域运营管理，推行区域化物业管理。

2.7.2.4 创建标杆产品

（1）新一代都市TOD——两港大道综合区站

两港大道的综合区站TOD项目建设面积约82万平方米，涵盖五星级酒店、办公、商业、住宅、公交枢纽等多种业态。上海金港将其打造为一个创智无界、

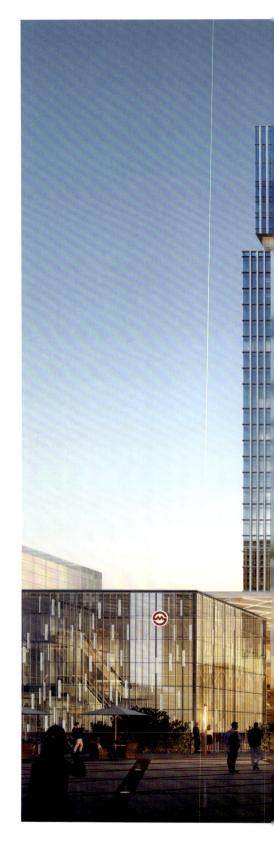

立体开放的TOD核心区

职居无界、产研无界、生态无界的新一代都市TOD标杆。

上海金港TOD项目有别于传统TOD，以"居住+商办+公建+X"为运营理念，围绕"产、学、研、居协同共融的科创社区"发展导向，以"绿色健康、职住平衡"及"地上一座城、地下一座城"为设计理念。发挥TOD优势，打造公共活动中心，实现"路面交通+轨道交通+公交枢纽+地下大联通"的结建模式。

轨道交通站厅层与地下商业、住宅车库无界互通。轨道交通站厅通过城市的门户、绿意盎然的地下广场和人气聚集的超大屋顶空间迎接八方来客。道路下方的地下公共步行道、地下车行环路方便人们的出行。跨越地下、地上和空中的立体步行空间网络，有着城市核、下沉广场等便捷的垂直联系，共同组成一套富有活力的多元立体复合型交通网络。

（2）城市产业标杆——"智"系列作品

2023年4月12日，上海金港品牌正式发布，上海金港以"智"系列现代智创产业园打造"金港智产"品牌。

"金港智产"产业体系以超148万平方米的自建产业综合体作为载体，打造金港·智荟园、金港·智宇园、金港·智拓园等高端产业园区，围绕汽车电子、集成电路、空间信息、人工智能等前沿领域布局高端产业集群。其中金港·智荟园（一、二期）、金港·智宇园、金港·智拓园、金港·智浩园、

智荟园（一期、二期）实景照片

金港·智锐园等已顺利竣工开园,其余金港·智联园、金港·智擎园、金港·智萃园、金港·智奥园、金港·智悦湾等还在全速推进中。

金港·智荟园（一期、二期）占地面积118.8亩，总建筑面积17.8万平方米，由标准厂房、中试研发、租赁式公寓、共享办公及展示楼、配套综合楼五种业态构成，打造出资源聚集、功能复合的产业综合体。

金港·智宇园占地面积36亩，总建筑面积5.6万平方米。涵盖5栋研发办公楼和3栋多层标准厂房，从功能、空间以及形象等方面，塑造出弹性化的功能空间，着力建构园区内外的对话关系，以满足园区企业全生命周期发展需求，使其服务于产业结构升级和优化。

金港·智拓园占地面积68亩，总建筑面积9.1万平方米，涵盖5幢标准厂房、2幢研发办公楼、2栋租赁式公寓和1栋食堂，以多元的业态，描绘彼此独立又相互交融的立体互联空间。

（3）城市创新居住——"星"系列作品

与"智"系列产业园品牌相对的是共计约290万平方米的新一代国际城区上海金港星城，打造多元居住和生活业态，构建综合区"星"级地标，以"星"系列配套社区打造金港星城的国际社区。

星海湾产品包含多元商品住宅，以约1.7的容积率规划叠墅、洋房、小高层的现代典雅美学建筑形式，打造低密墅境住宅，肇启城市封面级人居。

智宇园（三期）实景照片

智拓园(四期)实景照片

智浩园(五期)实景照片

智锐园（六期）实景照片

智联园（七期）鸟瞰效果图

智擎园(八期)效果图

智萃园(九期)效果图

智奥园（十期）效果图

智悦湾（十一期）鸟瞰效果图

在建智系产业园信息一览表（部分）

项目名称	占地面积	总建筑面积	产业方向	业态构成
金港·智联园	100亩	20.5万平方米	5G和6G产业	移动电子信息和互联网高科技研发产业链上下游
金港·智擎园	216.8亩	40.7万平方米	汽车电子	汽车电子研发设计及制造、自动驾驶汽车研发等领域，包括智能座舱、智能车控、智能驾驶、动力、底盘等车载应用层软件开发，乘用车自动驾驶软件模块、低速无人服务/运营车、自动驾驶乘用车相关传感器、控制器等智能驾驶硬件、智能刹车系统、新能源汽车零部件的设计、研发、生产、销售及服务
金港·智萃园	38.4亩	11.7万平方米	低碳智造	低碳领域、智能化、数字经济研发设计及制造等领域
金港·智奥园	92.8亩	22.3万平方米	人工智能终端	人工智能芯片及传感器、智能机器人、智能网联汽车及智慧场景搭建
金港·智悦湾	147.2亩	35.8万平方米	汽车电子	汽车电子与集成电路、人工智能、储能等融合发展

星梦湾主打高级租赁式公寓和国际租赁式住宅，提供约1800套租赁住房，主力户型40～60平方米，是综合产业片区首批高品质租赁住宅。

星屿Hub观塘庐商业中心将建成集研发、制作、发行、运营服务于一体的文化娱乐与配套商业中心。科技城商业项目是覆盖全龄段需求的全业态商业体系，以便捷、智能的生活服务为核心，为顶尖科学家和科技创新人才、国际人士提供生态主题化、业态多样化精品商业配套。金桥海昌企鹅度假酒店以沉浸感十足的企鹅主题彰显地区特色。

此外，还有天境智谷——现代化办公商务园区、星愿谷——生态公园等其他"星"系列产品，全面塑造金港城市品牌，构筑3.0国际共生城市。

（4）城市配套汇集——教育、医疗、文体娱乐

在教育方面，上海金港通过对标国内外一流教育社区项目，引入业内最先进的设计理念，拟打造一个开放创新、智慧生态、充满活力的国际一流示范性城市教育综合型社区——上海市临港平和双语学校（暂定），提供幼儿园、小学、初中和高中的一站式教育服务。平和学校总建筑面积约30万平方米，设计融入了对宇宙星系的浪漫遐想，以星系意象来组织校园空间。

在文体娱乐方面，上海金港打造新九四塘公园，毗邻鲜花港、滨海森林公园等公共活动空间，将健康、绿色的理念融贯综合片区的开发建设之中。

2.7.3 荟群英群策之力，创永续未来之城

2.7.3.1 服务国家战略，一座"未来之城"正快速崛起

如果说金桥集团的跨越式发展得益于浦东新区的开发开放，那么，上海金港则乘着临港新片区国家战略的"东风"扬帆起航。与五大新城独立节点城市相比，临港新片区的城市能级不言而喻。作为国家交给上海的重大战略任务，临港新片区整个区域未来将打造成为以世界级先进制造业产业集群为支撑的"国际智造城"，以产城深度融合、生态美丽、智慧宜居、海洋文化繁荣为内涵的"滨海未来城"。到2050年，临港新片区将建成与中国香港、新加坡齐名的太平洋西岸新的国际金融、航运、经济中心城市地区。

从选址上来看，上海金港紧邻滴水湖105片区，后者是临港未来金融贸易中心的核心承载地，因有两港快线快速串联浦东机场、上海东站等大型综合枢纽，与洋山深水港近水楼台的先天优势，让金桥集团有足够的信心通过打造42平方公里的临港综合区，开启对未来之城的全新探索。

在这个过程中，上海金港的产业定位是与临港协同、联动发展，共创产研高地，着眼于临港产业发展的新契机，专注科技研发功能及产业落地，形成接轨国际竞争力的共生关系。在临港新片区这样的国家

星梦湾国际租赁式住宅效果图

观塘庐商业中心效果图

上海市临港平和双语学校（暂定）鸟瞰效果图

C4E项目日景鸟瞰图

C4E项目夜景鸟瞰图

战略的"护城河"优势之下,上海金港快速崛起。深耕临港十余年,上海金港由一片荒无人烟的滩涂,蜕变成为硬核产业、高端人才扎堆聚集的热土。团队规模越来越庞大,产品业态越来越丰富,由最初的市政代建工程到现在的TOD综合体、产业综合体、教育综合体、商业、住宅等多种自建载体,上海金港建设体量初具规模,2024年年底自建载体体量将达471万平方米,自创品牌上海金港的影响力和辐射力也逐年提升。招商精准发力,产业集群效应率先显现,成功引入汽车电子、集成电路设备、集成电路零部件、集成电路新材料、人工智能装备、空间信息、高端文化装备等众多产业,目前已吸引了一批新质生产力企业落户。

同时,上海金港着力于生产性高新科技研发功能,打造产研一体的创新高地,自成一体的产业雄心已经开始"反哺"临港的现代服务、新型贸易、跨境金融等功能,成为全域化链接、均衡化发展、产城功能互补的对流型经济强劲增长新版图核心所在,必定成为临港高质量发展的最强主力军、有力推动者和参与者,背靠临港"国家名片",同时站在金桥集团三十余年经验之上打造的上海金港,在与临港共生的打磨中,呈现与众不同的独特魅力。

2.7.3.2 "产学研居,职住平衡",引领城市模式创新

深耕临港十余年,上海金港在开发建设及城市运营方面既有传承更有创新。在传承上,金桥临港公司始终坚持金桥集团"高速度拿地、高品质开发、高精尖招商、高效能运营"的发展原则,秉持"1234"的开发机制,朝着"打造产城融合、开放创新、智慧生态、宜业宜居的现代化新城"的发展目标快步迈进。上海金港引入金桥碧云倡导的无界共生的融合生活方式,让产业、生态、商业、教育、交通资源相融合,最终迭代出能够容纳当代理想人居的一方未来之城。

在城市模式创新方面,上海金港深入践行"人民城市"重要理念,聚焦城市建设与新发展理念的同向发力,抓好城市品质提升,把产业和城市建设结合起来,打造产城融合发展、更有活力、更有温度、更具魅力的活力城区。

比如在园区规划上,明确上海金港"高新产业发展"和"品质生活需求"并行的优化目标,提供高质量的产业研发用地,合理安排商业办公与住宅用地比重,引导公共服务设施复合设置,增加绿地、河湖水面用地比重,提高居住空间品质,实现"产城融合,配套相宜"的发展格局,引领职住平衡新生态;在满足高科技生产科研、产业发展的一体化需求的同时,增加办公楼、租赁式公寓及配套综合楼等功能空间,以多元复合功能,打造出资源聚集、功能复合的产业综合体。在住宅组团规划上,充分考虑教育、养老、社区服务等功能,打造集"学、研、居"于一体的融合性社区。

在城市功能建设上,上海金港除了综合型产业外,还具备了国际都市必备的城市轨道交通、TOD商业综合体、国际教育资源、良好生态环境的优势。一个成功的产业社区,不仅是复合型产业集群,更是生活导向的都市区,这是金桥集团董事长、党委书记沈能去德国斯图加特考察带回的世界领先产业园区样板经验。在此理念之下,2023年,上海金港的项目经过进一步的优化设计,更加接近倡导的"共生城市"理念。比如将E11等四幅科研设计用地设计为一个功能复合、空间开放且充满烟火气的开放性产业社区。又如,不同于传统TOD,金港将其设计为一个拥有"居住+商办+公建+X"的运营理念的第四代TOD。C06C04商业项目则不同于传统建筑设计设定,上海金港将公共绿化景观延伸至建筑立面,同时绿化整合了消防、道路环通等多种功能。

在交通方面,上海金港通过S2沪芦高速、两港大道、G1503上海绕城高速、S20外环线、S32申嘉湖高速公路等高速交通干道连接长三角交通网,成为集海运、空运、铁路、公路、内河、轨道交通于一体的"六龙汇聚"的综合交通区域。尤其是两港快线(在建)于临港综合产业区设综合区站、临港开放

C04-06项目效果图

C06-01项目效果图

区站两个站点，使整个综合区实现15分钟达到东方枢纽交通圈，进而促使综合区加速融入长三角一体化。在配套商业方面，上海金港投资近两亿元打造网红商业中心——观塘庐，周边还有新九四塘公园，未来将打造自然、人文、商业相结合的新城市生活景观。教育资源方面，上海金港住宅组团配套小学可容纳30班学生，打造区域教育配套中心；平和双语学校金港校区预计在2025年9月开学，覆盖从幼儿园到高中的全学段教育，拟打造一个开放创新、智慧生态、充满活力的国际一流示范性城市教育综合型社区。

2.7.3.3 "绿色低碳，超低能耗"，打造产城融合样板

在开发建设过程中，上海金港积极践行绿色低碳发展理念，推进产业和生态齐头并进。

上海金港积极发展绿色科技，通过建设超低能耗建筑、实施节能项目、推进技术迭代和工艺优化等方式，全面支持"双碳"目标，助力发展绿色经济。其中，超低能耗建筑按照《上海市超低能耗建筑技术导则（试行）》设计，采用高性能围护结构体系、高效用能系统和可再生能源相结合的形式，实现整体建筑的节能、低碳，同时项目充分利用太阳能光伏、太阳能光热系统和地源热泵系统等可再生能源，实现用电、供能的清洁化、零碳化。目前，已有智联园、智擎园等12个项目按照超低能耗建筑要求进行建设。同时，由金桥临港公司开发建设的1号、2号能源站作为综合产业区集中供能管控中心，主要用于区内企业的集中供能，以达到节能减排的目的，推动综合产业片区发展绿色经济、低碳经济。

在绿色建筑设计方面，上海金港分区分类控制指标，公共建筑项目和住宅项目均做到绿色建筑三星或二星级标准，其中大型公共建筑（单体建筑面积≥2万平方米）、超高层建筑执行绿色建筑三星级标准，其他建筑执行绿色建筑二星标准。目前上海金港有绿色建筑三星级标准项目9个、绿色建筑二星项目8个，并强化推进装配式住宅建设，积极探索并推广一体化设计理念，加快绿色建材推广使用，打造绿色生态全装修社区样板；组织场地环境，搭建水循环与海绵生态框架，改变以往"快速排放"的传统排水模式，实现自然积存、自然渗透、自然净化。

2.7.3.4 "智慧平台，云端之城"，建设数字运营典范

上海金港对数字化运营十分重视，"数字化运营"的先进工具，在金桥临港公司日常管理、员工生活、对外招商、工程推进中都有体现，真正实现了全方位的"云端一座城"的开发理念。

上海金港通过专业的三维规划建筑数据归集处理以及数字化业务系统开发，打造"云上金港"数字平台，形成三大功能体系：一是上海金港的数字化智能总控，包括规建管用的全生命周期统筹、数字化的招商和资产管理系统；二是区域级的数字低碳示范场景，为上海金港产业的绿色发展运营以及低碳经济打造数字化基础；三是上海金港积分决策系统，辅助决策者快速了解上海金港多项目综合运营指标，管理者迅速掌握项目现状、待解决问题，业务人员准确开展各项具体工作。

此外，金桥临港公司有专门的管理团队，从工程建设、招商引资、资产服务，到租赁式公寓的线上管理、BIM系统的使用，数字化应用和业务已经渗透到整个集团的各个业务板块。部门会议时，大屏上会显示项目情况、招商引资情况、工程项目情况、远程工地现场实况，供参会人员实时查看。未来还将完善电子沙盘，使客户可以通过数字化方式，远距离看到厂房、办公楼、住宅等的状况，更好地向客户做营销。通过数字化的服务和拓展，上海金港实现全局态势感知，为打造智慧金港、人文金港和绿色金港做了有力的铺垫。

2.7.3.5 "厚植产业，精准出击"，全生态链招商加速产业集聚

上海金港招商运营贯彻"项目开工之日就是招商完成之时，项目竣工之日就是企业入驻之时"的策

略，在浦东营商环境和临港新片区对客户的吸引力加持下，依靠扎实的前期研究工作、专业细致的服务和全面招商的理念，提供高品质、高标准的"全生态链招商"，努力满足客户需求，坚持做最懂企业需求、最懂产业、最具未来发展意识的开发主体，做企业和人才最贴心的服务员。

"全生态链招商"是让客户满意的质量保障，充分考虑到客户工作和生活中全生命周期的需求，从教育资源到养老产业布局，从企业入驻后的物流需求和环境能源等方面，为客户提供一整套解决方案。以目前金港的开发体量为例，招商工作与整个市场环境、国家政策、对产业的研究深度以及为招商付出的时间和精力都紧密相关，金港在前期布局时就充分考虑到这些内容，且落实得较好，而非仅喊口号。

在前期产业导入阶段，上海金港结合临港新片区的产业导向，围绕汽车电子、集成电路、空间信息、人工智能四大重点产业，不断加强具有区域特色的招商体系建设，继续汇集产业链上下游企业，在临港综合区内不断形成产业聚集，实现区域产业能级提升。在园区已入驻产业项目的基础上，围绕园区四大主导产业，推动重点产业向产业链、价值链高端延伸，助力打造产业转型"升级版"。

同时，加强对未来产业的研判，注重对产业的深入理解和持续学习，找准产业龙头企业，进一步提升产业的"聚集—辐射"功能，加强能级辐射。例如，在空间信息产业领域，上海金港积极对接中国科学院微小卫星创新研究院，聚焦星网等龙头企业，可聚焦在商业航天领域充分开展布局，以微小卫星为龙头链主，开展新一代高性价比商业航天产业链布局。此外编制"临港综合区人工智能产业研制基地""临港综合区汽车电子融合与应用研创园"项目建议书，并与中国（上海）自由贸易试验区临港新片区管理委员会签订投资协议，未来将继续通过打造特色园区加快产业集聚。

对于真正市场化的企业来说，服务远胜过政策比拼，越是高质量的企业，越看重城市的营商环境。在后续企业服务阶段，上海金港围绕企业发展全生命周期提供源源不断的全方位服务。项目的引入，靠的就是良好的发展环境、创新氛围和服务口碑。产业环境提升至关重要，上海金港努力在产业园营造最利于产业成长的空气和土壤，特别是加快推进汽车电子及空间信息特色产业园的建设。依托新片区已落地特斯拉等汽车产业龙头项目，以及园区内微小卫星等空间信息产业龙头项目的带动和集聚作用，吸引产业链上下游企业迅速集聚。2023年10月，临港新片区为"未来汽车城金港汽车电子产业园"正式授牌，前沿产业集群正在上海金港加快发展，产业集聚效应在以核裂变式的速度快速形成。同年12月，上海金港完成了市级汽车电子产业园申报答辩。目前，汽车电子产业园已储备20余个涵盖汽车电子产业链上下游的项目。"市级特色产业园"的建设，将吸引全国范围内更多、更优的产业项目入驻，带动综合区发展快速"蝶变"。上海金港以高端产业发展带动理想人居城市建设，以产入城，全力打造现代智创产业"智"系列——"金港智产"产业体系和新一代国际城区"星"系列——"金港星城"城市体系。一步一个脚印地向着打造特殊功能最优、开放程度最好、产业能级最高、创新动力最强的世界级产业集群的目标前进。

全生态链服务并不是一句口号，而是切切实实的行动。上海金港始终坚持以"金牌店小二"的精神，为企业提供全生命周期的一条龙服务，从工商注册、税务服务、产业政策咨询，到人才政策咨询、法律咨询、知识产权咨询等。园区内还设有综合区法律咨询站、上海临港知识产权交流促进中心金港服务站等，为企业提供全方位服务。

2.7.3.6 "精细服务，卓越建设"，用工匠精神增强金港归属感

（1）突破常规，打破界限

金桥临港公司秉承"开局就是决战，起步就是冲刺"的精气神，以坚定的理想信念、不懈的奋斗精神，把每件平凡的事做到极致。在建设过程中，一个工程项目要想做好，涉及多方面、多条线的配合，不是简单的土建，而是设计、权证等多方面的配合。突

破常规，打破固有部门概念，成立专项工作小组成为上海金港推进工作的重要手段。以拿地、设计、建设、招商、运营等阶段性任务为导向，有计划地从各部门抽调专业人员，组成土地招拍挂小组、TOD项目小组、房产销售小组等专项工作小组，整合员工专业优势，实现跨部门合作，推动金港"高速度拿地、高品质开发、高精尖招商、高效能运营"。

例如，金桥海昌企鹅度假酒店原约定于2024年11月交付运营。而海昌方面提出希望在2024年暑期正式对外运营，比原计划提前整整半年。"客户需要什么，我们就满足什么"。收到诉求后，金桥临港公司工程部牵头组织建设单位、分包单位、供应商等，一起梳理施工节点、合理调整工序、重排项目进度计划，最终保证了海昌酒店在7月1日顺利开业。

为了保证TOD项目在2024年2月底前开工，上海金港于2023年7月成立TOD项目小组，每周将重点工作推进情况形成简报，上报给中国（上海）自由贸易试验区临港新片区管理委员会。项目经过多轮沟通，打破常规，打通了项目连通道单独申报路径，大大减少方案审批时间，简化审批流程，方案征询部门由常规的18个减少至5个。

（2）工匠精神，精品服务

2020年3月，突如其来的新冠疫情让上海按下了暂停键。一场硬战，考验的是上海金港的责任与担当，展现的是上海金港的温度和情怀。疫情封控前一夜，金桥临港公司班子领导硬核担当，带队连夜搬进公司，召集各部门党员同志冲锋一线。睡沙发、吃泡面、熬通宵，与企业同舟共济、共克时艰。

新冠疫情期间，当得知园区有一家企业由于封闭式生产研发陷入困境时，金桥临港公司高度重视，在全市物流不便、物资匮乏的情况下，积极协调运送物资，保障企业安心生产，不仅有效保证了企业已有订单的准时交付，而且推动企业抓住时机，客户订单大大增加，市场份额高速增长。2022年9月，当了解到该企业原租赁物业已无法满足长期发展战略，希望承租当时金桥临港公司所在办公场所的诉求后，金桥临港公司第一时间开会讨论方案。公司整体搬迁不仅是办公场所的变动，整个过程要考虑选址、装修、物业等多种情况。在金港人的共同努力下，快速完成新办公空间1800平方米装修和家具进场，没有占用一个工作日，仅利用国庆假期高效完成近1200平方米的整体搬迁，帮助企业快速渡过了空间扩张的难关，给予了企业极大的发展信心和扎根金港的坚定决心。

（3）追求卓越，勇啃"硬骨头"

在开发建设过程中，上海金港秉持着追求卓越的优良传统，勇于在啃"硬骨头"上下功夫。综合区新九四塘公园所在地块附近曾有4座风车。自2012年以来，这些风车一直是影响上海金港整体开发形象、阻碍产业引进的老大难问题。早在2017年，上海金港就启动了风车搬迁的前期工作。但在搬迁过程中，遇到了搬迁选址及搬迁补偿等问题，造成搬迁工作艰难、推进缓慢。

尽管困难重重，但金港人从未放弃。2020年，在上海市发展和改革委员会、中国（上海）自由贸易试验区临港新片区管理委员会相关处室的大力支持下，金桥临港公司与风车运营公司协作配合，按照分步实施、务实高效的原则，召开数十次专题推进会，拟定风车搬迁选址方案，历经多轮优化提升，全力保障搬迁工作推进成效。在各方通力配合下，风车搬迁终于有了实质性的突破。2021年10月，4座风机顺利拆除。从此，综合区凯汇路沿线约0.3平方公里土地终于得到释放，周边产业得以焕发新生，一座功能复合的"微城市"产业组团盛开绽放。从2017到2021年，耗时近5年，4座大风车的成功搬迁彰显的不仅是金港人的细心和耐心，更是一种恒心和决心。

上海金港部分鸟瞰图

第三章

实现精准招商定位，勇当推动产业集聚的号召者

3.1 依托产业和载体资源优势,开展全球化精准招商

3.1.1 明确产业定位,实施精准招商

产业是城市的核心,在可持续发展模式下,城市必然是围绕产业打造功能、依托产业集聚人才、依靠产业推动发展、仰仗产业打响品牌。因此,根据区域资源优势,合理研判产业发展方向,确定主导支柱产业,进行产业发展布局,是实施精准招商的重要前提。

在此背景下,金桥集团充分贯彻上海"四大功能"和"五个中心"建设要求,积极响应党中央对浦东打造社会主义现代化建设引领区的要求,将"产业特质"的定位和理念贯穿开发建设的始终,主动服务新发展格局,推进城市数字化转型。在全球贸易重点逐步由货物贸易向更高能级和更高附加值的服务贸易、数字贸易、离岸贸易升级的时代背景下,金桥集团始终保持着对前沿产业的敏感度,对标世界前沿水平,充分抓住科技革命和产业变革机遇,充分发挥在5G、智能网联汽车、工业互联网等领域产业和技术优势,以布局未来、面向全球的眼光和格局打造金桥集团产业定位。

最终,经过多轮产业探索与更新迭代,金桥集团逐步形成以"未来车""智能造""数字经济"和"大健康"为主导的四大支柱产业格局。以此为产业基础定位,金桥集团持续推进"选择好人家"工作,以抓住创意、研发、智造全链条,促进产业迭代转型为目标,努力打造全国乃至全球引领性标杆。在明确产业定位和规划布局后,紧扣四大支柱产业,实施战略招商与精准招商,以此集聚生态链上有潜力的企业,实现产业发展与企业招商的精准匹配,进一步完善提升产业链、供应链、价值链体系。同时,瞄准全球细分市场的领军企业,专注引领性的产业龙头项目,推动高端国际化资源要素集聚,达成产业链能级持续提升,保证产业定位有效落实。

3.1.1.1 未来车

金桥集团紧跟时代浪潮,充分抓住新能源、智能网联、自动驾驶等产业技术变革的重要机遇,聚焦"未来车"产业定位和发展方向。同时,充分利用区域资源优势,构建深度跨界融合的智能网联和新能源汽车产业体系,经过多年发展,目前已经初步形成以上汽通用为龙头的汽车产业,成为浦东首个千亿元级产业。同时,在上海市智能网联汽车推进工作小组以及浦东新区智能网联汽车创新应用工作小组支持下,在合作伙伴的努力下,创新突破、场景赋能、共建"朋友圈"等方面取得了积极进展,形成人工智能及智能网联汽车产业新范式。在随后的精准招商中,金桥集团精准集聚头部企业,引入奔驰全球研发中心、集度汽车研发中心等企业,打造产业母生态。

其中,特斯拉项目作为贯彻落实浦东新区创新驱动发展、经济转型升级战略的重要举措,是精准发展金桥"未来车"产业的重要项目,也是金桥集团招商引资的经典案例。2014年初,特斯拉计划在上海建设销售总部,为在激烈竞争中争取特斯拉落户金桥,金桥集团积极开展招商行动,就特斯拉上海投资发展计划与实际需求深入沟通,为其提供多样化支持。最终,凭借区位优势、产业链配套优势以及碧云社区高端潜在客群,成功吸引特斯拉落户金桥。随后,为满足交车仪式迫切所需的超级充电站和旗舰体验店,金桥集团通过高效沟通决策、精密项目管理、快速物流协调,用12天并联建成超级充电站和旗舰店,成功举行交付仪式。在此过程中,金桥集团充分发挥"金

金桥"未来车"产业意象图

桥速度",让特斯拉对上海以及金桥的高度支持与合作有了深刻认识,为后续特斯拉在浦东建设超级工厂奠定了重要基础。

3.1.1.2 智能造

金桥集团充分利用浦东新区深厚的智能制造产业基底优势,明确"智能造"产业定位和发展方向,打造全链条智能终端产业新赛道。浦东新区作为我国机器人产业的老牌基地,汇聚了一批优秀的智能制造企业,拥有较为完整的机器人产业布局和生态。而金桥集团作为首批参加浦东建设的产城开发先行者,智能制造产业是其传统优势,依托浦东新区既有的创新平台、人才资源、政策优惠等,建设运营以智能机器人、智能网联车、半导体设备、智能终端设备为代表的前沿产业集群,打造上海智能制造产业新标杆。金桥集团围绕"智能造"产业链、生态链建设,精准招商,积极引入行业领先的绿色化、工业化、数字化建造技术,推动形成时代前沿的产业集群。

3.1.1.3 数字经济

金桥集团依托智能制造、数字产业优势,积极跟进元宇宙、人工智能的数字化浪潮,打造集大视讯、元宇宙产业的豪华阵容。当前,元宇宙和人工智能已经渗透进千行百业,正在成为重要的新质生产力,有效赋能行业智能化、绿色化发展,成为各行业探索及发展的重点。2022年年底,上海发布《上海市培育"元宇宙"新赛道行动方案(2022—2025年)》,提出"抢抓元宇宙新赛道布局,培育壮大发展新动能"的号召,金桥集团积极响应,依托智能、数字等支柱产业优势,提前规划布局元宇宙产业。2023年,初步实施相关企业精准招商,通过与央广传媒集团、咪咕等数字媒体企业合作,在第40届CGI国际计算机图形学年会上发布了金桥元宇宙主题概念,正式开启元宇宙入口。

3.1.1.4 大健康

金桥集团积极响应上海发展生命健康产业要求,

金桥"智能造"产业意象图

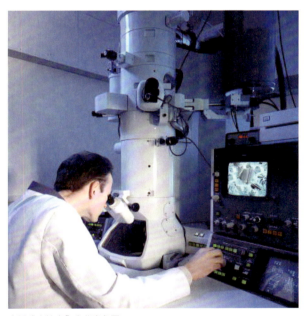

金桥"大健康"产业意象图

在金桥传统生物医药产业基础上,全力推进第五轮产业转型,谋划"大健康"产业。生命大健康作为"永不衰落的朝阳产业",是国家以及上海"十四五"规划中明确的战略性新兴产业。因此,金桥集团面对已经属于核心区腾笼换鸟迁出范畴的传统生物医药产业,积极推动传统医药产业转型,服务国家战略性新兴产业融合发展,在优化浦东"大健康"产业结构的同时，进一步提升浦东以及金桥集团在全球生物医药及"大健康"产业布局中的重要地位。目前，金桥集团聚焦干细胞治疗、医疗美容、医疗器械、高端精准医疗服务等新赛道的精准招商，联手龙头企业，已经初步建立了"大健康"产业研发制造生态总部。

3.1.2 高端企业引领，推动产业集聚

在全产业链构建目标下，依托行业高端龙头企业吸引同类型企业、上下游企业以及相关服务企业，形成纵横交织的产业集群，能够有效促进信息与资源共享，保证上下游产品整体性，提升产业集群外部经济，是完善产业生态、增强区域产业招商吸引力、推动产业可持续发展的重要方式。

在此背景下，金桥集团将"产业集聚"作为"关键的金桥生命线"，通过聚焦高端产业引领功能，着力引进和培植相关产业、行业龙头企业及总部机构、基金公司、投资公司等资源富集企业，持续完善产业投资生态。金桥集团积极发展"总部经济"，通过高端龙头企业的虹吸效应，助力产业招商，推动高端国际化资源要素集聚，实现产业孵化和协同创新，使其成为未来金桥集团产业经济增长的新引擎。在吸引外部企业的同时，精准对接金桥区域既有优势产业，形成产业链上下游互动发展、互为支撑的产业生态体系。最终，整合形成产业链更加完善、知名度更高的产业集群社区，吸引更多国内外企业参观、投资、落户、共谋发展，有效提升了金桥产业的创新活跃度、人才集聚度和成果显示度，实现四大支柱产业的可持续更新发展。

通过长期的洽谈协商，金桥集团围绕"未来车""智能造""数字经济""大健康"四大产业内涵，已经初步明确了产业龙头企业，形成产业招商"核爆点"，成为创新思想的源泉、新赛道的风口点，助力打造全球各类创新资源的汇聚区。截至2023年，金桥集团已经储备龙头企业项目90余个，通过与这些企业的积极沟通合作，有效实现双向赋能，以产业集群聚集模式，推动区域联动发展。

3.1.2.1 未来车

金桥集团聚焦"未来车"产业变革新机遇，通过精准集聚头部企业，打造产业母生态。截至2024年初，产业落地项目包括：奔驰全球研发中心、博世智能驾驶与控制系统事业部、集度汽车研发中心、央广车联网、裕太微电子、新石器无人车、斑马智行等一批头部及新兴企业。通过"未来车"头部企业的持续入驻，加快"未来车"特色产业集群集聚，有效提升金桥产业创新的活跃度、集聚度和显示度。同时，全力推进5G产业生态园、新能源汽车产业园、智能网联车基地、5G超高清视频产业示范基地、机器人示范基地"两园三基地"建设，打造金桥"未来车"产业新地图。

其中，"阿里云创新中心宝马初创车库项目"作为全球首个以"互联网+汽车"产业为垂直领域的战略合作项目，由宝马集团和阿里巴巴集团强强联手打造。2020年，金桥凭借出色的招商能力和优质的产业服务配套，成功吸引两大行业巨头正式落户金桥。在数字经济、智能车产业大背景下，充分发挥头部企业的引领作用，优势互补，打造世界级汽车产业集群。旨在聚集、影响和服务"互联网+汽车"领域具备一定规模的高成长性企业和人才，推动区域化、国际化大型项目合作落地，并且向优秀企业开放宝马全球供应链资源。项目对于"未来车"产业发展、推动形成"有全球影响力的科创中心"核心承载区基本框架、吸引更多全球领先资源入驻有着重要的示范和

梅赛德斯—奔驰上海研发中心科技日

引领价值。截至目前，金桥区域已累计招引落地60余家企业，服务助力超过400家企业发展，为超过3000家企业提供创新赋能，有效带动"未来车"产业集聚与创新。

3.1.2.2 智能造

金桥集团围绕"智能造"产业链、生态链建设，积极引入行业领先的绿色化、工业化、数字化建造技术及龙头企业。截至2024年初，产业落地项目包括：恩捷股份全球新能源总部、依必安派特中国地区总部、京数科技金桥研发中心等。通过持续招商引入，使金桥的智能制造产业进一步呈规模化和高端化的发展趋势，围绕5G、人工智能、大数据、节能环保等新技术，打造智能造应用场景，建立多产业联合研发平台，推进"未来车""智能造"、新通信、新能源等新兴产业相互依存、多维互动、技术交叉渗透，形成产业链相互配套的产业新格局，成为国内制造业生产要素最丰富、配套设施最齐全、智能化水平最高的示范区之一。

3.1.2.3 数字经济

金桥集团多年前便已开始布局元宇宙和大视讯产业，借助央广传媒集团"云听"等多平台的运营经验和丰富的大视讯产业资源，全力打造"金桥元宇宙入口"新品牌，构建全业态融合的应用新场景。金桥集团以高端企业资源和资源平台为基础，进一步吸引一批优质产业资源。依托高端企业的持续引入，金桥集团致力于成为数字城市建设的引领者，基于CIMAI的"云端一座城"，推动"云上金桥"成为数字城市建设经验输出的"元宇宙"。

3.1.2.4 大健康

大健康产业作为金桥集团产业发展的新动能，充分利用产业基础，聚焦干细胞治疗、医疗美容等新赛道，积极谋划高端企业招商。截至2024年初，通过布局以干细胞产业为核心，医疗器械产业和医疗美容产业为两翼协同发展的"大健康"产业规划，金桥集团从干细胞产业入手，构建产业链上下游多平台优势，打造"大健康"产业高地。同时，逐步拓展形成"防—治—养"一体化模式，以"大健康产业进家庭"为契机，推动第五轮产业转型，为中国干细胞产业在金桥和浦东的发展奠定基础。

3.1.3 内外资源整合，打造招商网络

招商工作始终离不开对信息资源的全面掌握。因此，在明确产业定位、坚持高端企业引领理念引导下，通过充分调动多方资源并形成完善的招商组织架构和管理机制，以此构建多元、完善、系统的招商资源信息网络，成为持续引入优质企业资源的关键组织基础。

在此背景下，金桥集团秉承着"信息就是生产力"的招商理念，全面整合内外部信息资源，以内外兼修的方式建立完善的招商信息网络。一方面，在企业内部形成完善的精细化招商部门结构，通过下设不同的项目部实现分区域、精准化招商，鼓励全员招商，充分利用内部"朋友圈"资源，同时明确动态管理运作机制，持续进行内部优化。另一方面，在企业外部依托产业园区、平和学校等资源，与各园区机构、投资人建立紧密的联系与合作关系，加强资源共享和宣传互动，构建多样化的外部资源网络。最终形成稳定的、多元的、庞大的、可持续更新的招商资源网络。

3.1.3.1 内部资源整合

金桥集团充分发挥企业内部招商力量，完善招商组织架构和工作机制。一是在企业内部形成精细化的招商组织架构。目前，产业促进服务部下设"未来车""智能造""数字经济""大健康"四个产业小组。二是在招商工作队伍中引入赛马机制，形成良性竞争态势，鼓励部门持续进步发展，迅速成长为能够独当一面的精兵干将。三是在小组内部由一位项目经理担任组长，数位项目经理担任组员，每个组又两两互为AB角，形成交叉互助的模式，保证招商顺利实施。

四是建立合理的考核机制、薪酬体系、激励制度，高效构建具有竞争力的人才发展环境，形成正向激励。五是将"朋友圈招商"作为颠扑不破的真理，积极倡导内部全员招商，将金桥集团每个部门以及投资企业自己的合作伙伴和朋友圈作为招商信息的重要来源，以此引入各类优质企业。六是建立可持续更新完善的金桥集团招商引资信息库，由招商部门定岗专人负责落实招商引资数据库动态管理，明确每季度提交招商空间资源信息和引进企业数据，每月动态更新金桥集团招商项目数据库、招商载体资源数据库，每月编制金桥集团系统招商统计报表。

除此之外，以上述组织架构和工作机制为基础，为进一步强化金桥集团招商部门的产业敏感度和专业性，金桥集团会定期组织开展产业研究工作，明确针对重点领域进行产业研究，对产业发展趋势进行深入分析和研判，充分挖掘相关产业的领军企业、龙头企业和高成长企业，为进一步有效开展精准招商提供思路，同时助力招商网络的扩充。例如，2019年，金桥集团招商部与盖斯特管理咨询有限公司完成了汽车产业研究，重点研究汽车产业发展战略规划、引入雷克萨斯品牌实施策略。最终形成了《雷克萨斯招商策略研究终稿汇报》《汽车产业战略规划研究终稿汇报》等研究成果，并向浦东新区政府提报《金桥城市副中心产业创新研究》重点课题报告。同时，梳理形成了金桥汽车产业战略招商、精准招商的目标客户清单和招商策略，积极推进了产业招商引资工作。

3.1.3.2 外部资源整合

除了规范内部招商资源，金桥集团积极推进与外部资源的合作交流，通过多样化的交流、合作、学习活动，提升企业内部的招商能力，并拓展招商网络资源。

一是探索与既有招商主体和园区企业的交流合作，与各园区机构加强资源共享、宣传互动。例如，建立与金桥管理局、金桥镇、金桥股份、园中园和众创空间等招商主体的大联合招商机制，发挥产业招商联盟和双创招商联盟的重要作用，助力园区招商引资

上海金谷待开发地块产品定位报告

信息的排摸、统计、录入工作。

二是与各类行业协会、院校合作，定期联络召集相关招商工作人员组织招商培训、路演、资源对接会等活动，在提升金桥集团招商部门专业能力的同时，推进以商招商，发挥企业协会在招商、安商及育商中的枢纽作用。例如，2019年，金桥集团联合中欧国际工商学院开展"中欧金桥成功案例项目课题"工作，针对企业招商的成功案例和经验，由企业与中欧国际工商学院的研究员一同完成总结提炼和案例撰写工作，输出可复制、可推广的招商经验。此外，定期委托仲量联行、丝路研究院等专业机构，开展系统性招商专题培训，提高金桥集团招商队伍的理论素养、业务水平和实战能力。

三是与专业咨询机构加强沟通，通过与普华永道、仲量联行和第一太平戴维斯等企业合作，借用成熟的招商网络，不断捕捉项目信息，加强项目储备。

四是积极利用投资人招商，与金桥集团熟悉的投资人资源合作，由股东介绍牵线搭桥，积极接洽产业头部企业以及高成长性企业。

3.1.4 丰富载体资源，满足企业需求

载体是企业落户、产业发展的物质基础，也是企业展示形象、自我推销的主要媒介。因此，高质量的空间载体、高标准的实验场所以及完善的配套设施是吸引优质企业资源的重要基础。在目前激烈的市场竞争环境下，更快的载体建设、更适配的载体空间、更

丰富的配套设施成为吸引企业、扩大招商优势和影响力的重要因素。

在此背景下，金桥集团以"好企业不缺空间"为口号，提出了"从打造产业生态和理解客户需求两个维度把产品定位做到最好"的工作目标，持续加快载体建设和产业配套服务完善，进一步优化营商环境。一方面，对产业空间载体本身进行定制化设计，在建筑方案设计之初就邀请产业龙头企业一同参与讨论，在实现精准招商的同时，保障不同类型的企业在不同阶段的空间需求。另一方面，以产城融合的理念，积极建设产业园区及城市配套设施，完善高端商业服务，改善区域生活环境，打造国际化、智能化、高品质的园区生活配套服务网络，形成集居住生活、休闲娱乐、教育培训、交流互动于一体的创新空间布局，吸引高端企业及人才，助力全产业链的打造。

3.1.4.1 打造定制化载体空间

在产业空间载体方面，金桥集团充分珍惜每一块土地，旨在为企业提供个性化、定制化的建设服务，打造企业定制化产业基地。在存量发展时代下，工业厂房的存量有限，规划增量也不多，面对较为旺盛的市场需求，金桥集团不辜负每一块工业用地，努力做足容积率、匹配新需求，以此留住优质的产业客户。为此，金桥集团在规划设计阶段就与意向引进企业和龙头企业深入沟通，充分挖掘企业办公、研发、生产、制造需求，打造定制化工业厂房。例如，针对生物医药研发企业，要对核心筒位置、客梯数、货梯数、货梯承重、设备位置预留、生物医药通风管道预留、楼顶吊装口预留，电力配置、"工业上楼"需求等建筑厂房设计要素进行深入沟通和研究。

同时，金桥集团努力满足一些特殊产业的配备需求。例如，对于"未来车"等需要户外大型试验道路

上海金谷依必安派特定制厂房效果图

的产业，金桥集团充分利用"智能网联汽车开放测试道路平台公司"和上海金鼎、上海金环等智慧城市建设的资源，在政府部门支持下，建设高等级"智慧道路"，进一步丰富"未来车"应用场景，放大产业载体资源优势，集聚"未来车"头部企业。除此之外，对于暂时缺少载体的优质企业，金桥集团善于利用别人的空间来弥补自己的时间，通过在金桥区域内找好当前过渡空间的方式，解决"项目等载体"的问题，同时预留充足的时间与企业谈好未来的定制载体。

除此之外，在研发办公楼方面，金桥集团同样不满足于建造千篇一律、去化难度大的标准化办公楼宇，始终选择赋予不同产业的研发办公更加精准的定位与设计，努力做到为企业量身定制。在研发机构办公人员密度较高的情况下，通过充分利用地下空间、安装商用自动扶梯的设计，解决劳动密集型研发中心垂直梯拥堵、停车位短缺的痛点，目前相关产品已经成为金桥集团打造研发办公标杆的典型案例。

3.1.4.2 建设完善产业生活配套

除了产业空间载体的高品质、定制化塑造，金桥集团基于"产城融合"理念，以高起点建设配套功能，围绕产业全场景开发运营，打造国际化、智能化、高品质的基础设施和配套服务，进一步提升了产业招商吸引力，为产业集聚提供了完善的配套支持。

一方面，金桥集团牢记一流城市开发运营综合服务商的使命，在"七朵金花"建设初期就坚持高起点规划，以足够大的区域开发体量和足够强的公共交通体系为基础，对区域所有基础设施和产业生活配套进行提前规划、整体布局、优化配置，尽可能考虑未来产业布局或迭代需求、预留足够的升级空间。配合"四个统一"机制建设一系列优质基础设施，并以"三座城"理念打通地上地下，将最好的城市配套资源留

高品质国际人才社区效果图

给企业、人才和居民，提升产业融合的烟火气，实现"让人民群众满意"的终极目标。

另一方面，在高起点规划的建设引领下，金桥集团打造了一系列高品质配套，从"住得起"向"住得好"转变，满足企业及员工的办公、会议、生活、娱乐等全维需求，进一步吸引企业入驻。以上海金鼎为例，金桥集团致力于为企业提供完善的配套服务，包括：①建设高品质低密度住宅小区和国际人才社区，并基于产业优势，推进智慧安防、能源管理、智慧照护、智能家居平台等数字化智慧技术的应用，进一步提升住宅品质。②建设以平和教育综合体项目为首的一系列文化教育设施，依托"平和教育"的优质教育资源，打造集教育、培训、交流及互动于一体的创新教育服务设施布局，为企业员工子女提供优质的教育资源。③建设完善的高端商业及会议服务，项目以"高品质、最时尚、新体验"为理念，围绕双子塔和西群河两岸，打造活力时尚商业体验中心。其中，双子塔打造金桥新地标，重点吸引五星级酒店、5A级写字楼、高端会议、观光消费体验等，西群河两岸打造滨水体验式商业中心、精品酒店，服务于浦东东北部的商务办公客群。通过一系列的产业配套建设，解决了企业最为关切的需求，为企业员工安居乐业提供了重要基础，成为吸引优质企业的关键模式之一。

3.1.5 链接全球资源，开展招商活动

在优秀的产业定位、招商理念和载体支持下，开展一系列招商推介活动成为招商项目落地实施的关键环节，是对外展示企业优质招商资源的重要方式，也是在既有企业资源基础上进一步拓展招商来源的重要途径。

在此背景下，金桥集团以面向世界的眼光格局，积极践行"走出去、请进来"的招商理念，近年在全球范围内策划、组织、参与了大量的主题招商引资宣传活动，包括面向国内外的招商推介大会、相关产业的论坛活动、参加相关产业博览会、举办各类公开签约仪式和项目开工仪式等形式。通过一系列多样化的招商宣传活动，进一步发挥既有高端企业的引领作用，向更多企业宣传金桥集团优质的产业基础和载体资源，有效扩大了金桥产业品牌知名度和招商影响力。

3.1.5.1 招商引资推介会

作为招商宣传的主要形式，金桥集团在政府相关部门支持下，在国内外组织了大量的定向招商推介会，面向国际招商与投资资源，针对产业合作发展开展沟通交流。2023年，随着新冠疫情后国际交流逐渐开放，金桥集团赴海外招商团组数量井喷式增加，累计共开展招商出访活动7次，足迹遍布德国、日本、英国、法国等8个国家。例如，2023年1月，在国内举办"浦东新区及金桥开发区最新产业发展投资日本大阪推荐会"，向企业进行金桥营商环境推介及招商引资活动。2023年5月，在德国法兰克福举办由中国商务部投资促进事务局—中国国际投资促进中心（德国）和金桥集团主办的"2023年中德（上海金桥）生命健康产业投资合作交流会"上，为大数据、移动互联网、人工智能等新技术与"大健康"产业多元深度融合发展进行了推介。通过系列招商推进会，金桥集团链接全球资源，展现了在金桥开展投资合作的巨大机遇和金桥市场化、法治化、国际化的一流营商环境。为浦东吸引和利用外商投资、推进高水平对外开放、打造社会主义现代化建设引领区提供助力。

2023年中德（上海金桥）生命健康产业投资合作交流会在德国法兰克福成功举办

3.1.5.2 产业论坛活动

金桥集团通过承办、参与各类产业峰会与论坛、供需对接会、企业服务专项会等，进一步拓展在相关领域的影响力，吸引更多企业落户金桥。例如，2020年9月，承办"第二十届中国虚拟现实大会VR+在线经济论坛"，在业内引起较大反响。2023年3月，举办第一届储能消防安全产业峰会，助力储能企业的招商引资工作。2023年3月，举行"上海智城生物医药下午茶沙龙"，进行金桥生物医药企业营商环境推介及招商引资活动。同年8月，举办"2023国际计算机图形学年会开幕式暨金桥集团元宇宙发布"，为金桥元宇宙产业进行产业推介及招商引资。2023年金桥集团主办或参与高质量论坛活动近百场，触达潜在产业伙伴上百家，建立了产业客户、资本服务与政府平台之间的融通桥梁，也为活跃区域经济、构建产业集群积蓄力量。

3.1.5.3 博览会

金桥集团积极参加各类博览会，通过参加展览或组办活动等方式，充分利用博览会的公开影响力和信息资源平台，与各类企业开展深度合作交流。例如，2020年11月，积极利用中国国际进口博览会这一优秀的招商资源对接平台，联合第一太平戴维斯在博览会场馆内开展金桥招商宣传推介，并有针对性地进行了企业对接。2021年，与联合国工业发展组织在中国（上海）国际技术进出口交易会期间举办"联合国工业发展主题日"活动，借助这一国际化平台，充分展示金桥未来发展蓝图，加强了开发区域及金桥招商的宣传推广。

3.1.5.4 签约及开工仪式

金桥集团通过公开宣传企业签约及项目开工仪式，向外界充分宣传入驻企业，进一步提升高端企业的引领作用，增强市场信心，促进产业集聚。例如，2020年7月，举行"阿里云创新中心宝马初创车库联合创新基地"签约仪式，充分发挥全球两大产业龙头的引领作用，推进"互联网+汽车"跨界合作。

梅赛德斯—奔驰（上海）数字技术有限公司与上海金桥管理局及上海金桥（集团）有限公司签署战略合作备忘录

2023年4月，举行"上海金港产业综合体开园暨重点企业集中签约仪式"，获得新区领导和各界的广泛好评。同年9月，举行"集度正式入驻金桥智立方开业仪式"，在对外官宣入驻的同时，对产业生态进行宣传推介。同年10月，举办"金桥山姆会员商店项目签约仪式"，从区域生活配套设施的角度进行招商宣传。梅赛德斯—奔驰（上海）数字技术有限公司与上海金桥管理局及上海金桥（集团）有限公司签署战略合作备忘录，助力区域产业转型和经济高质量发展。

3.2
优化产业运营和物业服务，助力招商可持续发展

3.2.1 完善组织架构，创新工作机制

完善的组织架构和工作机制是资产运营、服务管理的基础，清晰的组织架构能够保证产业、商业、居住等各类物业服务有序开展，合理的工作机制能有效应对突发情况，并有效推动运营管理和物业服务水平的持续提升。

在此背景下，金桥集团强化组织架构和工作机制建设，以此加强集团经营性资产精细化管理和客户服务水平，助力提升招商吸引力，确保经营性资产高效

运营、保值增值，推动产业高质量可持续发展。在组织架构方面，建立全资子公司上海新金桥商业经营管理有限公司（简称"资管公司"），作为集团经营性资产日常管理责任部门，从事集团自持经营性资产运营管理及全过程客户服务工作。同时，集团建立全资子公司上海新金桥物业经营管理有限公司（简称"新金桥物业"），提供维护、维修、保养等物业服务。在工作机制方面，金桥集团通过制定《金桥集团经营性资产管理办法》等管理标准以及各类专项维修管理机制及流程、组织定期工作会议、建立安全管理网络体系、完善应急预案等工作机制，保障运营管理的有序、高效运转。

3.2.1.1 组织架构

资管公司作为金桥集团经营性资产日常管理责任部门，成立于2002年，以"集团资产高效运营管家"为定位，代表产权方为自持经营性资产开展"运、营、调"等全生命周期管理工作。经过二十多年的快速发展，目前资管公司管理包括厂房、办公、商业、租赁式公寓的体量已达到300万平方米，随着金桥集团"十四五"规划及2035星辰大海远景目标落地，未来资管公司整体资产管理规模还将进一步大幅提升。立足于新发展阶段，资管公司将逐步对标国内、国际一流的资产管理公司，以"大服务、大运营"的公司战略，不断在金桥集团城市运营管理体系中找准自身定位，同时不断加强数字化、信息化建设，进一步赋能资产管理效能和运营效率。新金桥物业作为集团提供物业服务的外延，积极对标"五大行"服务标准，提供维护、维修、保养等物业服务，借助金桥集团的平台优势，进一步拓展管理及服务领域，逐步向专业化、综合类物业经营管理企业发展。

3.2.1.2 工作机制

基于稳定的组织架构，金桥集团以及资管公司对工作机制和制度流程不断调整完善，充分发挥统筹协调优势，保障高效运营管理服务，持续提升业务能力。在内部制度流程优化方面，金桥集团和资管公司起草制定标准化制度文件，形成包括《金桥集团经营性资产管理办法》《经营性物业的租赁管理办法》等十余项规范文件，明晰各主要负责部门及相关权责界面切分，同时明确了经营性资产包括维修、日常管理、承接查验、合同、收款管理等一系列的规定或细则。同时，针对物业服务，形成完善的物业安全日常化管理机制，定期召开物业管理联席会议、安全工作例会和安全分析专题会议，提高主动管理意识，切实保障集团商业用房的安全运营。

金桥集团在提升内部管理水平的同时，还积极拓展与外部公司、政府部门等的合作，进一步提升产业运营服务能力。例如，在"七朵金花"项目中，从设计建造之初，就与顾问公司第一太平戴维斯合作，进行全生命周期的项目跟踪，并为项目配备具备丰富物业、设施、工程管理经验的项目负责人及项目团队，力保后续平稳接收、按时入驻、品质服务。同时，借助第一太平戴维斯的ESG行业经验，持续探索"金环1851"的绿色物业发展之路，实现物业管理服务水平的高质量可持续提升。

3.2.2 坚持需求导向，开展产业服务

在完成企业招商并正式签约后，为相关企业提供技术支持、商务咨询、政策扶持等全流程产业服务成为重要环节，是保证企业顺利入驻、提高产业运行效率、实现区域可持续高质量发展的重要手段。

在此背景下，金桥集团以企业需求和项目需求为导向，以"店小二"的服务精神为招商企业进一步提供高品质的配套服务。以招商部门为主导，通过多沟通、勤拜访、快落实的方式，形成日常的"企业走访机制"，夯实开展保姆式企业服务，助力企业快速入驻落户，推动企业稳定快速发展。重点聚焦企业关心的政策兑现、人才服务等内容，当好企业与政府之间的桥梁，通过优越的营商环境和政策服务配套，增强与落户企业的黏度，围绕落户企业的产业链形成源源不断的招商信息源和项目流。

具体来看，金桥集团以企业需求为导向，协助

招商入驻企业快速落地，并为已入驻企业提供定期服务。金桥集团不断增强创新服务意识，提升服务质量，提高服务水平和主观能动性，努力协调各种关系，为商户的经营提供便利条件。第一，定期走访园区重点企业，每年走访相关企业100余家，与客户洽谈并协调处理问题400余次，确保及时了解企业需求并提供相关服务。第二，为企业定期宣讲相关产业信息，例如结合综保区新政、自贸区新增片区政策发布等热点事件，协助企业了解产业动态，响应企业的实际需求。第三，为企业提供多样化的商务协助，例如协助康宁中国加速推进模具生产中心的审批工作，协助欧姆龙及时完成工商注册信息变更等，保证企业能够快速合法合规地入驻园区。第四，为企业提供人性化的技术服务，例如协助海拉汽车电子违建厂房拆除期间的过渡方案，并完成1.12万平方米的通用厂房租赁合同的签署，协助锐珂医疗推进跨境医疗器械维修业务等，保证企业顺利运行。第五，为入驻企业员工提供人才服务，例如配合政府相关部门，协助金桥入驻企业员工办理居住证。

例如，在建设泛亚汽车技术中心有限公司金桥新园区时，金桥集团在土地动拆迁、招拍挂、立项报批等整个过程都给予极大的支持，多次帮助泛亚协调并组织各级政府职能部门召开沟通会，快速解决问题，高效率推进整个项目工作的开展。再如，在凯世通半导体股份有限公司项目中，金桥集团除了在土地、项目审批等方面的支持服务外，对于政府的新政宣讲、发布，也提供第一时间的通知服务，积极建立凯世通与政府部门之间的纽带。

除此之外，金桥集团还计划结合自身的数字化、智慧化技术优势，基于经营性资产数字化运维新模式，构建一套"云上金桥产服平台"。具体来看，该招商运营数字化及客户服务智慧化平台，以招商客户为主要对象，以高效服务客户为主要目标，通过产业园区基础服务、政策服务、企业服务、智慧停车、招商信息管理、资产运营等一系列功能模块，完成项目接洽、跟进服务、合同签约、租后服务、园区服务等全流程、全业务闭环。同时，以微信小程序作为主要服务通道，更便于触达客户、服务客户，逐步将全部线下服务线上化，不断降本增效、提升客户服务体验。

3.2.3 加强企业孵化，助力产业发展

金桥集团承载着强化创新策源、培育创新企业、促进成果转化的重要使命，通过打造金桥源创派全新科创孵化品牌，致力于成为"最懂企业、最懂产业、服务最贴心、意识最未来"的特色产业孵化基地。以金桥"1+3+X"产业集群为依托，从人才、政策、资金、实验、应用等全生命周期场景进行布局，积极打造公共服务平台，推动上下游产业链协同，打通科技成果转化的"最后一公里"，助力科创新生态的发展。

金桥源创派是金桥集团倾力打造的首家创新创业平台及产业招商引育平台，由金桥集团子公司上海金桥创业孵化器管理有限公司作为运营管理主体，旨在打造大中小企业链上合作创新模式，提高中小企业创新活力与专业化科技水平，进一步激发中小企业创新潜力。目前已在金环、金谷等5个区域板块布局了一系列高品质且符合产业特质的金桥源创派系列孵化平台，可服务客户面积近1.54万平方米，为入驻企业提供自然舒适、设计灵活、富有弹性、个性化的办公环境，可满足近千名人员的办公需求，为企业创新发展赋能。

以位于上海金环的源创派二中心为例，其立足浦东"未来空间"产业发展需求，明确以智能网联汽车、新材料、人工智能为核心的产业体系，以功能链、科创链、人才链、金融链、服务链和载体链的整

金桥源创派

体配置为抓手，努力推动高端产业要素集聚，构建具有产业创新竞争力的智能网联产业生态，致力于打造成为"世界一流、国内领先"的智能网联产业集聚区。再如，位于上海金环的源创派四中心，其主要以人工智能、元宇宙产业为核心，孵化培育一批特色人工智能与元宇宙科技企业，打造良好的元宇宙产业生态环境，同时以数字孵化加速金桥人工智能产业创新赋能。

未来，金桥源创派也将通过打造线上企业服务数智平台，围绕决策、管理、用户服务三级目标，打造智慧园区平台，优化运营效率、对外提升园区服务能级，完善企业服务体系，推动入驻企业健康快速发展；同时，也将提供落地规划、空间服务、工商财务、人力资源等基础配套服务，创业培训、政策咨询、知识产权、科技金融等增值服务，企业对接、人才引进，展会活动等协同联动服务，促进在孵科技创新成果加速转化。

3.2.4 聚焦多类产品，加强物业管理

在完善的产业服务基础上，良好的物业管理是提升产品价值、维护客户满意度、维持社区活力、吸引市场投资人、助力市场热度持续提升的重要措施。金桥集团作为综合性城市开发商、运营商，除了聚焦产业发展外，同样重视对商业、公寓等一系列配套产品的物业管理。对于多样配套产品，金桥集团延续"店小二"的服务精神，充分了解客户差异化的需求，采用更有针对性的物业管理和服务。针对商业管理，聚焦商户的经营、形象管理，提供日常维修服务；针对公寓管理，聚焦景观、设备的日常运维管理，致力于为企业员工及其他住户打造人性化的舒适居住环境。

其中，公寓产品作为保障企业员工居住生活，实现产城融合的重要配套组成，金桥集团充分重视公寓的运营管理，从配套规划、客户服务、运营管理三个方面，为入住客户提供人性化的生活环境。在配套规划方面，为有效发挥综合楼的配套作用，营造温馨、

金桥集团租赁公寓地图

舒适、便捷的居住氛围。在客户服务方面，积极配合客户办理各类事务性工作，例如协助配合客户处理入住期间的各类手续问题。在运营管理方面，注重建筑及社区的日常运维管理，致力于打造安全、便捷、舒适的居住环境。

同时，金桥集团及资管公司还开发了一套面向客户的"寓见金桥"公寓服务平台，实现对公寓载体的全生命周期管理。该平台分为客户使用端和运营管理端，借助数字化手段无感链接终端客户和运营人员，同时在预约看房、在线签约、验房入住、在线缴费、

物业报修等各方面实现了全链路线上化操作，提供一站式的贴心服务，使住户真正感受到有温度的数智化公寓。"寓见金桥"公寓服务平台汇聚了海量的运营业务数据，借助金桥集团数据中台分析能力，基于用户反馈和数据沉淀，能够及时洞察客户和市场需求，持续助力运营服务的提升，打造金桥公寓服务的金字招牌。

3.3 聚焦多元品牌建设和宣传，持续提升招商影响力

3.3.1 围绕多元发展方向，建立立体品牌网络

明确品牌发展定位并形成完善的品牌体系，是打造优质企业形象、提升品牌影响力、助力企业招商和产业发展的关键基础。因此，成功的企业需要建立一套清晰、明确的品牌发展定位和体系，作为后续招商宣传的关键要素。

在此背景下，金桥集团以"铸造金桥品牌"为主线工作，将企业品牌定位为打造具有国际视野、追求卓越的城市功能开发商、未来产业号召者和现代化企业集团，并积极打造系列企业品牌、党建品牌、项目品牌等多样化品牌分支，形成立体型品牌网络。党建品牌围绕国企担当和党员带头作用，与"七朵金花"开发建设深度融合，持续建设推广"金色中环·新金桥""平和党建"和"阿拉环保"等党建品牌。项目品牌聚焦上海金鼎、平和学校、租赁式公寓等高质量精品项目，打造业内和社会各界高度认可的项目品牌。企业品牌致力于持续扩大"金桥"品牌和"新金桥"品牌的影响力，建立金桥集团及全资子公司并行的企业品牌；园区品牌以四大支柱产业为基础，围绕"未来车""智能造""数字经济"和"大健康"核心承载区建设，建立高影响力园区品牌；通过子公司、党建、产业、项目等多品牌网络的协同发展，最终实现"金桥品牌"的高质量塑造。

3.3.1.1 党建品牌

金桥集团党委坚持"人民城市"理念，聚焦"七朵金花"建设，打造"金色中环·新金桥"党建品牌，以"金牌"党建引领"金色"发展。以党建为纽带，做好区域开发"黏合剂"，加强与政府部门、属地街镇等各方的联动协同，加速推进"两旧一村"改造等重大建设项目拔点攻坚。同时凝练形成一套金桥标准，建立"统一规划、统一设计、统一建设、统一管理"的开发机制，形成"一个至上、双区联动、三座城、四个统一"的"1234"开发模式，并通过加强"三重一大"建设，更好发挥党委把方向、管大局、保落实的领导作用。此外，金桥集团通过织密组织覆盖"保障网"，在小湾村项目现场设立临时党支部，组建党员先锋队、青年先锋队深入一线攻坚克难，打造一支金桥铁军，以项目建设培养、锻炼人才，创造人才辈出、人尽其才的良好局面。

金桥集团党委搭建凸显金桥集团特色的党建品牌支柱，围绕区域开发全链条和全周期构建丰富多元的党建品牌体系，打造党建品牌矩阵，现已建立"阿拉环保""星级物业 五心服务""新金桥养老"等优秀党建品牌，进一步发挥增进民生福祉主力军作用，彰显区属国资企业社会担当。

3.3.1.2 项目品牌

项目品牌进一步聚焦金桥集团开发的系列产品，通过高质量建设，在细分领域形成市场认可度较高的

金桥集团金色中环·新金桥LOGO

项目品牌，例如长租公寓品牌、商品住宅品牌、商业品牌、产业项目等。其中，在长租公寓领域，从产品的层次分类角度出发，设计了"星耀""礼御""微澜"三个品牌。其中，微澜·暮紫里公寓作为金桥集团率先建成的大型公寓项目，已成为市场上同类产品的标杆。未来，金桥集团将逐步开拓中高端住宅业务市场，持续加强公寓品牌塑造。在产业领域，推出"金桥源创派"项目品牌，依托金桥集团产业优势，强化创新策源、培育创新企业的重要使命，聚焦初创企业所需，为每一个有梦想的创客打造原始创新的摇篮，以强大的资源和服务支持，为创新创业者加速赋能。

3.3.2 强化公司品牌治理，建立品牌标准体系

品牌管理制度是强化品牌建设、固化品牌宣传的重要基础，通过形成明确的品牌管理组织架构，建立完善的品牌治理工作机制，能够有效保障企业有序开展品牌宣传活动，及时应对各类突发事件，保护企业和品牌信誉，为企业品牌建设和招商提供保障。

在此背景下，金桥集团持续完善品牌治理体系，注重品牌保护，创新品牌推广、使用与输出模式。通过设立品牌专项工作小组，推进公司市场化改革，同时建立部门协调、商标管理等机制，并制定品牌宣传标准体系，维护金桥集团统一品牌形象等方式，积极推动品牌商标建设的进程。工作机制方面，建立完善的商标管理体系，充分保护企业无形资产，开展商标保护性注册，处理商标恶意抢注等问题。同时，建立统一的品牌宣传项目建设标准体系，对项目围挡和展示中心的布置形成统一要求，制定高质量的建设标准。

3.3.2.1 工作机制

金桥集团将商标管理作为品牌建设的重要任务，依托发展投资部制定体系化的管理体系，按照"应注尽注"原则，持续加大对金桥集团商标保护力度，形

上海·金港星海湾展示中心

成"新商标注册和存量商标管理工作两手抓"的工作机制，充分保护金桥集团无形资产。一是积极开展商标注册、续展工作，根据金桥集团业务及各部门需求，注册金鼎首府、金鼎阅府、金环LOGO、金色中环、金湾启城、金港阅府、金港首府、临港图形LOGO等商标品牌，配合完成合同签署、材料提交等流程；同时，排查金桥集团现有商标，完成下属企业存续商标梳理，根据到期日期安排商标续展。目前金桥集团已持有注册商标百余项。二是开展商标撤三应对工作，即处理外部以商标三年未使用为由，向商标局提交的撤销申请，目前累计提交抗辩近百件，在商标局规定的期限内提交了商标撤三证据材料，有效确保了金桥集团品牌权益。三是开展商标恶意抢注应对工作，根据发现的商标恶意抢注情况，及时开展维权工作。例如，于2023年开展了"金色中环"商标保护性注册，发起金桥双子塔等商标恶意抢注无效申请，提交已公告的被抢注商标异议申请。

3.3.2.2 标准体系

金桥集团在品牌宣传实践中持续探索，逐渐形成了可复制的操作模式，其中最典型的便是每朵"金花"形成一部宣传片、一个沙盘模型、一个展厅、一组围挡的"标配"。金桥集团以最早落地实施的上海金鼎项目作为品牌宣传模板，推广到其他各个区域及项目学习借鉴，明确项目围挡要统一规格，展示中心则可以结合自身实际特色进行局部修改，但也不要标新立异。尤其是针对关键的展厅沙盘、大屏、音响等的核心布局，提出"大气、有震撼力"的标准要求，同时规定产品介绍要清晰、直白，不能一盘散沙。

3.3.3 积极拥抱创新技术，探索多元品宣模式

在建立完善的品牌网络、治理体系的基础上，正式开展一系列品牌宣传推广活动是品牌建设的最终环节，也是向外部输出企业形象、提升招商知名度、提升社会影响力的重要方式，通常企业需要借助多种载体，在不同场合开展多种形式的品牌宣传活动。

在此背景下，金桥集团以提升金桥品牌美誉度、品牌竞争力、客户满意度等为目标，以产品为支撑，积极融入创新技术，采用多元品牌宣传方式，对外传达金桥集团使命愿景、开发理念、项目产品，持续探索国际化的宣传能力，推动金桥品牌"走出去"。一是持续开展企业拜访活动，针对商品住宅、租赁式公寓等产业配套项目，对园区入驻企业开展一系列走访宣传活动，扩大配套居住品牌的影响力。二是借助多样媒体平台，持续宣传企业文化和开发理念，将优秀的企业"软实力"转化为推动企业发展的"硬实力"。三是持续开展对外活动宣传，通过多次招商活动、项目路演、活动宣讲等，充分吸引媒体、投资者、群众的关注，推动品牌信息快速传播。四是积极拥抱新技术，采用数字化、智能化技术，向客户提供更丰富、更有感染力的交流体验，提升客户满意度，推动品牌宣传工作提质增效。

3.3.3.1 企业拜访活动

园区内各类入驻企业既是金桥集团产业发展的重要组成部分，也是各类产业配套产品的主要消费客群之一。因此，金桥集团将针对入驻企业的拜访作为品牌宣传的重点之一，通过长期宣讲进一步提升金桥在招商企业和投资者中的产品知名度。例如，为了更好地宣传暮紫里公寓在金桥开发区投资企业中的知名度，金桥集团一方面于2019年年底，在暮紫里开展"浦东新区人才政策解读暨上海新金桥暮紫里公寓推介会"的主题活动，以此打造社会热度并提升活动影响；另一方面于2020年上半年，加大企业拜访和宣传，为暮紫里公寓二期项目做市场预热及推广。

3.3.3.2 多样媒体平台

在如今的流量时代，通过多样的媒体介质对品牌进行线上、线下推广，逐渐成为金桥集团品牌宣传活动的重点之一，能够有效提振金桥集团在开发区域内的声势和地位，提升区域内企业和百姓的信心，提高金桥集团品牌的辐射力。在线下方面，金桥集团针

金桥集团主办的"暮紫里后浪派"周末市集活动

对"七朵金花"项目品牌采用"围挡+展示中心"的方式。其中，施工场地的围挡通常是对外展示项目的主要方式，能够让行人在经过的时候充分了解项目，吸引社会公众的注意；而展示中心则是金桥集团展示区域规划、产业布局和房产销售的最重要手段，在领导调研、企业接待、客户上门等场合均起到重要的品牌宣传作用，是企业的门面所在。在线上方面，金桥集团持续做好金桥集团企业文化宣传工作，通过高质量运营金桥集团微信公众号、电子屏、视频号等宣传载体平台，制作极具吸引力的宣传文案和视频，同时翻译成英文、日文等多国语言版本，以面向国际的视野，向外界持续输出金桥集团优质的品牌形象。

3.3.3.3 对外活动宣传

金桥集团充分利用招商活动、项目路演、活动宣讲、参加展会、举办赛事、组织社区活动、评奖等活动，向外界持续输出金桥品牌形象，提升企业招商吸引力。例如，围绕机器人产业，借助2021年世界人工智能大会发布了《上海机器人产业园产业定位研究报告》，为金桥南区机器人相关产业招商造势。同时，携手阿里云与宝马，共同聚焦"未来车、智能车产业"，成功举办"2021阿里巴巴诸神之战暨宝马'互联网+汽车'赛道全球总决赛"，吸引了相关领域的广泛关注。此外，金桥集团产业促进服务部还组织圣诞市集、元宵灯会、暮紫里后浪派等富有烟火气的社区市集，以此加强社区文化营造，提升社区居民的

幸福感，提高金桥商业品牌口碑。

除此之外，金桥集团积极参与各类评奖和排名，借此积极宣传金桥集团在项目建设、运营服务等方面的专业认可度，进一步提升品牌形象。例如，金桥集团荣获2012年度上海市"十大品牌"；同年，平和学校在"2022胡润百学——可招收中国籍学生的中国国际化学校100强"中名列第五位等成绩，品牌影响力和价值的不断提升，为金桥模式的复制推广和创新发展创造了良好条件。

3.3.3.4 创新技术应用

除了上述传统品牌宣传方式，金桥集团充分利用产业优势，积极引入创新技术，建设更智能的数字化品牌宣传模式。例如，金桥集团积极建设全场景、全流程、全方位数字化管理模式，以数字化手段标准化各业务流程。在此基础上，不断探索数字化在品牌宣传场景中的应用，尝试以数字服务员智能交互问答的形式，回答客户项目介绍、房型介绍、周边配套等一系列信息。一方面，向客户提供更丰富、更有感染力的交流体验，提升客户满意度；另一方面，进一步展示金桥集团在产业发展方面的实力，提升品牌招商的吸引力。

金桥集团作为产业聚集的号召者，充分贯彻上海建设发展要求，以产城融合的理念推动产业高质量可持续发展。贯彻全流程招商理念，从产业定位到精准招商，聚焦高端产业引领功能，开展多样化招商宣传活动，积极建设产业配套设施，助力全产业链的打造；持续提供人性化产业服务，加强集团经营性资产精细化管理和客户服务水平，助力提升招商吸引力，确保经营性资产高效运营、保值增值，推动产业高质量可持续发展。最后，积极开展标准化品牌宣传活动，打造优质企业形象，提升品牌社会影响力，助力金桥集团企业招商和产业发展。基于上述创新模式，金桥集团将努力打造成为具有国际视野、追求卓越城市功能的开发商、未来产业号召者和现代化企业集团。

第四章

坚守人民至上理念,勇当社会民生保障的担当者

4.1
参与社会治理，积极投入区域文明建设

金桥集团不只是区域开发者，更是区域文明建设的引领者、倡导者、推动者。数年来，金桥集团勇担社会责任，坚持服务民生，推动社会的可持续发展。其中，服务板块作为金桥集团发展的重要"血脉"，围绕区域综合开发上下游产业链布局，基本实现涵盖物流、物业、环保、能源、养老、新基建、教育、征收、劳服等全产业链协同发展，支持和培育金桥集团内部物流、养老、能源、环保等有较大上升空间的直属企业挂牌上市。金桥集团坚持把人民宜居安居放在首位，注重解决好安全、居住、公共服务和职住平衡等突出问题，为城市未来的发展拓空间、增动力、添活力。

金桥集团在做好集团自身发展工作的同时，积极投入到环保、养老等公益事业中。同时，金桥集团坚决贯彻落实党的二十大精神，按照"争创全国文明单位、助力金色中环发展"的总体目标，持续推进精神文明建设工作，将精神文明建设作为金桥集团的"软实力"和"竞争力"。以环境保护、员工福利、社区支持、信息安全和合作创新为重点，努力促进社会的可持续发展，倡导其他企业践行社会责任。

4.1.1 打造教育品牌，提升区域教育发展

4.1.1.1 平和教育集团、平和学校发展历程

教育配套建设运营是城市区域发展的重要保障。平和学校创建于1996年，由金桥集团全额投资，是非营利性的全日制民办十二年制学历教育学校，业务主管单位是浦东新区教育局，办学范围是小学、初中、高中学历教育。平和学校致力于培养"扎根于中华传统文化、具有国际竞争力的成功的终身学习者"，坚持"精品、高素质、国际化"的办学宗旨，坚持"让学生在思考、实践和创造活动中健康成长和全面发展"的课程理念，坚持"英语和双语教学"的办学特色，坚持"轻负担、高质量"的教育管理理念。

通过二十余年的办学历程，学校不断调整办学结构、积淀教育内涵、提高办学质量，形成了"平而不庸、和而不同"的校园文化、"平正达礼、和善励新"的校训。如今，平和学校已成为浦东新区民办教育的高地，是金桥开发区招商引资、吸引高端人才的优质教育配套。平和学校2012年被上海市教育委员会评为"上海市民办中小学首批特色创建学校"；2014年通过市教育委员会审核成为上海市首批21所开设高中国际课程学校之一；2016年被福布斯评为上海最好的两所国际学校之一；2022年荣获"2022胡润百学——可招收中国籍学生的中国国际化学校100强"第五位；2023年在胡润百学首次发布的"全球高中排行榜"中，位列中国第三、上海第一。

金桥集团致力于打造民族教育品牌。为了维护和提升"平和教育"品牌、满足社会优质教育需求，经浦东新区国有资产监督管理委员会批准，2018年1月上海金桥（集团）有限公司出资设立平和教育集团。2021年5月，平和教育集团党委成立。

平和教育集团主要承担管理输出、品牌拓展和课程研发功能，经营范围是从事教育科技专业领域内的技术开发、咨询、服务、转让等。金桥集团借鉴和对标国内外一流教育集团的成功经验，走企业办学的专业化之路，传承创新"平和教育"品牌的发展，进一步提升品牌核心竞争力，凸显公益的规范办学理念，有序推进"平和教育"品牌与资本市场携手，推进"平和教育"品牌适度扩展，完成平和学校从"单体校"向"集团校"的转型。目前，平和教育集团全额投资举办上海格霖培训学校有限公司，拟办上海金鼎平和幼儿园。同时，受托管理上海浦东新区民办筑桥实验小学、上海青浦平和双语学校、上海青浦平和幼儿园。

2022年12月，中共中央、国务院发布《扩大内需战略规划纲要（2022—2035年）》，其中对民办教育的表述为"鼓励社会力量提供多样化教育服务，支持和规范民办教育发展，全面规范校外教育培训行为，稳步推进民办教育分类管理改革，开展高水平中外合作办学"。这标志着民办教育将从严管严控阶

段进入分类管理阶段，民办教育将拥有相对稳定的政策预期，这将有助于平和教育制定有效策略，从而有效落实"十四五"规划的发展目标。教育集团是平和新的出发点，有效加强了学校间的联系沟通，激发了成员校的活力，形成新的品牌效应和资源集聚效应，促进了平和学校的办学理念和文化内涵的深化推广。平和学校在自身发展壮大的同时，积极带动了教育集团中的每一所学校共同进步，让教育经验、教育资源在集团内部充分涌流，进一步推动教育集团内的协同合作、课程创新、规范管理。筑桥实验小学以"通"为办学精神，希望学校成为孩子们的桥梁，帮助他们成为具有内驱力、使命感和行动力，融通传统与未来、民族与世界的终身学习者；青浦平和学校与平和一脉相承，又自有特色，学校秉承"中西合璧、兼容并蓄、本土情怀、国际视野"的教育理念，提供满足学生个性化成长需要的优质教育服务；青浦平和幼儿园以帮助幼儿"认识自己、接纳他人、探索世界"为目标导向，实施基于活动和游戏的主题式课程，为幼儿的终身发展奠定良好的基础，帮助孩子成为最好的自己。

同时，金桥集团放眼延伸教育产业链，积极开展教育培训产业研究，重点关注素质教育产业，聚集教育产业链多业态资源整合，打造素质教育高地。研究制定金鼎天地培训大楼教育相关业态布局和运营招商方案并推动实施，结合培训中心大楼的运营，扩展格霖培训自营与合作办学项目。基于"金字招牌"与"联动运营"的策略，平和教育将策划并开展"不同论坛""现象讲座"等综合性品牌运营，充分展示平和教育内涵，尤其是金鼎平和的教育生态，提升社会影响力。重点打磨平和教育集团以及子公司格霖培训学校的市场运营模式，关注品牌的溢出效应。构建独具特色的教育社区和教育综合体，探索实践与社区、商业、产业共生共融的发展模式。重点研究实践金鼎天地平和教育综合体、平和临港教育社区运营和规划建设，打造独树一帜的教育综合体和教育社区。推动新建校区建立标准化办学和运营流程，促进可持续发展。

平和教育紧扣"五行合一"的全局谋划，围绕"淘沙取金、磨剑登鼎"的核心目标，在自主办学、教育教学、内涵建设、品牌输出等方面深耕创造、结出硕果。平和教育在金桥集团区域发展战略的引领下，拼搏向前、和合致远，合力奔赴学习型、多业态、综合性的金鼎平和教育生态社区。同时，聚力追赶行业先进标杆，主动对标引领区建设要求，深入谋划高质量发展新阶段的实施战略，再展宏图、争创一流。

4.1.1.1.2 平和教育集团、平和学校服务"金花"的作用与贡献

平和学校金鼎校区位于上海市浦东新区曹路镇，作为金桥集团在上海金鼎九宫格区域的第一个开工项目，总建筑面积18.2万平方米，总投资额近17.32亿元。作为"金色中环发展带"中最先启动的重点开发区域，也是上海金鼎朝着"三年出形象、同步出功能、'十四五'基本建成并运行"的建设目标迈进的一大步。

平和学校金鼎校区于2021年11月16日结构封顶，2023年5月9日顺利完工，2023年9月1日正式启用。平和教育集团、平和学校全力推进金鼎平和整体开办的核心任务，在金桥集团各部门的大力支持下，推动落实资质办理，高效完成校区配置，稳步推进生源扩招与师资招聘，平和学校高中部于2024年2月圆满入驻。

平和学校金鼎校区的启用显著提升了区域的配套设施水平，辐射了优质的教育资源，有效助力上海金鼎成为2035年上海卓越城市的典范作品。平和教育承担以优质教育资源辐射区域招商的责任，保障上海金鼎"三年出形象，同步出功能"的战略规划顺利完成，与金桥集团"打造引领中国式现代化的全球一流城市开发运营"的战略目同频共振、同向发力。党的二十大报告提出要将教育、科技、人才作为一个整体性重大问题，强调学校、家庭、社会共同育人机制建设。金鼎平和教育综合体的教育社区与教育生态定位，将促使平和高中与科技、创新产业资源跨界合作，成为平和教育品牌发展的新契机。

平和学校临港校区对标国内外一流教育社区，引入星系设计，将以优质多元的教育服务配套，培育更多充满活力的国际化复合型人才。

4.1.2 承担社会责任，构建可持续医养体系

4.1.2.1 新金桥养老公司发展历程

当前，上海面临日益严峻的人口老龄化问题，急需健全、可持续的多层次社会保障体系，完善养老服务体系和健康服务体系，构建养老、孝老、敬老的政策体系和社会环境。2018年，根据浦东新区政府关于区属国企参与公办养老机构改革工作的统一部署，在新区民政局、新区国有资产监督管理委员会直接指导下，新金桥养老公司于2018年4月18日正式揭牌成立。

新金桥养老公司直击健康养老民生问题，勇担社会责任，积极应对人口老龄化，按照当好"服务保障基本民生的担当者"的要求，打造"全产业链、一站式养老综合服务商"。公司以创办金杨养老综合体、曹路养老旗舰店为抓手，以新区"四高"战略为标准，围绕"打造新区公办养老机构改革成果示范点、打造全国公办养老示范基地、健全老年全生命周期医养结合的综合照护"的目标，从"服务运营标准化、项目运营流程化、系统运营智慧化、人才培育基地化、特色服务专业化"五个方面加快落实发展，积极推动国企参与公办养老改革进程，着力打造"新金桥养老"品牌。以创建国家级养老服务业综合改革试点区为契机，坚持"政府主导、企业运作、资源整合、社会参与"的发展原则，加快发展，完善布局，创新养老服务模式，拓展养老服务领域，提升专业化服务水平，推动养老服务数字化转型，增强企业核心竞争力，力争成为全国公办养老机构示范基地，打造全国领先的养老服务品牌。围绕浦东新区新一轮开发战略目标，以机构为核心，建设成为集服务社区、居家服务、产业配套、咨询研究于一体的养老综合集团服务运营商，将新金桥养老打造成为符合浦东国资战略发展方向，具有行业示范效应、品牌影响力，上海一流、全国领先的综合型养老集团。

新金桥养老公司自2018年成立以来，紧紧围绕浦东新区养老政策，深入了解老年人普遍养老需求，全力打造浦东新区公办养老机构示范旗舰店。首家机构项目金杨养老院于2019年4月正式开业，第二家机构项目新金桥曹路养护院于2023年3月21日正式开业。公司坚持对标一流品牌，着力推动特色打造，优化功能布局，全面提升养老院硬件水平，建设服务、餐饮、活动、日照、康复、医疗六大功能中心，打造认知障碍守护记忆家园、老党员活动室、屋顶花园、认知障碍友好支持中心等九大场景，以及社区卫生中心医疗分站点等亮点空间。

4.1.2.2 养老综合服务系统运营与品牌打造

新金桥养老公司积极筹划，聚焦主业，由"打破围墙的养老院"1.0版向"一院、一中心、一站点"2.0版，再向智慧养老院赋能叠加下的3.0版进一步迭代升级，全面探索居家服务，推动品牌由机构向社区辐射，充分促进医养、康养相融合。

围绕金桥集团"对标一流找差距、昂扬斗志争先进"的思路，新金桥养老公司投入养老机构日常运营，由公司领导班子带头，公司员工下沉院办行政、业务等一线岗位。在金桥集团支持下，整合资源建立养老院后勤保障队伍。同时以专业、务实的标准遴选、招募管理和护理服务团队。总体建立起一支素质过硬、规范高效、作风优良、精诚团结的专业队伍。

同时，新金桥养老公司积极构建"机构＋社区＋居家"三位一体的智慧养老管理服务平台，旗下金杨养老院、新金桥曹路养护院于2023年成功纳入上海市政府民生实事工程项目智慧养老院试点机构，两家机构还分别与仁济医院东院签订"养老院+互联网医院"合作协议。金杨养老院"智慧养老综合服务系统"成功入围上海市智慧养老应用场景案例，列为新区民政局智能化应用场景示范点，新金桥养老公司"心家园"智慧健康养老服务平台项目还获得了上海市经济和信息化委员会信息化专项发展资金扶持。为满足机构周边社区居家老年人的服务需求，在机构内

设置了综合为老服务中心，将日托、助餐、咨询、辅具租赁、志愿为老等服务不断向社区居家辐射，与浦东碧云美术馆积极打造"艺术+养老"的服务模式，满足老年人"老有所学""老有所为"的需求，在金杨综合服务中心内设立黄山社区卫生服务站，进一步满足群众家门口"15分钟便民医疗圈"的需求。

为进一步发挥浦东新区养老改革示范区作用，公司贯彻落实浦东新区"四高"战略，以新区改革开放"再出发"为契机，发起成立"上海市浦东新区养老发展研究院"，对标高端、精耕细作，力争打造成为上海一流、全国知名的养老研究咨询机构。2019年10月31日，研究院在"孝动浦东"大型活动上正式揭牌。同年12月，研究院成功主办"长三角社区养老服务体系"研讨会，并在会上启动成立长三角社区养老服务联盟。2020年以来，研究院先后承接新区养老国企可持续发展、新区"十四五"养老财政扶持政策、新区养老人才专项扶持政策等多项课题研究项目，编著《大城养老·浦东样本（第一册）》，并积极推进上海国际养老辅具及康复医疗博览会长三角展览、全国养老高峰论坛等工作。推动长三角域内养老人才交流互动，开展上海养老管理志愿服务人才培训班、浦东养老英才特训营、"大城养老"浦东样本研学营等培训项目，打造产学研一体人才培养平台。

金桥集团始终秉承勇担国企民生福祉的使命，以匠心精神铸造品质养老集团建设，全面践行"人民城市"理念，"把最好的资源留给人民，用优质的供给服务人民"，不断提升长者获得感、幸福感、安全感。

4.1.3 坚持服务民生，举办公益志愿活动

4.1.3.1 民生服务

金桥集团在做好自身精神文明创建工作的同时，还大力支持金桥开发区的区域文明创建工作，将精神文明创建工作融入开发区基层党建和社会治理的大格局中。金桥集团每年与自贸区金桥管理局等联合举办金桥中外家庭闹元宵、金桥关爱运动会、招商推介会等活动，并积极参与区域性的群众性劳动竞赛和文化体育活动，共同营造金桥开发区良好的精神文明创建氛围。

金桥集团积极开展调研活动，强化与人民群众联系，通过宣传阵地进一步贯彻"人民城市"重要理念。2018年，金桥集团与金桥管理局及金桥镇形成了"大联动"，通过"全区覆盖、全域联动、全员走访"，二十多个小组深入开发区企业单位进行走访调研，了解实情，倾听诉求，帮助解决实际问题，进一步提高了开发区内企业的满意度，在"七朵金花"开发建设中，让人民群众更多了解和参与项目开发建设的互动交流，为城市开发和区域发展提供金桥样本。

围绕建设"打破围墙"的养老院，金桥集团以新金桥养老公司为依托，组建了约500人的养老志愿队伍，每月开展"雷锋精神月月传"市集活动以及心灵呵护志愿服务，为周边社区长者送去心灵抚慰与温暖呵护。金桥集团的"心家园"志愿服务项目荣获"2019—2020年度浦东新区'十佳'志愿服务项目"，金杨养老院荣获了2020年度浦东新区"孝动敬老先进团队"称号，新金桥金杨养老志愿服务队荣获"2021年度浦东新区十佳职工志愿服务团队"。

新金桥养老打造"心家园"志愿服务项目，以"健康、欢乐、助老"三大板块服务内容，设置"适老化辅具租赁"服务，为老服务向周边社区辐射；引入"智慧健康驿站"项目，与浦东新区军队离退休退休干部服务管理中心、公利医院等机构建立志愿共建，引入专业医疗志愿者，定期为社区和院内长者开展义诊服务。为充分发挥志愿者在为老服务工作中的积极作用，项目成立之初，就创设了"心家园志愿者服务队"，通过一系列以医疗义诊、公益文艺演出、生活照护、心灵疏导为主的为老服务项目和行动，吸引更多爱心人士、企业志愿者走进养老院。

新金桥养老公司基于"时间银行"养老志愿服务理念，在社区原有志愿服务的基础上进一步拓展延伸。"时间银行"主要号召50岁以上的中老年人参与志愿服务，探索"低龄时自愿提供服务，高龄时优先享受服务"的接力式志愿服务模式。参与者通过志

愿服务"存储时间",可以留给自己使用或是转赠给身边老人,鼓励志愿者尤其是健康低龄老人自愿为高龄老人服务,以待今后自己需要时可优先享受养老志愿服务,从而形成低龄扶高龄、一代帮一代的养老志愿服务模式。"心家园"志愿服务项目运行至今,主动加入志愿者队伍的群众越来越多。活动内容包含但不限于文艺演出、手工制作、心理慰藉、康复理疗、健康义诊、理发修指、主题党课、节日慰问等。通过提供越来越丰富的服务内容,实现了养老院与社区共融,促进志愿服务的日常化、便利化,进一步弘扬中华民族尊老敬老的传统美德。新金桥养老公司的志愿服务受到了周边社区长者居民的一致好评,不断有爱心人士前来登记,表示愿意加入新金桥养老"心家园"志愿服务队,为长者开展志愿服务。

此外,金桥集团积极组织开展了系列志愿服务,多点联动。比如,金桥临港志愿者服务队围绕"店小二"服务,积极为园区内的企业提供政策咨询以及配套服务,并提供理发、眼镜护理、手机贴膜、家电维修等便民服务,不断优化营商环境。新金桥物流青年志愿服务团队与周边居委和村委通过结对子的方式,开展小区环境治理活动,提供维修小电器、整治小区绿化、清理楼道垃圾等便民服务。新金桥物业志愿服务团队开展"小事见真情,物业暖人心"志愿服务活动,为社区群众提供义剪义诊、维修小家电、健康生活小知识咨询等便民服务。

4.1.3.2 帮扶慰问

金桥集团积极开展帮扶慰问,践行社会责任。2008年起,金桥集团和金桥股份联发公司相继设立了幸福安康基金用于帮困,十多年来持续实施对口帮困送温暖、重大疾病减负、特殊困难补助、丧劳残疾帮困和帮困助学五个援助项目。同时金桥集团工会、金桥集团团委也开展了重病帮困、外来务工人员补助、金秋助学等活动,进一步扩大帮困服务人群。

按照"携手奔小康""携手兴乡村"的部署要求,从2018开始,系统内8家单位先后与云南大理和怒江的6个村、新疆莎车的5个村进行结对帮扶,截至2022年累计帮扶金额230万元。2020年组织了"我与金桥共奉献"的爱心义卖活动,将义卖收入58932元全部捐赠给对口帮扶的云南大理剑川双河村小学。

多年来,金桥集团一直围绕"关注民生,做好困难人员优抚"主题,由金桥集团下属的劳服公司负责,在征地人员帮困补助上下功夫。2017~2018年,金桥集团各党支部分别与35户特困家庭开展结对活动,对800多人次(户)困难征地人员及外来务工人员给予了节日对口帮困,年度补助金额超过33万元。同时,金桥集团还积极参加浦东新区总工会组织的帮困活动,通过认领"微心愿"的形式,帮老助残,提供便民服务,帮助新区困难职工实现心愿。

2020年,结合庆祝浦东开发开放30周年和金桥集团成立30周年,以"乘风破浪三十载、潮涌风劲

新金桥养老党支部志愿者服务队组织开展"志愿为老公益春日集市"活动

"心家园"志愿者服务队进行慰问活动

正扬帆"为主题,金桥集团开展了"我与金桥共奔跑"红色定向赛和"我与金桥共奉献"爱心义卖等一系列主题活动。

金桥集团充分发挥企业特色、专业优势,通过党建、工会、志愿服务等多种途径,以普法教育、文体活动、志愿者服务、拥军慰问、参与开发区活动等多种形式,积极、持续地开展文明单位创建活动;以开展"党员示范岗""金桥集团优秀员工"评选活动为契机,鼓励党员群众积极参与各类精神文明创建活动。金桥集团每年开展拥军活动,包括夏季高温慰问、"八一"联谊活动等。2017年7月31日,金桥集团和东方艺术中心合作举办了"方锦龙与他的千年之音"活动,以音乐分享会的形式与武警浦东支队、金桥治安派出所和消防浦东五大队共庆八一建军节。

4.1.3.3 环保公益

金桥集团将创建全国文明单位与"生态环保、绿色金桥"相结合,积极宣传环保理念,鼓励员工参加环保志愿活动,比如植树活动、"绿色星期六"志愿环保活动、临港清洁海滩行动、金桥开发区共享单车清理活动等。

围绕低碳理念宣传、环保知识普及和电子废弃物回收等志愿活动,金桥集团自2009年即成立了金桥阿拉环保志愿者服务队。该团队覆盖了集团90%的员工,同时通过社会招募,志愿者已达到1000多名,是浦东新区首支环保服务团队。阿拉环保志愿服务队的宗旨是支持环保志愿服务事业的发展,加大力度推进志愿环保服务公益活动。阿拉环保志愿者服务队开展了形式多样、便于群众参与的集中活动,持续参与各类社会志愿者公益活动逾1.5万场次,志愿者参与超过800人次,服务人次过万次,服务区域从浦东新区200多个小区逐渐向全市区域覆盖。2015年,为了进一步提升阿拉环保志愿品牌的社会影响力,拓展金桥环保产业规模,根据上海市志愿服务公益基金会的提议,金桥集团出资50万元,成立了上海市志愿服务公益基金会阿拉环保志愿服务专项基金。

同时,金桥阿拉环保志愿者服务队深入社区、企业、金融机构、学校、政府机关进行环保培训,每年开展各类培训活动400余次,参与培训总人次超5万;充分发挥公司作为国家生态环境保护科普基地、全国中小学环境教育社会实践教育基地、上海市科普教育基地的辐射和示范引领作用,并以此作为环保宣传阵地,成立了科普基地讲解志愿者队伍,近几年开展环保宣讲约140次,接受环保科普教育群众达3610人次。阿拉环保志愿服务项目及多名志愿者先后被浦东新区文明办公室、新区志愿者协会评为浦东新区"十佳"志愿服务项目、优秀志愿服务组织者、优秀志愿者。

近两年,阿拉环保志愿者服务队利用业余时间通过绿色骑游的形式,风雨无阻地穿梭在浦东各街镇、社区、学校、菜场等地,为浦东全区域2231个电子

阿拉环保志愿者服务队在社区持续开展公益旧衣服回收活动

阿拉环保志愿者服务队举办绿色骑游活动

废弃物回收网点提供常态化宣传和回收服务。阿拉环保志愿服务队为环保活动忙碌在第一线，深入宣传环保理念，积极践行志愿精神，在社会上具有广泛的知名度和社会影响力。

同时，金桥集团积极参与承办环境日宣传活动，配合浦东新区生态环境局相关处室、单位，各管理委员会、街镇，以及浦东新区环境保护协会，组织环保系列宣传活动，为前来参与活动的市民朋友们提供了沉浸式生态人文体验，营造"人与自然和谐共生"的环保氛围。

4.2
满载荣誉成就，发展理念引领前进之路

4.2.1 行业创新荣誉

提升企业创新能力、履行企业社会责任、打造产业链链主将成为国企高质量发展的必由之路。为实现高质量发展，金桥集团坚持创新驱动理念，全力塑造金桥集团"擎旗手""领头羊""主力军"角色。2018年5月，金桥集团获评"上海十佳生产性服务功能区示范园区"；2022年，金桥集团获评"上海国际城市与建筑博览会优秀展览展示奖"。

在国家863计划、上海市科技攻关课题、上海数字化转型专项等持续支持下，金桥集团秉持"金桥出品，必属精品"的理念，坚持硬核科技和产业培育模式，坚持数智赋能、创新驱动。金桥集团持续加强城市数字化转型等前沿技术的科技攻坚与落地应用，不断提高开发区域的社会、生态和经济效益，积极打造区域开发建设运营的"新标杆"，提升塑造未来城市核心竞争力。2022年后，金桥集团持续在城市数字智慧创新方面取得成就，特别是在推进城市交通数字化研究、城市停车系统数字化转型升级方面，作出了巨大贡献。

金桥集团坚持以客户需求为导向、以质量为核心、以创新为动力，不断追求卓越，不断提高建设水平。在项目建设方面取得了显著的成就，不仅推动了地方经济的发展，也为城市的建设和发展作出了重要贡献。这些成就得到了多项区级、市级以上荣誉，得到了社会各界的广泛认可和高度评价。

4.2.2 精神文明建设荣誉

金桥集团坚持"人民城市人民建、人民城市为人民"理念，在做好企业经营的同时，积极推动开发区经济、社会、文化全面发展，获得了片区的广泛好评。持续加强国有企业党建，持续深化落实全面从严治党，赋能金桥集团"七朵金花"开发建设，为金桥集团高质量发展提供了坚实的政治保障、思想保障、组织保障，以严实作风确保各项工作任务圆满完成。截至2023年年底，金桥集团已连续13届获评上海市文明单位。在党建品牌引领下，金桥集团荣获"全国巾帼文明岗""上海十大品牌""上海市巾帼文明岗"、上海市"五一劳动奖章"、浦东新区"先进基层党组织"、浦东新区"三八红旗集体"等荣誉称号。

数字化技术创新荣誉

时间	荣誉称号	项目名称	颁发单位
2020年10月	2020年第三届浦东新区BIM技术应用创新劳动和技能竞赛暨长三角区域邀请赛项目赛一等奖	金鼎天地培训中心	上海市浦东新区总工会、上海市浦东新区发展和改革委员会、上海市浦东新区建设和交通委员会等
2021年7月	2021年度数字城市探索奖	上海金鼎	世界人工智能城市规划联盟、2021世界人工智能大会·国际AI城市论坛、世界规划教育组织

续表

时间	荣誉称号	项目名称	颁发单位
2021年8月	入选上海市2021年度"科技创新行动计划"社会发展科技攻关拟立项项目清单	《数字园区弹性交通信息物理系统示范应用》	上海市科学技术委员会
2021年9月	第十二届"创新杯"建筑信息模型（BIM）应用大赛科研办公类BIM应用二等成果	上海金鼎平和教育综合体	中国勘察设计协会、欧特克软件（中国）有限公司
2022年4月	"科技创新行动计划"启明星项目	大型城市综合体动静交通协同管控方法研究及应用	上海市科学技术委员会
2022年7月	2021年度浦东新区"金色中环发展带"主题立功竞赛"金环"特色项目	金鼎天地培训中心（金鼎天地15-01地块商办项目）	浦东新区总工会、浦东新区"金色中环发展带"建设指挥部
2022年10月	"滴水湖·港城杯"CIM创新应用竞赛CIM全国成果邀请赛特等奖	上海金鼎"聪明城市"CIM数字化平台	上海市浦东新区总工会、上海市浦东新区建设和交通委员会、上海市浦东新区发展和改革委员会等
2022年10月	上海市城市数字化转型项目专项资金支持	上海金鼎数字化转型基础建设项目	上海市经济和信息化委员会
2023年2月	2022年度中国公路学会科学技术奖一等奖	城市停车数字化管理与智能型诱导关键技术及装备	中国公路学会
2023年4月	上海市科技进步奖一等奖	城市停车全域数字化与管理智能化关键技术及应用	上海市人民政府
2023年6月	2023 Sail Award "SAIL之星"	上海金鼎"聪明城市"CIMAI平台研创	世界人工智能大会组委会
2023年11月	2023上海城市数字化转型"卓越之星"	《基于弹性交通的新一代数字停车管理与应用示范》	上海市数字化转型工作领导小组办公室、上海市经济和信息化委员会、上海市交通委员会
2023年11月	"先锋杯"数字孪生创新应用大赛	基于数字孪生底座的城市超大地下空间应急智防平台	深圳市人民政府、深圳市政务服务数据管理局

建设项目荣誉

时间	荣誉称号	项目名称	颁发单位
2022年2月	2021年度上海市重点工程实事立功竞赛"特色项目"	金桥临港C12-01b项目（智荟园三期）《钢结构吊装及防台防汛安全管控提升法》	上海市重点工程实事立功竞赛领导小组、上海市住房和城乡建设管理委员会
2023年8月	第九届CREDAWARD地产设计大奖未来（方案）项目银奖	金桥·上海金鼎TOD综合体项目	CREDAWARD全球地产设计大奖
2023年8月	GBE酒店设计大奖、2023年度最佳主题酒店奖	金桥·海昌企鹅度假酒店	GBE（Global Business Engine）
2023年11月	LEED金级预认证	上海金桥（集团）有限公司元中心一期170塔楼	美国绿色建筑委员会（USGBC）
2023年11月	WELL金级预认证	上海金桥（集团）有限公司元中心一期170塔楼	美国绿色建筑委员会（USGBC）

续表

时间	荣誉称号	项目名称	颁发单位
2023年12月	REARD（地产）建筑BIM数字建造大赛金奖	上海金桥临港综合区教育商住综合体	REARD（地产）建筑BIM数字建造大赛组委会
2024年1月	2023年度GADA全球建筑设计大奖银奖	金环未来城市设计艺术中心	GADA全球建筑设计大奖组委会
2024年2月	WELL金级预认证	上海金桥（集团）有限公司元中心二期330塔楼	美国绿色建筑委员会（USGBC）
2024年3月	2023年度上海市智造空间优质项目"十佳方案"	金谷擎天项目、金港·智擎园	上海市经济和信息化委员会
2024年3月	2024年度第六届UDAD城市设计与建筑设计奖金奖	金环未来城市设计艺术中心	APR（Architecture Press Release）
2024年4月	LEED铂金级预认证	上海金桥（集团）有限公司元中心二期330塔楼	美国绿色建筑委员会（USGBC）

精神文明建设荣誉

时间	荣誉称号	类别	颁发单位
2013年5月	2012年度"上海十大品牌"	单位	上海品牌发展研究中心、上海东方品牌文化发展促进中心
1995～2021年	上海市文明单位	单位	上海市精神文明建设委员会
2021年1月	2020年度浦东新区模范工会	单位	浦东新区总工会
2021年1月	2019年度浦东新区企业年报一等奖	单位	浦东新区财政局
2021年3月	浦东新区工人先锋号	部门	浦东新区总工会
2021年3月	2020年度课题优秀成果三等奖	金桥集团党委课题报告	上海市党的建设研究会
2021年6月	2019—2020年度浦东新区"十佳"志愿服务项目	直属企业	浦东新区精神文明建设委员会
2021年6月	2021年度金桥开发区企业"入围案例奖"	直属企业	金桥经济技术开发区管理委员会
2021年6月	2021年度金桥开发区企业"优秀案例奖"	直属企业	金桥经济技术开发区管理委员会
2021年7月	2021年度浦东新区"先进基层党组织"	党组织	中国共产党上海市浦东新区委员会
2021年、2023年	年度区国资系统"先进基层党组织"	党组织	浦东新区国有资产监督管理委员会党委
2021年9月	2019—2020年度浦东新区文明岗位	部门	浦东新区总工会、浦东新区精神文明建设委员会办公室
2021年10月	2021年度全国巾帼文明岗	部门	中华全国妇女联合会
2021年12月	2021年度浦东新区十佳职工志愿服务团队	直属企业	浦东新区职工志愿者协会
2022年1月	上海市五一劳动奖状	单位	上海市总工会、上海市人力资源和社会保障局

续表

时间	荣誉称号	类别	颁发单位
2022年3月	2021年度上海市巾帼文明岗	部门	上海市巾帼建功活动领导小组、上海市妇女联合会
2022年3月	2021年度浦东新区巾帼文明岗	部门	浦东新区妇女联合会
2022年7月	2021年度浦东共青团青春建功"浦东倍增"专项行动优秀集体	青年突击队	共青团上海市浦东新区委员会
2022年11月	区属企业先锋党建品牌	党建品牌	浦东新区国有资产监督管理委员会党委
2023年1月	2022年度浦东新区模范工会	单位	浦东新区总工会
2023年3月	2022年度上海市浦东新区巾帼文明岗	部门	浦东新区妇女联合会
2023年3月	2022年度新时代浦东青年岗位建功行动优秀集体	直属企业	共青团上海市浦东新区委员会
2023年5月	2022年度浦东新区房地产开发四星级诚信承诺企业	单位	浦东新区房地产协会
2023年6月	上海市"工人先锋号"	单位	上海市总工会
2024年2月	2023年度区重点工程实事立功竞赛先进集体	单位	浦东新区重大工程建设指挥部
2024年2月	2023年度浦东新区先进工会	单位	浦东新区总工会
2024年3月	2022—2023年度浦东新区三八红旗集体	部门	浦东新区妇女联合会

第五章

时代新征程，
金桥育新篇

5.1
聚焦当下——国家级开发区转型的金桥样本

过去三十余年，金桥集团以开放的品格、创新的灵魂，始终致力于推动区域产业转型、升级、优化，促进产城融合，坚持"一张蓝图绘到底"的战略，从无到有，打造国家级开发区转型升级的"金桥样本"，成为浦东开发开放的一张靓丽名片。金桥开发区以浦东新区1/50的占地，贡献了浦东新区1/4、上海市1/15的工业经济规模，形成了以"未来车""智能造""数字经济""大健康"等为主导的产业布局，打造了宜居宜业、产城融合的国际社区，步入了由工业园区向城市副中心转型升级的高速发展轨道。在项目开发过程中，金桥集团始终坚持"1234"的开发主线。

（1）以"一个至上"愿景，抓实推进重大战略

金桥集团深入贯彻习近平总书记对于上海的"三大任务""四大功能""五个中心"建设的重要指示，秉承"人民至上的新时代最上海未来城"的开发愿景，在功能拓展、产业集聚、产城融合、民生保障等关键方面发挥"擎旗手""领头羊""主力军"的重要角色，在浦东区域新时期开发中履行国企担当和责任。

具体来看，金桥集团聚焦全球资源丰富功能，推动依必安派特亚太区总部、费斯托、恩捷等总部项目落地；聚焦高端产业引领功能，坚持产业高端引领，强化创新策源支撑，基本构筑"未来车""智能造""数字经济""大健康"等主导产业的总体布局，初步形成5G产业生态园、新能源汽车产业园、智能网联基地、5G超高清视频产业示范基地、机器人示范基地的"两园三基地"产业新地图。同时，聚焦"金色中环发展带"建设，全力推动上海金环更新；聚焦临港新片区"五个重要"目标要求，积极推进临港综合区产业综合体、未来之城、教育组团等项目落地，为临港新片区建设贡献金桥力量。

（2）推进"双区联动"开发建设，促进跨越式发展

建设社会主义现代化建设引领区、中国（上海）自由贸易试验区临港新片区是国家交予浦东的重大战略任务，临港新片区为浦东引领区建设起到了重要支撑作用，坚持"双区联动"的开发范围，以更大力度推动产业协同发展，也将助力新片区继续巩固、扩大重要增长极的作用，"双区"共同展现产城融合新气象，对于推动上海乃至整个国家的经济社会发展都具有重要意义。

金桥集团在深耕金桥的同时南下临港，逐渐成为浦东直属国企中践行"双区联动"的先锋军。自2010年金桥碧云品牌首个"走出去"开发的项目——碧云壹零落地临港，金桥"南下临港"动作频频，金桥按中国（上海）自由贸易试验区临港新片区管理委员会统一部署，被列为临港新片区重点开发区域规划实施平台统筹主体，会同临港城投负责综合产业片区两港快线东大公路站枢纽及周边地区的TOD开发。

开发临港既是响应"双区联动"强合力的必然要求，也是金桥集团跳出舒适圈、打开战略新空间的大胆尝试。

（3）创新"三座城"开发理念，赋能产城融合

金桥集团创新"地上一座城、地下一座城、云端一座城"的先进城市建设开发理念，提出"地上是肌体，颜值至上；地下是骨骼，功能为王；云端是神经，畅通第一"的总体建设要求。主动对标国内外先进地区，以"三座城"理念，提升金桥集团核心竞争力和产业能级。

在"三座城"理念实践中，金桥集团积极采用数字化底板串联起"三座城"，推动职住平衡、功能多元复合、绿色碳中和开发理念的落实，实现三首层一体化的全联通垂直城市空间，让人民群众拥有更多的获得感、幸福感、安全感。同时，金桥集团始终把"三座城"理念贯彻于开发建设、招商引资始终，不断吸引总部经济、创业产业落户金桥，营造世界级商务环境和具有烟火气的宜居生态，推动产城融合发展，赋能区域开发。此外，金桥集团充分发挥"金桥速度",积极建设多个"首发"样本,探索数字孪生的"聪明城市",争做城市开发的先行者、排头兵。

(4)形成"四个统一"开发机制,打造"七朵金花"

金桥集团始终坚持"统一规划、统一设计、统一建设、统一管理"的开发机制,打造城市开发建设的金桥样本。通过输出统一的城市开发模式,争做新兴产业集聚的号召者、国际魅力城区建设的引领者、产城创新融合的示范者。

目前,金桥集团围绕区域功能开发,形成了包括上海金鼎、上海金环、上海金滩、上海金湾、上海金谷、上海金城、上海金港"七朵金花",在规划、动迁和基础建设、产业招商、企业服务、园区配套等方面形成了更为深厚的经验积淀。通过总结梳理项目开发经验,形成体系化的"四个统一"开发机制,为上海开发区建设、产业提升和城镇化建设提供了成功的模式样板。

5.2
"星辰大海"——引领中国式现代化的全球一流城市开发运营标杆

金桥集团始终以习近平新时代中国特色社会主义思想为指导,全面贯彻落实党的二十大精神,立足"两个一百年"奋斗目标历史交会点,深入贯彻习近平总书记对上海发展"四个放在"和对浦东"两个放在""三个在于"的要求,站在浦东新区"一个引领区、三个成为、三个展示"的新方位,坚持创新驱动,坚持"人民城市人民建、人民城市为人民"理念,解放思想,遵循经济规模,开拓创新。

未来,金桥集团以成为"全球一流城市开发运营标杆"并成功迈向世界500强为目标。为更好地对标世界一流企业,金桥集团不断优化业务布局和经营链条,提高区域综合开发能级,加快推动投融资模式创新,布局重点产业,增加金融赋能,持续提升金桥集团治理和经营决策水平,实现金桥集团跨越式发展,制定金桥集团"2035星辰大海"发展规划,围绕金桥集团发展基础,明确金桥集团发展的宏大背景、核心追求、重点任务、支持保障等,高质量、高水平绘制金桥集团"星辰大海"路线,沿着规划好的航线图披荆斩棘,把"星辰大海"的愿景一步一步变成星光璀璨的实景。

5.2.1 金桥集团2035的愿景

金桥集团2035的愿景是"万亿资产、千亿营收、百亿利润"。金桥集团以高质量发展为引领,坚持高起点规划、高品质建筑、高标准施工、高水平功能、高质量服务、高价值产业,围绕"双区联动"和全市乃至全国重点区域开发建设,聚焦"园区开发、企业服务、产业投资、金融赋能"四大板块,积极推动金桥集团"特色化、数字化、绿色化、国际化"转型和发展,全面提升金桥集团旗下园区发展质量、创新动力、赋能能力,加快推动主业新旧动能转化,加快金桥集团收入、利润结构转型升级,提升金桥集团业务协同体系与机制升级,有效配置、整合、共享内外部资源禀赋,提升金桥集团经营效益、规模效应和核心竞争力,推动金桥集团高质量发展,实现金桥集团"新高度、新生态、新主体、新动能",尽快将金桥集团打造成为具有国际影响力和竞争力的产城融合综合运营商。

新高度:力争到2035实现四大板块结构由9:1:0:0向4:3:2:1的成功转型,实现"万亿资产、千亿营收、百亿利润",迈向世界500强。

新生态:持续营造创新、创造生态,打造金桥集团创新驱动发展平台和内部资源共享平台,打造一流城市开发运营综合服务商。

新主体:支持和培育子公司在主板或创业板上市及成果转化,对于选准的企业、前沿产业加大培养和扶持力度,持续升级以企业为主体的创新链。

新动能:通过板块迭代,形成金桥集团四个造血板块,即开发(以自持为主+租赁+销售)、服务(以自投为主+自营+IPO①）、投资（以跟投为主+领投+退出）、金融（财务公司+其他持牌机构+科技金融）。

5.2.2 "2035星辰大海"的核心追求：迈向世界500强

金桥集团通过对标世界一流企业，不断优化业务布局和经营链条，加快推动投融资模式创新，持续提升金桥集团治理和经营决策水平；以产业业态和城市形态双转型为核心抓手，持续推动智造与科技融合、产业与城市融合；坚持高水平规划和设计，坚持服务产业理念，加快建设智慧城市，激发科技创新动力，引导产业转型升级，在为产业集聚打造好物理空间的同时，形成"产业业态+城市形态+服务生态"的全面转型，打造产城融合新高地、产业引领和园区升级策源地，打造一流城市开发运营综合服务商，推进"双区"开发建设，促进金桥集团跨越式发展，成功迈向世界500强。

5.2.3 "2035星辰大海"的四梁八柱："123456"

（1）一个核心定位

金桥集团将始终立足政府赋予的"重点区域和重点产业综合运营服务商"这一核心定位，将其作为基因血液和立身之本，继续坚持发挥国企使命担当，主动融入和服务以国内大循环为主体、国内国际双循环相互促进的新发展格局，积极践行新发展理念。

（2）两个基本依托

金桥集团将继续以"浦东引领区"和"临港新片区"为物理空间和改革空间的基本依托，继续发挥区域产业联动效应，积极探索"产、城、人、景"融合发展，推动高品质载体建设。其中，浦东新区肩负着社会主义现代化建设引领区打造的使命，而临港新片区作为国家高水平开发的重要载体，正成为上海打造国内国际双循环战略链接的枢纽节点。金桥集团将继

---

① IPO：Initial Public Offerings，首次公开募股。

续紧跟两个基本依托，发挥核心产城资源优势，作为城市开发的主力军和践行"双区联动"的先锋军。

（3）三个关键性节点

金桥集团已形成"一个理念""三座城""四个统一""七朵金花"的战略框架，未来将在此基础上不断迭代演变，在2025年、2030年、2035年三个关键性节点，开发建设和改革创新分别实现重要的阶段性目标。实现2025年，园区板块与非园区板块的比例从9∶1优化为8∶2，投资板块实现零的突破；2035年，园区板块与非园区板块的比例从6∶4进一步优化为4∶6，形成金桥集团投资和服务板块核心能力。

（4）四个造血板块

金桥集团将继续加快打造开发、投资、服务、金融四大造血板块，争取在"十四五"期间产业、金融板块实现零的突破。园区形成"以自持为主+租赁+销售"模式，夯实金桥集团基石，并有序以"以自投为主+自营+IPO"方式打造金桥集团服务板块，以"以跟投为主+领投+退出"方式打造金桥集团投资板块，以"财务公司+其他持牌机构+科技金融"方式打造金桥集团金融板块，再造金桥集团核心竞争力。

（5）五项改革创新

金桥集团将通过"城市开发模式+特殊综保区模式+硬核科技和产业培育模式+投融资模式+国企治理模式"五大改革创新，构建技术创新、管理创新和商业模式创新体系，进一步提升企业创新能力，履行企业社会责任，打造全产业链。其中，以技术创新为关键、商业模式创新为核心、管理创新为保障，构建金桥集团改革创新行为系统。

一是坚持创新城市开发模式。城市是产业、产品迭代升级的试验区，金桥集团要成为"一流城市开发运营综合服务商"，在继续发挥"三座城""四个统一"开发经验的基础上，创新城市开发的"功能混合"，推动产城融合，打造基于城市整体氛围的和谐

发展理念，提升城市整体竞争能力和营商环境。

二是加大特殊综保区业务模式创新。金桥集团将积极落实国家及地方的综合保税区特殊政策支持，加快金桥集团发展贸易、投资和产业转型升级，统筹国内、国际两个市场资源共同为金桥集团增能增效，抓住综合保税区打造"五大中心"契机，在物流、研发、销售服务、数字贸易、离岸贸易、保税维修、大宗能源交易等方面，因势利导，促进金桥集团各业务板块做大做强。

三是坚持硬核科技和产业培育模式，坚持数智赋能、创新驱动。金桥集团将紧跟数字化浪潮，充分发挥数字化技术变革的引领撬动功能，系统集成数字赋能优势，深化"数字化"与金桥集团开发、投资、服务、金融的创新融合，以数字化转型带动金桥集团提质增效与能级提升，提升金桥集团综合实力和国内外影响力。

四是加快推动投融资模式创新，以投资带动融资、融资促进投资，多举措为金桥集团持续健康发展保驾护航。构建金桥集团多层次投融资体系，提升资金募集能力和金桥集团金融支持能力，储备金融人才，赋能金桥集团发展。

五是持续推进国企治理模式改革。金桥集团将胸怀"坚持党对国有企业的领导""深化国有企业改革"两个大局意识，充分发挥国企在"双区联动"中的作用和作为，在国企改革、公司治理、ESG等方面进行制度创新，聚焦产业引领、民生、公共服务等领域，发挥战略支撑作用。加大力度探索开展混合所有制，运用"国有资本+社会资本"模式，提高国有资本配置和运营效率。同时，以《全面与进步跨太平洋伙伴关系协定》（CPTPP）为参照加快金桥集团改革步伐，构建高标准的信息披露机制，持续营造市场公平竞争环境。

（6）六大核心能力

面对全球经济、产业格局和政策的不确定性，金桥集团需要不断探索园区发展、创新模式和未来趋势，深耕园区开发和运营服务，聚焦重点领域布局产业，通过审核体制机制改革，强化园区服务效率和效能，优化园区营商环境。通过创新资本模式，带动产业、园区、金融三者融合，实现园区和产业"双轮驱动"机制，致力于提升"开发+运营、园区+产业、财务+风控、投研+招商、人才+创新、金融+科技"六大核心能力。

5.2.4 "2035星辰大海"的实现路径

总体路径分三步走，每一步实现一次迭代。第一步：2025年，总资产达到1200亿元，形成"8：1：1：0"架构，投资板块实现从零到10%的重大突破，"2035星辰大海"四梁八柱打下重要基础；第二步：2030年，总资产达到5000亿元，形成"6：2：1：1"架构，投资、金融板块分别再新增10个百分点，金融板块夯实基础、稳住规模、强化风控；第三步：2035年，总资产达到10000亿元，形成"4：3：2：1"架构，经过10年努力，投资、服务板块比2030年新增10个百分点，金融板块的比重保持稳定。

各板块都有重要任务：园区板块通过"以自持为主+租赁+销售"造血，在持续推动上海金鼎、上海金环、上海金滩、上海金湾、上海金谷、上海金城、上海金港等重点区域开发的同时，加强以自持物业（土地）换取核心资源（股权），逐步减少园区板块在金桥集团整体业务中的结构占比。服务板块通过"以自投为主+自营+IPO"方式，采取差别化的发展策略。投资板块通过"以跟投为主+领投+退出"等方式，加强对未来产业的前瞻性分析与布局，选准未来产业赛道，以"前瞻性、制高性"赋能，培育新兴产业平台。以"财务公司+其他持牌机构+科技金融"方式打造金桥集团金融板块。

金桥集团的辉煌成就，是上海改革开放的缩影，也是中国城镇化建设的生动实践。站在新的历史起点上，金桥集团将继续高举中国特色社会主义伟大旗帜，牢记初心使命，埋头苦干、勇毅前行，以更加昂扬的精神状态和更加务实的工作作风，为上海城市发展和经济社会发展作出新的、更大的贡献！金桥集团的经验和模式为其他城市开发运营企业提供了宝贵的借鉴,对于推动中国城镇化建设高质量发展具有重要意义。

在前行的道路上,金桥集团将不遗余力地追求梦想,全力谱写引领中国式现代化城市开发运营的新篇章,将梦想作为前行的动力,将"人民至上"作为引领未来的航标,背靠"星辰大海",追逐梦想、探索未知、拥抱变革,金桥的未来将充满无限可能,绽放出绚丽夺目的光芒!

时代在开拓创新中前行,城市在创新思变中发展。金桥集团以责任点亮未来之城、点亮核心引领区,释放未来城市生命力,始终践行"为人民造城""为世界造车""为人才造梦"的初心和使命,从浦江之畔到东海之滨,85平方公里黄金轴线,将蓝图变成实景图,打造引领中国式现代化的全球一流城市开发运营标杆。未来,金桥集团将进一步开拓中国式现代化建设引领区的无限可能,谱写新时代"城市,让人民生活更美好"的新篇章。

金桥1851

后记

时光洪流浩浩荡荡,金桥战车隆隆向前。作为金桥集团这一代的当家人,在读完本书最后一页时,我内心的激动久久不能平息,涌动着的不仅仅是自豪与欣慰,更回荡着对星辰大海目标愿景的无限期待和时时放心不下的责任感。

浦东因改革开放而生,金桥应浦东开发而兴,以朱晓明为代表的老一辈金桥人,用他们的远见卓识和辛勤努力,奠定了金桥集团雄厚的发展基础和深厚的文化底蕴,让我们这些后辈能站在巨人的肩膀上,瞭望更远的世界,找准前行的航向。在此,我代表金桥集团领导班子,向他们致以最崇高的敬意和衷心的感谢。

初心如磐,使命如炬。开拓创新的改革精神,艰苦奋斗的创业精神,争创一流的精品精神,客户第一的服务精神,精打细算的节约精神,顾全大局的奉献精神。这54个字不仅仅是金桥集团的企业精神,更是印刻在每一代金桥人骨子里的血脉传承。在浦东引领区建设的时代号令下,我们义不容辞坚决担负起区属国企的重大历史使命,起宏愿,干大事。

神兵非学到,自古不留诀。我们深度探索推动城市高质量发展的关键因素,解构未来城市的建设密码,不断在战斗中学习战斗,逐渐归纳、总结成一套行之有效的"金桥模式"。我们开创"一个至上、双区联动、三座城、四个统一"的开发模式,从"通四"备用地酝酿而出的第一朵"金花"上海金鼎到应小湾村旧改而生的第七朵"金花"上海金城,我们打造的七朵"金花"各有特色、亮点频出;我们喊出"开工之日就是招商完成之时,竣工之日就是企业入驻时"的口号,源自我们对产业趋势的清晰分析、对产业定位的精准把握、全球化的精准招商以及全生命周期的精细服务;大步快进、全速奔跑的背后,是我们战无不胜的金桥铁军和高效有力的管控体系。编撰本书是对金桥集团近年来高速发展历程的回顾总结,也是对参与七朵"金花"开发建设的协作单位、全体干部职工的共同努力的见证,更是为指导和帮助金桥集团发展的各级领导、有关部门呈上的金桥答卷。

在此，我代表集团班子，衷心感谢金桥大家庭的每一位干部职工，是你们发挥"主人翁"意识，以"努力只能及格，拼命才能优秀"的拼劲与闯劲，脚踏实地、艰苦奋斗，勇于创新、开拓进取，拼搏扬起一阵阵金桥旋风，推动金桥战车一往无前、一骑绝尘，我们为有你们这样一支金桥铁军而倍感骄傲与自豪。衷心感谢上海建工、华建集团、上咨集团以及所有参与七朵"金花"建设的设计、建设、监理等协作单位，是你们的精诚协作和专业服务，让七朵"金花"成为浦东乃至上海的新名片，也让金桥集团的金字招牌越发闪亮、愈加耀眼。此外，我们还要特别感谢郑时龄院士、吴志强院士等专家的寄语和鼓励，你们的肯定与认可是金桥集团不断前行的强大动力。感谢本书的编写团队，是你们的辛勤付出，让本书能够呈现给读者一个真实、生动、充满活力的金桥集团。

三十余载风雨兼程，金桥集团享受过时代的青睐，得到过政策的红利，也遇到过发展的停滞，面临过转型的阵痛。我们把握时代大势，啃下一个又一个硬骨头，打下一场又一场硬仗，不断积累小胜，转化胜势，形成优势，最终成为金桥集团不断成长的升势。

面向未来，金桥集团片区开发的实践创新始终在路上，我们一代代金桥人接续奋斗一定能将这些经验和模式不断加以完善、不断推向极致。攀登，持续向上攀登，只有当双脚稳稳站立在顶峰，我们才能欣赏到旭日东升的壮丽景象。

滚滚星河，灼灼长明。我们每一个人都是历史的参与者、见证者，是这个伟大时代背景下，随时可能闪耀的一颗星星。我们始终满怀激情与热爱，以金桥人的勇敢与自信，为开发探索，与世界共舞，与未来相拥！

沈能

金桥集团党委书记、董事长

Postscript

The torrent of time flows mightily, and the Golden Bridge chariot rumbles forward. As the current head of Golden Bridge Group, after reading the last page of this book, my excitement could hardly be contained, filled not only with pride and relief, but also resonating with endless anticipation for our goals and visions, along with a sense of responsibility that never leaves me.

Pudong emerged from the reform and opening-up policy, and Golden Bridge thrived alongside Pudong's development. With Zhu Xiaoming as a representative of the older generation of Golden Bridge people, their foresight and hard work laid a solid foundation for the Group's robust development and deep cultural heritage, allowing us, the younger generation, to stand on the shoulders of giants, look further into the world, and find the right direction to move forward. Here, on behalf of the leadership of Golden Bridge Group, I extend to them our highest respect and heartfelt gratitude.

Our original aspiration is as firm as a rock, and our mission burns like a torch. We are upholding and practicing the spirit of pioneering, innovation and reform, the spirit of hard struggle and entrepreneurship, the spirit of striving for best quality, the spirit of customer-centric service, the spirit of careful calculation and saving, and the spirit of overall consideration and dedication. These are not only the corporate spirit of Golden Bridge Group, but are also engraved in the bones of every generation of Golden Bridge people as a bloodline legacy. Under the call of the era for pilot area construction in Pudong, we unequivocally take on the significant historical mission of a district-level state-owned enterprise, setting grand ambitions and undertaking great deeds.

The art of war is not learned, but acquired through experience; ancient secrets are never disclosed. As we delve into the key factors that drive high-quality urban development and crack the construction codes of future cities, we continuously learn from battles, gradually summarizing a set of effective "Golden Bridge models". We pioneered the development model of "one supreme, dual-district linkage, three cities, four unifications," evolving from the first splendid achievement, Shanghai Master Cube, developed on the spare land parcel No.4 for GM, to the seventh, Shanghai Golden City, born from the renovation of Xiaowan Village. The seven splendid achievements we have created each have their unique characteristics and highlights; our rallying cry, "The day of commencement is the day of investment attraction completed, and the day of completion is when enterprises move in," stems from our clear analysis of industrial trends, precise grasp of industrial positioning, globalized targeted investment attraction, and lifecycle refined services. Behind our rapid progress and full-speed charge lies our invincible Golden Bridge iron army and an efficient and powerful control system. Compiling this book is a review and summary of Golden Bridge Group's rapid development over recent years, a testament to the collaborative efforts of all cadres and staff involved in the development and construction of the seven splendid achievements, and more so, it serves as Golden Bridge's answer sheet presented to leaders and departments at all levels who guide and assist in the development of Golden Bridge Group.

On behalf of the Group's leadership, I sincerely thank every cadre and staff member of the Golden Bridge family. It is your "ownership" consciousness and the determination that "only by striving can one be excellent" that has grounded us in hard work, innovation, and pioneering spirit, creating waves of Golden Bridge whirlwind and propelling the Golden Bridge chariot forward, leaving all others behind. We are immensely proud and honored to have such an iron army of Golden Bridge. Sincere thanks also go to Shanghai Construction Engineering, Huajian Group, SICC, and all participating design, construction, and supervision units involved in the creation of the seven splendid achievements. Your sincere collaboration and professional services have made these achievements new calling cards for Pudong and even Shanghai, further brightening the golden signboard of Golden Bridge Group. Moreover, special thanks to academicians Zheng Shiling, Wu Zhiqiang, and other distinguished figures for their messages and encouragement; your affirmation and recognition are powerful motivations for Golden Bridge Group to keep moving forward. Thanks to the book's editorial team for your hard work in presenting readers with a true, vivid, and vibrant Golden Bridge Group.

Over more than thirty years of trials and journey, Golden Bridge Group has enjoyed the favor of the times, benefited from policy dividends, faced developmental standstills, and encountered the pains of transformation. We have seized the trends of the times, tackled numerous tough challenges, won battle after battle, accumulated small victories, turned them into advantages, and ultimately formed the upward momentum of continual growth for Golden Bridge Group.

Facing the future, the practical innovation of Golden Bridge Group's area development is always on the way. Generations of Golden Bridge people will continue to strive to perfect these experiences and models to the extreme. As we keep climbing upwards, only when our feet are firmly standing at the peak, can we enjoy the magnificent sunrise.

Across the rolling galaxy, stars are shining brightly forever. Each of us is a participant and witness in history, a star that could shine at any moment against the backdrop of this great era. We always embrace passion and love, bravery and confidence as Golden Bridge people, exploring and advancing with the world, embracing the future!

Shen Neng

Party Committee Secretary and Chairman of Golden Bridge Group

图书在版编目（CIP）数据

未来城市的契约：金桥集团片区开发创新实践＝
THE COVENANT OF FUTURE CITIES：Innovative
Practices of Golden Bridge Group in Area
Development／上海金桥（集团）有限公司，华东建筑设
计研究院有限公司著 . -- 北京：中国建筑工业出版社，
2024.9. -- ISBN 978-7-112-30175-1
Ⅰ. F426.9
中国国家版本馆 CIP 数据核字第 2024TU9024 号

责任编辑：黄　翊　刘　丹　徐　冉
书籍设计：锋尚设计
责任校对：王　烨

封面及"金桥1851"项目照片摄影：刘文毅

未来城市的契约
——金桥集团片区开发创新实践
THE COVENANT OF FUTURE CITIES
Innovative Practices of Golden Bridge
Group in Area Development
上海金桥（集团）有限公司
华东建筑设计研究院有限公司　　著

*
中国建筑工业出版社出版、发行（北京海淀三里河路9号）
各地新华书店、建筑书店经销
北京锋尚制版有限公司制版
上海邦达彩色包装印务有限公司印刷
*

开本：880毫米×1230毫米　1/16　印张：17¼　插页：9　字数：496千字
2024年8月第一版　　2024年8月第一次印刷
定价：**198.00**元
ISBN 978-7-112-30175-1
（43505）

版权所有　翻印必究
如有内容及印装质量问题，请与本社读者服务中心联系
电话：（010）58337283　QQ：2885381756
（地址：北京海淀三里河路9号中国建筑工业出版社604室　邮政编码：100037）